박 회계사의
재무제표로 보는
업종별 투자전략

박 회계사의 재무제표로 보는 업종별 투자전략

초판 1쇄 발행일 2017년 3월 27일
초판 5쇄 발행일 2020년 12월 15일

지은이 박동흠
펴낸이 박희연

펴낸곳 트로이목마
출판신고 2015년 6월 29일 제315-2015-000044호
주소 서울시 강서구 양천로 344, B동 449호(마곡동, 대방디엠시티 1차)
전화번호 070-8724-0701
팩스번호 02-6005-9488
이메일 trojanhorsebook@gmail.com
페이스북 https://www.facebook.com/trojanhorsebook
네이버포스트 http://post.naver.com/spacy24
인쇄·제작 ㈜미래상상

(c) 박동흠, 저자와 맺은 특약에 따라 검인을 생략합니다.
ISBN 979-11-87440-19-2 (13320)

이 책은 저작권법에 따라 보호받는 저작물이므로 무단전재와 복제를 금지하며, 이 책 내용의 전부 또는 일부를 이용하려면 반드시 저작권자와 트로이목마의 서면동의를 받아야 합니다.
이 도서의 국립중앙도서관 출판시도서목록(CIP)은 e-CIP 홈페이지(http://nl.go.kr/ecip)와 국가자료공동목록시스템(http://nl.go.kr/kolisnet)에서 이용하실 수 있습니다. (CIP제어번호:2017005022)

* 책값은 뒤표지에 있습니다.
* 잘못된 책은 구입하신 곳에서 바꾸어 드립니다.

통신 산업부터 지주회사까지, 투자자를 위한 10개 업종 재무제표 분석법

박 회계사의
재무제표로 보는
업종별 투자전략

| 박동흠 지음 |

트로이목마

머리말

'투자를 위한 업종별 재무제표 분석법'에 관한 책을 기획한 후, 한 권의 책에 모든 것을 담기로 했으나 분량이 많아진 관계로 독자들께 큰 부담이 될 것 같아 부득이 두 권으로 나누었다.

먼저 기본 산업인 제조업, 도·소매업, 수주산업 및 제약·바이오 산업을 떼어 《박 회계사의 사업보고서 분석법: 업종별 핵심 포인트》에 담았고 서비스 산업 분야만 추려서 이렇게 다시 한 권으로 출간하게 되었다.

서비스업종 자체가 워낙 다양하기 때문에 범위를 정하는 일부터 매우 어려웠다. 특히 정보통신기술(ICT)의 발달로 인해 작은 규모의 여러 기업들이 상장을 하면서 사업내용에 대한 이해조차 어려워진 기업들이 많다. 서비스업이라는 것이 유형의 재화가 아닌 무형의 용역을 제공하고 대가를 수령하는 사업을 한다는 면에서 큰 차이가 없지만, 수익모델이 제각각이므로 업종마다 세분화할 필요가 있다. 그런데 이 많은 업종들을 모두 담기에는 지면도 부족할 뿐만 아니라 자칫하다가는 사업의 내용과 전망 위주로 방향이 빗나갈 수 있고, 이 책의 기획 취지와 맞지 않는 면이 있다. 이런 어려움으로 오랜 기간 고민을 하다가 결국 다음과 같은 기준에 따라 업종을 선정했다.

첫째, 확실한 수익모델이 있고 지속적으로 사업을 해온 기업들이 속한 업종 위주로 선정했다. 다양한 정보통신기술 기업들이 나타났다가 사라지는 일이 반복되어 왔기 때문에 이런 성격의 산업들은 가급적 배제를 했다. 물론 이 책에 포함되어 있는 10가지 업종만 수익모델이 확실하고 지속적이라는 의미는 절대 아니다.

둘째, 사업보고서와 접근 가능한 정보를 활용하여 누구나 쉽게 분석 가능한 업종 위주로 선정했다. 자신의 전공 또는 직업상 속해 있는 전문 분야가 아니라면 정보이용자의 측면에서 타산업과 기업을 분석한다는 것은 사실 대단히 어려운 일이다. 또한 자신이 속해 있는 전문 분야라고 해도 기업의 가치나 투자와 연결시켜서 분석하는 것이 쉽지는 않다. 그래도 투자를 하기 위해서 기업과 산업에 대해 분석을 해야 하는 것은 투자자의 책무이므로 가급적 쉽게 접근하고 볼 수 있는 정보들을 모아서 분석할 수 있도록 고안했다. 즉 분석을 위해 도서관을 뒤지거나 여러 전문기관에서 발간된 자료들을 취합해서 심도 있게 분석하면 물론 더 좋겠지만, 효율성을 고려해서 누구나 접근 가능한 전자공시시스템(DART)에 공시되는 사업보고서를 내려 받고 관련 산업이 속해 있는 정부부처 웹사이트의 통계자료를 취합하여 분석하는 방식을 택했다. 이런 자료들을 회사의 재무제표와 연계해서 분석하다 보면 낯선 기업과 산업에도 자신감이 생길 것이다.

셋째, 회계이론을 자연스럽게 설명할 수 있는 업종을 되도록 많이 선택했다. 예를 들어 대한항공과 제주항공이 같은 업종이라도 현금흐름표 작성 방식이 다르고, 항공기 리스방식이 달라서 재무상태표와 손익계산서의 모습에서 많은 차이를 보인다. 또한 AJ렌터카와 레드캡투어는 같은 렌터카 기업임에도 불구하고 현금흐름표 작성방식이 많이 다르다. 투자목적상 반드시 체크하고 가야 하는 내용인데 이를 이론적으로 설명하다 보면 지루하고 재미없기 때문에 기업분석 사례를 통해 자연스럽게 알아가는 방식을 택한 것이다.

이런 나름대로의 원칙하에 통신업, 유선방송, 엔터테인먼트, 광고, 게임, 카지노, 항공, 렌탈, 여행사, 지주회사 등 총 10개의 업종을 선정했다. 그리고 양적인 중요성과 질적인 중요성 위주로 분석을 했다. 큰 숫자 위주로 봐야 할 포인트, 업종 특성상 체크해야 할 부분을 중심으로 내용을 정리했다. 객관적인 자료들을 활용했지만 질적인 부분에 대한 해석에서는 아무래도 저자의 주관성이 개입될 수밖에 없다. 이 책에 논리적으로 적절한 분석방법과 해석을 수록했지만 그게 반드시 맞다는 표현은 하지 않겠다. 투자자마다 관점(view)과 접근방법이 다르기 때문에 다른 의견을 갖는 독자들도 분명 있을 것이다. 따라서 저자의 관점과 접근방법을 무조건 따르라는 의미는 아니며, 이 책을 참고하여 독자들께서 더 참신한 아이디어와 번뜩이는 감각으로 다르게 해석해 기업을 분석하고 투자하여 결실을 맺기 바란다. 이 책을 통해 많은 독자들이 그런 결과에 도달한다면 저자로서 그 이상의 보람은 없을 것이다.

한편 본문에 속한 업종 중에는 독자들의 관점에 따라 성장주가 아닌 업종이 들어가서 반갑지 않은 생각을 할 수도 있다. 통신업이나 유선방송업이 여기에 해당된다. 그러나 새로운 통신규격인 5G가 곧 도입될 것이고, 유선방송업은 가입자수가 줄고 있는 상황이지만 활발한 M&A를 통해 기업가치를 올리려는 노력이 진행 중이어서 눈에 보이는 투자 기회를 그냥 지나칠 수는 없었다. 또한 유선방송업은 《박 회계사의 사업보고서 분석법: 업종별 핵심 포인트》의 도·소매업 편에 나오는 홈쇼핑 기업과 이 책의 엔터테인먼트 편에 소개되는 CJ E&M 같은 PP(Program Provider)사 및 광고 산업 등 여러 산업과의 복잡한 이해관계가 얽혀 있어서 미디어 환경을 이해하려면 반드시 살펴볼 것을 권한다.

그리고 엔씨소프트나 강원랜드처럼 오랜 기간 큰 성장이 없다가 다시 성장을 시도하는 기업들이 많다. 성장이 멈춘 것으로 판단했다가 숨겨진 잠재력을 못 보는 경우가 많은데, 사실 이런 내용들도 사업보고서 안에 충분히 기술되어 있으므로 이 책을 잘 읽어보면 분명히 투자 기회를 잡을 수 있을 것이다. 재무제표를 과거의 숫자라고 치부하여 사업보고서를 무시하고 다른 고급 정보의 목마름에 시간과 돈을 쓰지 말기를 바란다. 정작 투자에 필요한 내용은 사업보고서에 다 나와 있다는 것을 꼭 기억했으면 한다.

쏟아져 나오는 상장기업들의 사업보고서 분석을 통해 위기를 감지하고 기회를 발견해 기업에 투자하는 데 있어, 이 책에서 많은 힌트와 영감을 얻기를 바란다.

2017년 새해에
박동흠

● 차례 ●

머리말   4

PART 1   통신 산업   13

1. 통신사의 손익계산서   14
   - ARPU의 정의와 가입자수 통계   14
   - 직접 ARPU를 계산하라   20
   - 통신사의 매출액 비교   26
   - 통신사의 비용구조   28
   - 통신사의 영업이익률 비교   33
2. 통신사의 현금흐름   36
3. 통신사의 자산구조   41
4. 박회계사의 통신업 관련 투자이야기   43

PART 2   유선방송 사업   49

1. 유료방송 시장 현황   50
2. 케이블방송사의 가입자수 현황   52
3. 케이블방송사의 매출 분석   56
4. 케이블방송사의 비용 분석   61
5. 케이블방송사의 자산과 부채   65
6. 케이블방송사는 M&A 진행 중   68

PART 3 엔터테인먼트 산업 75
1. 기획사(매니지먼트 기업) 77
2. 음원유통사 94
3. 방송 및 영화 제작, 배급 99
   영화 제작, 투자 및 배급 101
   방송 제작 107

PART 4 광고 산업 115
1. 광고시장의 구조 116
2. 광고시장 성장성은? 120
3. 뉴미디어 시대의 중소 광고 기업들 130
4. 네이버와 카카오 138

PART 5 게임 산업 143
1. 게임업계의 손익구조 145
2. 게임의 개발부터 론칭까지 148
3. 좋은 게임 기업을 찾아라 158
   개발과 퍼블리싱 능력 모두를 보유하고 있는가? 158
   탄탄한 라인업을 갖추었는가? 163
   자체 플랫폼을 보유했는가? 166
   지적재산권(IP)을 가진 회사인가? 171

PART 6 카지노 산업　　　　　　　　　　183
　1. 강원랜드의 매출 분석　　　　　　　　184
　　　증설 전 vs 증설 후　　　　　　　　　188
　　　입장객수는 증가할 수 있을까?　　　190
　2. 강원랜드의 비용구조　　　　　　　　194
　3. 강원랜드의 자산구조　　　　　　　　199
　4. 박회계사의 강원랜드 투자이야기　　201
　5. 외국인 전용 카지노의 매출 분석　　203

PART 7 항공 산업(FSC vs LCC)　　　213
　1. 시장점유율 비교　　　　　　　　　　215
　2. 실적 추이 비교　　　　　　　　　　　219
　3. 손익구조 비교　　　　　　　　　　　223
　4. 운용리스 vs 금융리스　　　　　　　227
　5. 재무구조 비교　　　　　　　　　　　233
　6. FSC와 LCC의 손익구조와 재무구조 비교 정리　238
　7. 현금흐름 비교　　　　　　　　　　　242
　　　| 칼럼 |　한진해운과 현대상선, 닮은 듯 다른 현금흐름표　248
　　　| 칼럼 |　저유가에 항공료 '뚝'… 어디까지 내릴 수 있나　252
　　　| 칼럼 |　기업이 포인트 사용 권하는 이유?　255
　　　　　　　회계상으론 포인트도 부채니까

PART 8 자동차 렌탈 산업   259

   1. 자동차 렌탈 사업구조   261

   2. 자동차 렌탈기업의 손익   266

   3. 자동차 렌탈 기업의 현금흐름   272

PART 9 여행사 산업   283

   1. 출국자수 분석   285

   2. 이익률 하락을 겪고 있는 여행사   289

   3. 면세점에 발목 잡힌 하나투어   295

   4. 아웃바운드 / 인바운드   300

PART 10 지주회사(Holding company)   305

   1. 지주회사(持株會社, Holding company)   307

   2. 지주회사의 설립취지   313

   3. 사례를 통한 지주회사 설립과 분할   317

      인적분할과 물적분할   318

      분할 후 재상장   324

      지주회사의 주식 공개매수   330

   4. 지주회사의 가치는?   336

맺음말   341

PART 1
통신 산업

통신 3사, 결국 ARPU와 LTE 가입자수가 Key!
다가오는 사물인터넷(IoT) 시대와 5G 시대에 대비하라.

1. 통신사의 손익계산서

ARPU의 정의와 가입자수 통계

통신사의 재무제표는 기본적으로 수십조 원 단위다. 거대한 숫자 앞에 제대로 분석이나 할 수 있을까 하는 우려에 풀이 꺾일 수 있다. 그러나 손익계산서에서 봐야 할 것은 지극히 단순하다. 복잡할수록 단순화시키자.

통신사의 매출 역시 P(판매가격)×Q(판매수량)로 정의된다. 물론 재화의 판매가 아니고 서비스의 제공이므로 판매가격, 판매수량에 대한 용어는 바꿔야 하지만 기본논리는 같다는 것이다. 통신사는 고객들의 통신요금으로 먹고사는 회사이므로 Q는 판매수량이 아니고 가입자수가 된다. 그리고 판매가격은 일정하지 않고 고객들의 요금제와 한 달 요금이 다 다르므로 제각각이다. 통신사에서는 판매가격 대신 ARPU라는 용어를 쓴다. ARPU는 Average Revenue Per User(or Unit)의 약자로서 고객 1명당 발생하는 평균수입을 의미한다. 내가 한 달에 내는 통신요금이 결국 ARPU가 되는 것이다. 이 ARPU는 예전부터 통신 및 미디어 산업에서 많이 썼던 용어인데, 다른 산업에서도 충분히 응용이 가능하다. 예를 들면 카지노에서 고객 1명이 잃고 가는 돈이 결국 카지노의 ARPU가 되고, '고객 1명이 평균적으로 잃고 가는 돈×입장객수'가 카지노의 매출액이 될 것이다. 게임 회사도 마찬가지다. 게임 유저들이 각종 아이템을 사는 데 평균적으로 쓰는 돈이 결국 ARPU가 될 것이고, 여기에 게임 유저수를 곱하면 매출액이 계산된다.

통신사에서 매출을 늘리려면 ARPU가 커지든지, 가입자수가 늘어나든지 해야 한다. 통신업은 기본적으로 내수산업이므로 가입자수가 무한정 늘어날 수는 없을 것이다. 더군다나 인구수까지 절대적으로 줄고 있는 상황이다 보니 통신 3사가 서로 고객을 빼앗는 것 외에 Q를 늘릴 방법이 딱히 떠오르지 않는다.

이왕 빼앗는 거 요금제가 낮은 피처폰 가입자가 아닌 LTE 가입자 위주로 빼앗아 와야 통신사의 매출도 올라갈 수 있을 것이라는 생각에 아마 독자들도 공감할 것이다. 이렇게 비싼 요금제에 속하는 LTE 가입자 위주로 Q가 늘어나야 통신사의 ARPU 역시 비례해서 커질 수밖에 없다. 그리고 매출 증가에 별로 기여하지 않는 피처폰 가입자가 줄고 그 고객이 LTE 가입자로 전환되는 것이 좋다. 피처폰 가입자가 감소하고 LTE 가입자로 전환되는 것은 계속 진행되고 있으므로 통신사의 성장동력이 아예 없다고 말하기도 어렵다. 연세가 지긋하신 어르신들이 스마트폰 조작과 높은 요금에 대한 두려움을 깨고 LTE 가입자로 전환하는 사례도 늘고 있고, 피처폰을 많이 사용하는 초등학교 저학년 학생들이 성장해서 스마트폰 소비자로 많이 넘어가기도 한다.

이런 이동통신 가입자의 이동에 관한 내용은 숫자로도 확인이 가능하다. 단 사업보고서에는 자세한 정보가 나오지 않기 때문에 불가피하게 외부자료를 찾아봐야 한다. 다행히도 우리나라는 정부부처인 미래창조과학부 웹사이트(www.msip.go.kr)에서 자세한 통계자료를 제공하고 있다. 미래창조과학부 통계자료 메뉴에 들어가면 통신업과 관련된 다양한 데이터를 많이 구할 수 있으니 관련 산업에 대해 분석할 때는 이 사이트를 활용하면 될 것이다.

〈표1-1〉은 통신 3사의 스마트폰과 피처폰 가입자수 통계자료로서 미래창조과학부 사이트에서 2014년말과 2015년말의 자료를 다운로드 받아 엑셀로 정리한 것이다.

스마트폰 가입자수는 증가하고 있고 피처폰 가입자수는 감소하고 있음을 보여준다. 피처폰 사용자가 감소된 것보다 스마트폰 사용자가 더 많이 증가되어 총가입자수는 증가 추세라는 것이 특징적이다. 세컨드폰으로 한 대 더 구매했거나, 외국인 근로자 또는 초중고생이 새롭게 전화기를 구매함에 따라 가입자수가 증가하지 않았을까 하는 생각이 든다.

〈표1-1〉에서 증감을 보면 다음과 같이 생각할 수 있을 것 같다. SKT는 피처폰 해약자수보다 스마트폰 가입자수가 적다. 이에 반해 KT와 LGU+는 피처폰 해약자수보다 스마트폰 가입자수가 훨씬 많다. 정리해보면 SKT는 가입자 이탈이 있었고, 이탈된 가입자들은 각각 KT와 LGU+로 이동했다는 결론에 도달한다.

이번에는 〈표1-1〉의 통계자료를 활용하여 통신 3사의 총가입자수에서 스마트폰 가입자수가 차지하는 비중을 한번 계산해보자.

<표1-1> 통신 3사의 스마트폰, 피처폰 가입자수

구분	통신사	2014년 12월	2015년 12월	증감	증감률
스마트폰	SKT	19,494,535	20,622,367	1,127,832	5.8%
	KT	12,416,813	13,407,355	990,542	8.0%
	LGU+	8,786,803	9,638,077	851,274	9.7%
	합계	40,698,151	43,667,799	2,969,648	7.3%
피처폰	SKT	7,264,837	6,056,346	-1,208,491	-16.6%
	KT	3,300,305	2,848,858	-451,447	-13.7%
	LGU+	1,581,319	1,087,655	-493,664	-31.2%
	합계	12,146,461	9,992,859	-2,153,602	-17.7%
합계	SKT	26,759,372	26,678,713	-80,659	-0.3%
	KT	15,717,118	16,256,213	539,095	3.4%
	LGU+	10,368,122	10,725,732	357,610	3.4%
	합계	52,844,612	53,660,658	816,046	1.5%

(출처 : 미래창조과학부, 2014년말 & 2015년말 기준)

〈표1-2〉 통신 3사의 총가입자수 중 스마트폰 가입자수의 비중

통신사	2014년 12월	2015년 12월	증감
SKT	73%	77%	4%
KT	79%	82%	3%
LGU+	85%	90%	5%
합계	77%	81%	4%

〈표1-2〉는 통신 3사의 총가입자수에서 스마트폰 가입자수 비중을 계산한 표이다. 3사 평균적으로 2014년에 비해 2015년은 4%포인트 증가한 것으로 나온다. KT의 증가폭이 3%포인트로 작고 LGU+의 증가폭이 5%포인트로 조금 더 큰 편이다. 1년간의 증감은 그러한데, 전체 이동통신 가입자에서 스마트폰 가입자가 차지하는 비중을 보면 3사간에 특징이 있음을 알 수 있다. LGU+는 가입자의 90%가 스마트폰 가입자로 채워진 데 반해 SKT는 77%에 불과하고, KT는 82% 선이다. 앞으로 3사가 계속 이 비중을 높여가려고 하겠지만, 지금까지의 결과를 놓고 보면 LGU+의 이동통신 가입자 질이 더 좋다는 것을 알 수 있다. 즉 LGU+의 가입자당 평균수익인 ARPU가 더 높을 것 같다는 추정도 미리 할 수 있다.

이번에는 미래창조과학부 통계자료 메뉴에서 가입자수 정보를 2011년 말부터 2015년말까지 뽑아서 스마트폰 가입자수 성장률을 계산해봤는데 결과는 〈표1-3〉과 같다.

<표1-3> 스마트폰 가입자수 성장률

스마트폰 가입자수	2011년말	2012년말	2013년말	2014년말	2015년말	CAGR(*) (*)연평균 성장률
SKT	11,085,192	15,978,717	18,286,407	19,494,535	20,622,367	17%
KT	7,653,303	10,250,998	11,287,956	12,416,813	13,407,355	15%
LGU+	3,839,913	6,497,534	7,942,209	8,786,803	9,638,077	26%
합계	22,578,408	32,727,249	37,516,572	40,698,151	43,667,799	18%

스마트폰 가입자수가 5년간 연평균 18% 증가했는데, 3사 중 LGU+의 연평균성장률이 26%로 가장 높게 나온다. LGU+가 LTE 도입 때부터 공격적으로 투자해왔다는 뉴스는 종종 접했었는데, LGU+의 가입자 확보 속도가 확실히 빨랐다는 점이 자료를 통해서 이렇게 수치로 증명된 셈이다. 〈표1-3〉의 자료를 이용해서 통신 3사의 스마트폰 시장점유율을 계산해보면 〈표1-4〉와 같다.

<표1-4> 통신 3사의 스마트폰 시장점유율

스마트폰 점유율	2011년말	2012년말	2013년말	2014년말	2015년말	CAGR
SKT	49.1%	48.8%	48.7%	47.9%	47.2%	-1%
KT	33.9%	31.3%	30.1%	30.5%	30.7%	-2%
LGU+	17.0%	19.9%	21.2%	21.6%	22.1%	7%
합계	100%	100%	100%	100%	100%	

시장점유율을 보면 SKT와 KT는 점점 감소 추세, LGU+만 점점 증가 추세임을 알 수 있다. SKT의 이동통신 가입자 전체 시장점유율은 50%에 육박하지만, ARPU가 높은 스마트폰 가입자수는 50%에 미달하며 점점 감소하고 있고, 전체 시장점유율이 20%에 불과한 LGU+는 유독 스마트폰 가입자수의 증가가 돋보인다는 것이 통신 3사의 가입자 통계에서 얻어낸 결론이라고 하겠다.

직접 ARPU를 계산하라

ARPU에 대한 정보는 통신 3사 사업보고서에서 찾아보기 힘들다. 각 회사마다 구하는 기준이 다를 수도 있고 통신 3사간에 비교 평가되는 것이 반갑지 않을 수도 있다. 자세한 속사정은 모르겠지만, 저자 생각에는 분모와 분자에 따라 다른 결과가 나올 수 있기 때문에 숫자를 공시해도 평가가 어려울 수 있다는 느낌도 든다.

ARPU의 공식은 다음과 같다고 했다.

$$ARPU = \frac{통신\ 매출액}{가입자수}$$

통신 3사가 무선(피처폰, 스마트폰), 유선(집전화, 인터넷전화), 초고속인터넷 등 다양한 통신서비스를 제공하기 때문에 각각 ARPU를 구해서 비교하는 게 합리적일 것이다. 모든 통신서비스 매출액을 통신서비스 가입자수총계로 나누어 계산하면 오히려 비교가능성이 떨어질 수 있다. 또한 통신사마다 서비스를 결합하면 요금을 더 깎아주는 경우도 있는데, 이때는 어떻게 나눠서 계산을 할 것인가 하는 복잡한 문제도 있다.

예를 들면, 스마트폰과 초고속인터넷 결합상품에 가입한 고객의 ARPU를 무선과 초고속인터넷으로 각각 나누어서 계산해야 하는데, 통신사마다 기준이 다를 수 있다는 것이다. 이런 복잡한 문제가 있기 때문에 사업보고서에 나오는 매출자료와 미래창조과학부 통계자료에 나오는 가입자수로 직접 계산해보는 게 투자자로서 확신을 더 높일 수 있는 방법이 될 것이다. 그리고 가입자수 통계에서 봤듯이 스마트폰 가입자수 비중이 가장 높은 LGU+의 ARPU가 가장 높다고 추정이 되는데, 실제 그런지 확인해보면 좀 더 강한 확신을 가질 수 있을 것이다.

통신 3사의 통신 매출액을 확인하려면 각 사업보고서의 연결재무제표 주석에서 '부문정보(부문별 보고)'를 찾아보면 된다. 통신 3사 모두 통신업 외에 다른 사업부문도 갖고 있기 때문에, 각각 부문별로 매출액과 영업이익 등의 정보를 공시하기 때문이다.

〈그림1-1〉은 SKT의 부문정보 주석의 내용이다. 총영업수익에서 내부

〈그림1-1〉 SKT 사업보고서 부문정보 주석

연결실체의 당기와 전기의 사업부문별 정보 내용은 다음과 같습니다.
(1) 당기

구 분	무선통신사업	유선통신사업	기타사업	소 계
총 영업수익	14,962,689	3,162,712	2,113,543	20,238,944
내부 영업수익	1,693,411	668,139	740,660	3,102,210
외부 영업수익	13,269,278	2,494,573	1,372,883	17,136,734

영업수익이 제거된 외부 영업수익이 손익계산서에 표시되는 매출액이므로, 외부 영업수익을 이용해야 한다. SKT는 친절하게 무선통신사업과 유선통신사업으로 나누어 공시한다. 이렇게 되면 무선통신의 ARPU와 유선통신의 ARPU를 나누어서 계산할 수 있다. 미래창조과학부 통계자료에서 유선통신가입자 관련 정보를 다운로드 받아서 각각 구하면 되기 때문이다.

같은 방식으로 KT와 LGU+의 자료를 사업보고서에서 찾아보면 〈그림 1-2〉와 같다.

〈그림1-2〉 **KT와 LGU+의 사업보고서 부문별보고(정보) 주석**

1) 2015년

보고부문	영업수익	영업이익	유무형자산 상각비
Marketing/Customer	16,130,454	816,679	2,897,876
금융	3,512,721	281,477	25,466
기타	6,365,406	213,976	410,642
소 계	26,008,581	1,312,132	3,333,984
연결조정	(3,727,360)	(19,188)	4,614
합 계	22,281,221	1,292,944	3,338,598

〈KT 부문별보고 주석〉

보고부문	주요 재화 및 용역 등	2015. 12
연결실체	통신 및 관련 서비스	8,654,054
	단말기 판매	2,141,164
합 계		10,795,218

〈LGU+ 부문별정보 주석〉

KT는 유·무선통신 및 컨버전스 사업 관련 매출액을 'Marketing/Customer' 부문에 표시했고, LGU+는 '통신 및 관련 서비스'에 통신 관련 매출액이 포함되어 있다. 즉 유선과 무선으로 나누어 별도 표시한 곳은 SKT 뿐이다. 이렇게 된 이상 결국 3사의 유·무선가입자 구분 없이 분자와 분모 모두 통신 관련 숫자로 계산해야 한다.

한편 유선통신과 관련된 가입자수 정보는 〈그림1-3〉과 같다.

〈그림 1-3〉 통신 3사 유선통신 가입자수

시내전화		2014.12	2015.12	증감	증감률
	SKB	2,731,880	2,686,657	-45,223	-1.7%
	KT	13,712,765	13,149,712	-563,053	-4.1%
	LGU+	516,368	505,120	-11,248	-2.2%
	합계	16,961,013	16,341,489	-619,524	-3.7%

인터넷전화		2014.12	2015.12	증감	증감률
	SKB	1,781,678	1,763,819	-17,859	-1.0%
	KT	3,410,544	3,413,235	2,691	0.1%
	LGU+	4,423,867	4,540,327	116,460	2.6%
	합계	9,616,089	9,717,381	101,292	1.1%

초고속인터넷		2014.12	2015.12	증감	증감률
	SKT(B)	4,810,493	5,036,057	225,564	4.7%
	KT	8,129,482	8,328,419	198,937	2.4%
	LGU+	3,014,196	3,483,244	469,048	15.6%
	합계	15,954,171	16,847,720	893,549	5.6%

가입자총계 (*)		2014.12	2015.12	증감	증감률
	SKT(B)	36,083,423	36,165,246	81,823	0.2%
	KT	40,969,909	41,147,579	177,670	0.4%
	LGU+	18,322,553	19,254,423	931,870	5.1%
	합계	95,375,885	96,567,248	1,191,363	1.2%

(*) 이동통신+시내전화+인터넷전화+초고속인터넷 단순 합산

(출처: 미래창조과학부, 2014년말 & 2015년말 기준)

역시 미래창조과학부 통계자료에서 다운로드 받아 엑셀에 정리한 자료이다. 가입자총계는 〈표1-1〉의 이동통신 가입자수에 시내전화, 인터넷전화, 초고속인터넷 가입자수가 합쳐진 자료다. SK브로드밴드는 SKT의 100% 종속기업이므로 합쳐서 표기했고, 가입자총계는 단순 합산했다. 하나의 통신사에서 이동통신 + 전화 + 인터넷을 결합하여 사용하는 가입자도 많을 것이므로 단순 합계는 분명히 논리적으로 맞지 않다. 그러나 공개

된 자료로 추정을 하고 분석을 해야 하는 정보이용자 입장에서는 이 방법이 할 수 있는 최선이므로 어쩔 수 없음을 양해해주길 바란다.

이제 통신 3사의 ARPU를 구해보자.

〈표1-5〉 통신 3사의 ARPU

	SKT	KT	LGU+
A. 통신 매출액(백만 원)	15,763,851	16,130,454	8,654,054
B. 가입자총계(명)	36,165,246	41,147,579	19,254,423
C. ARPU(A/B)(원)	435,884	392,015	449,458
D. 월 ARPU(C/12)(원)	36,324	32,668	37,455

〈표1-5〉를 보면 LGU+의 ARPU가 가장 높고, SKT, KT 순으로 계산이 된다. 개인이 이동통신, 집전화, 인터넷 등 한 달에 쓰는 통신요금을 고려해보면 매우 적은 수치다. 가입자총계가 단순 합계라는 점과 피처폰 사용자 등을 고려하면 낮게 나오는 게 당연해 보인다. 참고로 유안타증권에서 2016년 2월 15일에 발간한 〈통신서비스 Sector Report (최남곤, 신연화)〉에 의하면 ARPU는 LGU+ 34,984원 〉 SKT 31,211원 〉 KT 29,407원이다. 실제 금액에 차이는 있지만 순서는 저자의 분석과 일치한다.

통신 3사의 큰 문제 중 하나는 바로 이 ARPU가 감소 추세에 있다는 것이다. 이는 단통법이 초래한 결과라고 해도 과언이 아닐 듯하다. 실제로 단통법이 시행된 이후 요금할인 가입자가 증가하는 추세이고 부가서비스

가입 비중 또한 줄고 있다는 뉴스도 계속 나온 바 있다. 단통법 시행 전에 스마트폰을 개통해본 사람들은 경험이 있을 것이다. 많은 보조금을 지급받는 대신 높은 요금제를 의무적으로 몇 달간 써야 하는 식으로 계약했던 사례가 많았다. 그런데 단통법이 시행되면서 단말기에 대한 많은 보조금 지급이 끊겼고, 요금제 또한 자연스럽게 내려가게 되었다. 통신사도 기존 고객을 유지하기 위해 자발적으로 더 낮은 요금제를 추천해주는 경우까지 생기고 있다. 그러다 보니 ARPU는 당연히 낮아질 수밖에 없는 상황이다.

〈표1-5〉에서 구했던 방식으로 2014년의 ARPU를 계산하여 2015년과 비교해보면 〈표1-6〉과 같다.

〈표1-6〉 **통신 3사의 2014년, 2015년 ARPU 비교**

(단위: 원)

월ARPU	2015년	2014년	증감	증감률
SKT	36,324	36,900	-576	-1.56%
KT	32,668	34,140	-1,472	-4.31%
LGU+	37,455	38,193	-739	-1.93%

표에서 보듯이 통신 3사 모두 ARPU가 내려가는 추세다.

통신업의 ARPU가 상승 추세로 방향을 틀기 위해서는 단통법이 개정되거나 통신 사용량이 증가되는 쪽으로 소비 행태가 바뀌어야 가능할 것이다. 단통법의 개정 여부에 대해서는 투자자로서 예측이 가능하지 않으므로 역시 책에서 논하는 것은 의미가 없고, 결국 통신 사용량의 증가 여부인데 이는 사물인터넷(IoT)이 개화(開花)하거나 통신규격이 5세대(5G, Fifth Generation Mobile Communications)로 넘어가는 2018년 이후에 움직임이 보이지 않을까 하는 예상이 가능하다. 통신시장이 3G에서 4G인 LTE로 넘어갈 때 통신 관련 시장이 커졌듯이, 5G로 변하는 2018년을 전후로 해서 또 한 번의 변화가 기대된다. 이와 관련해서는 PART 1. 말미에 '박 회계사의 투자이야기'(43페이지)에서 한번 다루도록 한다.

통신사의 매출액 비교

〈그림1-1〉과 〈그림1-2〉에서 비교해본 통신 3사의 매출액 정보를 가지고 최근 5년간 추이를 살펴보자.

〈표1-7〉 통신 3사의 5년간 통신 관련 매출액 추이 (2011~2015)

(단위: 백만 원)

매출액	2011년	2012년	2013년	2014년	2015년	CAGR
SKT	12,575,129	12,332,719	12,860,379	13,012,644	12,556,979	-0.04%
KT	20,166,817	18,863,237	17,937,079	17,435,803	16,942,357	-4.26%
LGU+	9,251,407	10,904,831	11,452,151	10,984,928	10,780,359	3.90%

〈표1-7〉은 통신 3사의 별도재무제표에서 매출액만 뽑은 자료이다. 연결재무제표가 기업의 주재무제표이지만 별도재무제표에서 수치를 뽑은 이유는 통신 매출만 비교하기 위함이다.

〈그림1-1〉과 〈그림1-2〉에서 살펴봤듯이 SKT와 KT의 경우는 통신사업

만 하고 있지는 않다. SKT는 기타에도 매출액이 약 1조 3,000억 원 정도 있고, KT는 금융에 3조 5,000억 원, 기타에 6조 3,000억 원 정도가 있다. SKT는 통신 매출액이 절대적이므로 기타 매출액이 차지하는 비중이 크지 않으나, KT의 경우에는 금융과 기타 매출액이 총매출액에서 차지하는 비중이 40%가 넘기 때문에 BC카드나 KT스카이라이프 같은 종속기업들의 실적도 챙겨볼 필요가 있다. 하지만 통신 3사의 매출액에서 통신 매출이 차지하는 비중이 대체로 크기 때문에 〈표1-7〉과 같이 종속기업들의 매출이 포함되지 않은 별도재무제표의 매출액만 놓고 비교해보는 것이다.

표의 맨 우측에 계산해놓은 연평균성장률(CAGR)을 확인해보면 SKT와 KT는 감소 추세, LGU+는 성장 추세로 계산된다. 그러나 연평균성장률을 볼 때 한 가지 고려해야 할 점은 바로 최근 실적간 비교도 같이 해봐야 한다는 것이다. LGU+로 예를 들면, 연평균 3.9% 성장한 것으로 계산되지만 실제로는 2013년에 최고매출액을 찍은 후에 2014년부터 하락 추세에 접어들었다. 이는 KT도 마찬가지고, SKT만 2015년부터 하락 추세에 놓여 있다. 이렇게 통신 3사의 연결매출액에서 높은 비중을 차지하는 통신 매출액이 최근에 모두 감소 추세를 보이고 있는 것이다.

이런 이유에서인지 SKT는 11번가, KT는 BC카드 같은 비통신사업 분야를 계속 키우고 있다. 그러나 아직까지는 통신 매출액의 비중이 절대적으로 높기 때문에, 이런 비통신사업 분야가 회사 총매출액을 성장시키는 정도까지는 아니다. KT가 그나마 비통신 매출액이 40%가 넘기 때문에 가능성이 있다고 볼 수 있지만, KT의 사업보고서에서 종속기업의 손익정보를 확인해보면 반 이상의 기업이 적자에 시달리고 있으며, 실질적으로 BC카드, KT스카이라이프 등을 제외하고는 이익을 많이 내는 기업은 거의 없다. 사업보고서를 검토해보면 통신 3사에서 다른 사업 모멘텀으로 실적과 주가 모두 성장할 것이라고 기대하기에는 시기상조가 아닐까 하는 생각이 든다. 큰 규모의 영업이익을 창출해내는 종속기업이 나타나기 전까지는 말이다.

통신사의 비용구조

〈표1-8〉은 SKT의 사업보고서에서 연결손익계산서를 엑셀에 복사하여 정리한 표이다. 매출액에서 각 비용들이 차지하는 비중을 계산하였고 전

〈표1-8〉 SKT 2014년, 2015년 사업보고서 중 연결손익계산서

(단위: 백만 원)

SKT	2015년	매출액 대비	2014년	매출액 대비	증감	증감률
Ⅰ.영업수익(주5,36)	17,136,734		17,163,798		-27,064	-0.2%
Ⅱ.영업비용(주36)	15,428,728	90%	15,338,693	89%	90,035	0.6%
종업원급여(주21)	1,893,745	11%	1,659,777	10%	233,968	14.1%
지급수수료	5,206,951	30%	5,692,680	33%	-485,729	-8.5%
감가상각비(주5)	2,845,295	17%	2,714,730	16%	130,565	4.8%
망접속정산비용	957,605	6%	997,319	6%	-39,714	-4.0%
전용회선료 및 전파사용료	389,819	2%	399,014	2%	-9,195	-2.3%
광고선전비	405,005	2%	415,857	2%	-10,852	-2.6%
지급임차료	493,586	3%	460,309	3%	33,277	7.2%
상품 및 기타 구입비용	1,955,861	11%	1,680,110	10%	275,751	16.4%
기타영업비용(주28)	1,280,861	7%	1,318,897	8%	-38,036	-2.9%
Ⅲ.영업이익(주5)	1,708,006		1,825,105		-117,099	-6.4%

기 대비하여 증감 추이를 살펴보았다.

15조 원이 넘는 비용이 발생되지만 공시되는 손익계산서의 양식은 매우 간단하다. 그리고 정보이용자 입장에서도 많은 내용을 다 알 수는 없지만 이 정도 내용만 공시해도 기업을 파악하는 데 큰 어려움은 없다. 왜냐하면 기업의 절대비중을 차지하는 비용들이 대부분 표기되기 때문에 그 내용들만 살펴봐도 기업의 손익구조는 어느 정도 파악이 가능하다.

SKT를 포함한 통신 3사는 기본적으로 고정비 비중이 높다. 직전에 출간한 책, 《박 회계사의 사업보고서 분석법》에서 살펴본 제조업 같은 경우, 변동비 성격의 원재료 비중이 큰 기업이 많은 편이고, 도·소매업의 경우도 변동비 성격인 상품 매입원가가 회사 전체비용 중 절대적으로 많은 부분을 차지한다. 그에 반해 통신사업은 전형적으로 고정비 비중이 높은 기업이다. 통신 3사의 고정비 비중은 전체 비용에서 약 50~60%를 차지한다고 알려져 있다.

〈표1-8〉에서 보면 눈에 띄는 고정비는 '종업원급여'와 '감가상각비'다. 매출액 대비 약 28%의 비중이다. 지급수수료가 가장 큰 비중을 차지하지만, 한 줄로 되어 있는 비용계정을 우리가 정확하게 파악하기는 힘들다. 그러나 통신사의 지급수수료 대부분은 대리점이나 직영점에 지출되는 지급수수료라는 것에 대한 추정은 할 수 있다. 대리점이나 직영점에서 고객을 유치하거나 유지하는 데 들어가는 비용이 통신사 입장에서 지급수수료에 해당된다. 그리고 이에 대한 내용은 '사업보고서 Ⅴ.이사의 경영진단 및 분석의견' 편에도 대략의 내용이 나온다.

⟨그림1-4⟩ SKT 사업보고서 V.이사의 경영진단 및 분석의견

```
1. 회사의 개요
2. 회사의 연혁
3. 자본금 변동사항
4. 주식의 총수 등
5. 의결권 현황
6. 배당에 관한 사항
II. 사업의 내용
III. 재무에 관한 사항
  1. 요약재무정보
  2. 연결재무제표
  3. 연결재무제표 주석
  4. 재무제표
  5. 재무제표 주석
  6. 기타 재무에 관한 사항
IV. 감사인의 감사의견 등
V. 이사의 경영진단 및 분석의견
VI. 이사회 등 회사의 기관에 관
  1. 이사회에 관한 사항
  2. 감사제도에 관한 사항
  3. 주주의 의결권 행사에 관
VII. 주주에 관한 사항
VIII. 임원 및 직원 등에 관한 사항
  1. 임원 및 직원의 현황
  2. 임원의 보수 등
IX. 계열회사 등에 관한 사항
```

(3) 영업비용

(단위: 십억원)

구 분	제32기	제31기	증 감	증감율
종업원급여	1,894	1,660	234	14.1
지급수수료 및 판매수수료	5,207	5,693	△486	△8.5
광고선전비	405	416	△11	△2.6
감가상각비1)	2,993	2,892	101	3.5
망접속 정산비용	958	997	△39	△3.9
전용회선료	200	211	△11	△5.2
전파사용료	190	188	2	1.1
상품매출원가	1,956	1,680	276	16.4
기타영업비용	1,627	1,602	25	1.6
영업비용 총계	15,430	15,339	91	0.6

1) 경상개발비에 포함된 R&D관련 감가상각비 포함

- 종업원급여 : SK텔레콤 특별퇴직으로 인한 일회성 비용의 영향 등으로 전년 대비 14.1% 증가하였습니다.
- 지급수수료 및 판매수수료 : 시장안정화에 따른 SK텔레콤 마케팅비용 감소 등의 영향으로 전년 대비 8.5% 감소하였습니다.

⟨그림1-4⟩를 보면 지급수수료 및 판매수수료로 5조 2,000억 원이 발생한 것으로 나오고 표 밑에 설명이 있다. 5조 2,000억 원은 ⟨표1-8⟩의 지급수수료와 일치한다. 즉 SKT는 지급수수료 안에 판매수수료도 포함시킨다는 것을 알 수 있고, 비용 감소의 원인을 마케팅비용 감소로 진단하고 있다.

'V.이사의 경영진단 및 분석의견' 편은 사업보고서에만 내용이 표기된다. 분기 및 반기보고서에는 내용이 없고 오로지 사업보고서에만 나온다. 즉 1년의 영업활동을 끝내고 기업 실적에 대한 회사의 분석자료라고 보면 된다. 회사의 재무제표와 주석사항만으로 기업을 분석하는 데 어려움이 있다면 이 'V. 이사의 경영진단 및 분석의견' 편을 읽어보기를 추천한다.

〈표1-8〉에서 짙은색으로 색칠한 것처럼 통신 3사는 이 세 가지 비용이 전체 비용에서 반 이상을 차지할 정도로 매우 중요하다. 그외 망접속정산비용, 전용회선료 및 전파사용료는 통신사에만 있는 고유 계정과목이고 매출액에서 차지하는 비중이 거의 변동이 없다.

망접속정산비용은 SKT 가입자가 KT나 LGU+ 가입자에게 전화를 걸 때 다른 망에 접근하므로 지급해야 하는 비용이다. SKT 입장에서는 비용도 있지만 반대로 타통신사가 지급하는 부분은 수익으로 잡힌다. 당연히 이 부분은 매출 안에 포함되어 있다. 상품 및 기타 구입비용은 이동통신 단말기 구입비용으로 이해하면 된다. SKT의 경우 〈그림1-1〉에서 보듯이 매출액을 단말기와 통신으로 나누어 구분하지 않기 때문에 상품 및 기타 구입비용 분석은 크게 의미가 없다. 우리 통신요금고지서에는 단말기와 이동통신요금이 분리되어 표시되는 데 반해 기업의 사업보고서에는 단말기에 대한 원가 정보만 있고 매출액 정보가 없어서 어느 정도의 마진을 남기는지에 대한 분석이 불가능하기 때문이다. 결국 회사의 중요 비용을 차지하는 부분은 종업원급여, 지급수수료, 감가상각비, 상품 및 기타 구입비용, 망접속정산비용, 전용회선료 및 전파사용료 등이다.

앞서 이동통신사의 비용구조에서 고정비 성격이 50~60%라고 했다. 매출이 정체되거나 감소되는 추세에 있는 기업의 고정비 비중이 높다 보니 영업이익은 당연히 더 큰 폭으로 감소될 수밖에 없을 것이다. 예를 들어 SKT의 영업비용 15조 원 중에서 60%인 9조 원이 고정비 성격이고 매출액 대비 40% 정도인 6조 원이 변동비라고 가정해보자.

손익분기점(BEP)에 도달하기 위해서는 15조 원을 벌어야 한다는 계산이 나온다. 왜냐하면 매출액의 40%는 계속 변동비 성격으로 빠져 나가기 때문에 15조 원 × 60% = 9조 원이 되어 겨우 손익분기점을 맞출 수 있다. 《박 회계사의 사업보고서 분석법》중 제조업에서 언급했던 (P-VC) × Q - FC를 다시 한 번 생각해보자. Q와 P에 대한 정보는 몰라도 VC×Q가 P×Q의 40%이므로 변동비 대비 마진율 60%에 9조 원 고정비를 고려하면, 매출액 15조 원이라는 답이 나온다.

〈표1-9〉 SKT의 매출액별 손익 계산

Case	고정비	변동비 (40%)	이익 (손실)	이익 (손실)률	비고
1. 매출액: 9조 원	9	3.6	-3.6	-4%	적자
2. 매출액: 15조 원	9	6	0	0%	손익분기점
3. 매출액: 16조 원	9	6.4	0.6	4%	흑자

〈표1-9〉에서 보듯이 매출액이 9조 원이면 고정비는 겨우 건지지만 변동비만큼 적자가 발생되고, 15조 원이 되어야 겨우 손익분기점을 맞춘다. 매출이 15조 원 이상부터는 흑자가 발생하지만 매출이 많이 커져야 높은 영업이익률을 달성할 것이다. 이렇게 고정비 비중이 높은 기업은 절대적으로 높은 수준의 매출액이 발생해야 한다는 계산이 나온다.

제조업의 경우 생산량 증가에 따라 제품 단위당 고정비가 감소해서 영업이익이 증가하는 '규모의 경제' 효과가 실현될 수 있지만, 통신업 같은 서비스업의 경우 생산량 증가가 단위당 고정비를 줄이는 구조가 아니고 매출액이 일정 수준 이상으로 커져서 많은 고정비를 뽑아야 영업이익이 추가로 더 발생할 수 있는 구조다.

사물인터넷이나 5G 시대가 되면 ARPU가 높아져서 매출액 성장을 견인할 것으로 기대되지만 그 전까지는 통신 기업에 대한 자본시장의 관점은 성장주보다는 배당주로 분류하는 분위기다. 즉 성장성은 없지만 안정적으로 돈은 벌고 있으니 배당을 잘 줄 것이라는 기대가 가능하다. 높은 배당을 자랑하던 KT의 경우 실적 악화와 대규모 구조조정에 따라 2014년에 잠시 무배당이라는 아픔을 겪었지만 2015년에 주당 500원의 배당금을 지급했고, SKT는 꾸준히 3~4%대의 시가배당률을 유지하고 있다. LGU+도 많지는 않지만 주주들에게 매년 배당금을 지급하고 있고 2015년부터 배당금을 서서히 올리기 시작했다. 이렇게 높은 배당을 주기 위해서는 결국 영업활동현금흐름에서 현금이 꾸준히 유입되어야 하고, 회사 현금흐름과 재무구조가 좋아야 가능할 것이다.

통신사의 영업이익률 비교

〈표1-10〉 역시 〈표1-7〉과 마찬가지로 별도재무제표에서 매출액과 영업이익으로 계산한 자료이다. 연결재무제표에는 종속기업들의 통신 외 실적까지 포함되므로 이를 제외시켰다. 즉 〈표1-10〉은 순수한 통신서비스 관련 영업이익률이다.

〈표1-10〉 통신 3사의 5년간 영업이익률 추이 (2011~2015)

영업이익률	2011년말	2012년말	2013년말	2014년말	2015년말	CAGR
SKT	16.6%	13.6%	15.3%	13.3%	13.2%	-5.5%
KT	10.0%	5.6%	1.7%	-4.1%	5.1%	-15.6%
LGU+	3.1%	1.2%	4.7%	5.4%	6.0%	18.3%

SKT와 KT는 영업이익률이 하향 중이고 LGU+만 상승하고 있다. 매출액이 줄고 있는 상황에서 고정비는 정해져 있으므로 영업이익을 올리기는 어려운 상황인데, 그나마 LGU+는 스마트폰 가입자수 증가를 앞세워 유일하게 영업이익률이 높아지는 상황이다.

SKT는 영업이익률이 연평균 5.5%포인트씩 감소하고 있지만 그래도 영업이익률이 13%대에서 유지되고 있다. 그에 반해 LGU+는 영업이익률이 연평균 18.3%포인트씩 성장하고 있지만 영업이익률은 6%를 겨우 넘어섰다. 왜 이렇게 영업이익률이 차이가 많이 날까?

그에 대한 해답은 〈그림1-3〉에서 살펴봤던 가입자 정보 분석을 통해 찾을 수 있다.

〈그림1-3〉의 가입자 정보를 회사를 기준으로 하나의 표로 정리하면 〈표1-11〉과 같다. 〈표1-11〉은 각 회사별 총가입자 중에서 어떤 서비스의 가입

〈표1-11〉 통신3사 총가입자 및 서비스별 가입자수

(단위: 명)

	SKT(B)	KT	LGU+	
총가입자	36,165,246	41,147,579	19,254,423	96,567,248
이동통신	26,278,713	16,256,213	10,725,732	53,660,658
	74%	40%	56%	56%
시내전화	2,686,657	13,149,712	505,120	16,341,489
	7%	32%	3%	17%
인터넷전화	1,763,819	3,413,235	4,540,327	9,717,381
	5%	8%	24%	10%
초고속인터넷	5,036,057	8,328,419	3,483,244	16,847,720
	14%	20%	18%	17%

자수가 각각 어느 정도의 비중을 차지하고 있는지를 정리한 것이다. 통신 3사 모두 이동통신 가입자수가 가장 큰 비중을 차지하고 있는 것은 확실한데, 전체 가입자에서 차지하는 비중은 제각각이다. SK브로드밴드를 포함한 SKT의 경우 총가입자 중에서 이동통신 가입자 비중이 74%에 달할 만큼 매우 높은 데 반해, 가장 많은 통신서비스 가입자수를 확보한 KT는 이동통신 가입자 비중이 40% 밖에 되지 않는다. 오히려 시내전화, 인터넷전화 및 초고속인터넷 같은 서비스 가입자의 합산 비중이 60%에 달할 정도로 많다. KT는 한국통신 시절부터 시내전화가 주요사업이었고 초고속인터넷이 도입되던 때에 '메가패스'라는 브랜드로 시장을 선점해왔기 때문에 이들 고객수가 많을 수밖에 없다. 투자자의 관점에서 봤을 때 시내전화나 초고속인터넷은 ARPU가 많이 낮은 서비스이므로 영업이익에는 별로 도움이 되지 않는다는 것을 알 수 있다.

LGU+ 역시 마찬가지다. 데이콤, 파워콤 시절부터 전화, 인터넷사업을 주로 해왔던 기업이므로 관련 서비스 가입자수가 전체 가입자수에서 44%를 차지할 정도로 높다. 역시 이들 서비스의 ARPU가 이동통신에 비해 낮기 때문에 영업이익에 큰 도움이 안 된다. 이에 반해 SKT(B)는 한국이동통신㈜ 시절부터 이동통신 위주로 사업을 해온 관계로 이동통신시장 전체에서 가입자 비중이 높을 뿐만 아니라 회사 전체에서도 이동통신 가입자 비중이 74%를 차지할 정도로 압도적이다. APPU가 높은 이동통신 가입자 비중이 큰 덕분에 SKT의 영업이익률이 타사들보다 높을 수밖에 없다.

이렇게 가입자수의 구성만 잘 분석해도 각 회사의 수익성 지표인 ARPU와 영업이익률에 대한 추정이 가능하므로 재무제표 분석 못지않게 미래창조과학부에서 제공하는 가입자수 통계 데이터를 잘 활용하기 바란다.

2. 통신사의 현금흐름

통신사의 매출 대부분은 통신요금으로 이루어지므로 대금 회수도 빠르고 대손의 위험도 낮아 다른 산업에 비해 안정적인 현금유입이 이루어질 것으로 기대된다. 실제 그런 모습인지 〈표1-12〉에서 통신 3사의 2015년 현

〈표1-12〉 **2015년 통신 3사 현금흐름표**

(단위: 백만 원)

2015년	SKT	KT	LGU+
영업활동현금흐름	3,778,129	4,229,965	1,792,908
당기순이익	1,515,885	631,288	351,232
투자활동현금흐름	-2,880,499	-2,401,868	-1,510,693
재무활동현금흐름	-964,583	-1,163,996	-406,050

금흐름표를 살펴보자.

통신 3사 모두 현금흐름의 모습이 좋다. 당기순이익보다 더 많은 현금을 영업활동에서 벌어들이고 있다. 감가상각비 부담이 크기 때문에 당기순이익보다 영업활동현금흐름이 더 큰 것이 정상적이다. 손익계산서의 당기순이익은 감가상각비 같은 비현금성 비용도 차감되어 계산되는 데 반해, 현금흐름표에서 영업활동현금흐름은 순수 현금이 들어오고 나가는 것만 반영되기 때문이다. 통신 3사는 이렇게 영업활동에서 안정적으로 현금을 벌어들이므로 이 자금을 투자활동에 사용도 하고 배당금 지급 같은 재무활동에도 지출할 여력이 된다.

만약 영업활동에서 충분한 돈을 벌어들이지 못한다면 투자활동에 소요되는 자금을 재무활동에서 끌어들일 수밖에 없다. 즉 차입을 하거나 주주들에게 증자를 받아서 충당해야 한다. 통신 3사 같이 영업활동에서 많은 돈을 벌어들이면 이렇게 투자자금 집행도 가능하고, 재무활동에서 현금유출(-)의 모습도 가능하다. 재무활동에서 현금유출(-)이라는 것은 차입금도 갚고, 주주들에게 배당도 한다는 의미이다.

이런 현금흐름의 모습은 다른 산업에서도 마찬가지다. 영업활동현금흐름 +(현금유입), 투자활동현금흐름 -(현금유출), 재무활동현금흐름 -(현금유출)이 바람직한 현금흐름의 모습이다.

통신 3사는 통신규격이 바뀌거나 주파수 경매 같은 이벤트를 종종 겪으므로 투자활동현금지출 또한 많다. 예를 들면 2011년에 LTE 서비스를 시작하면서 통신규격이 3G에서 LTE로 바뀌었다. 그러면 통신중계기나 기지국 등에 대한 투자도 이루어지므로 투자활동현금지출이 많을 수밖에 없다.

또한 국가가 소유하고 있는 주파수에 대하여 주기적으로 경매를 붙여서 통신 3사가 할당을 받는데, 이때 또한 투자활동에서 목돈이 들어간다. 통신사 주주의 입장에서는 이런 대규모 투자가 발생될 때 '회사 자금 여력이 나빠지면서 배당금이 줄어들지 않을까' 하는 염려를 할 수 있는데, 과거에 어땠는지 SKT 사례를 통해서 한번 살펴보자.

〈표1-13〉 **SKT의 5년간 현금흐름 (2010~2014)**

(단위: 백만 원)

SKT	2010년	2011년	2012년	2013년	2014년	합계
영업활동현금흐름	4,343,405	6,306,395	3,558,571	3,558,571	3,677,385	21,444,327
투자활동현금흐름	-2,339,032	-4,239,061	-5,309,584	-2,506,477	-3,683,165	-18,077,319
재무활동현금흐름	-2,246,122	-1,079,315	585,267	-573,157	-559,399	-3,872,726
비고		LTE 서비스 시작 주파수 경매	하이닉스 인수 (3.1조)	주파수 경매		

〈표1-13〉은 SKT의 2010년부터 2014년까지 5년간의 현금흐름이다. 2011년과 2013년에 주파수 경매가 있었고, 2011년은 본격적인 LTE 서비스가 시작되던 해였다. 투자활동현금흐름을 보면 2011년과 2012년의 숫자가 매우 컸음을 알 수 있다. 2011년에는 특히 LTE 서비스와 주파수 경매가 겹치면서 투자활동에서 빠져 나간 돈만 4조 원이 넘는다. 하지만 영업활동에서 6조 원 이상을 벌어들이면서 투자활동에서 지출한 돈을 상쇄하고도 남는다.

2012년에는 투자활동에서 5조 3,000억 원 이상이 지출되면서 영업활동에서 벌어들인 돈보다 더 많이 투자가 된 해다. 그러나 이때는 통신 관련 투자활동보다는 하이닉스의 지분 3조 1,000억 원어치를 인수하면서 지출이 컸기 때문에 이 부분만 제거하면, 결국 2012년도 영업활동에서 벌어들인 돈이 통신업 관련 투자활동에 지출한 돈보다 더 컸다는 사실을 알 수 있다.

결국 2010년부터 2015년까지 현금흐름을 보면 투자활동에 지출되는 돈 이상으로 충분히 많은 현금을 벌고 있다는 결론에 도달한다. 주기적으로 통신규격이 바뀌면서 투자가 이루어지고, 주파수 경매 때 큰돈이 빠져 나가지만 기업의 현금흐름에 큰 영향을 주지는 않는다. SKT는 매년 주주에게 10,000원 내외의 주당배당금을 꾸준히 지급하고 있다.

한편 LTE 가입자 비중, 스마트폰 가입자수 성장률, ARPU 등이 가장 높은 LGU+의 현금흐름은 〈표1-14〉와 같은 모습인데 SKT와는 흐름이 다르다.

〈표1-14〉 **LGU+의 5년간 현금흐름 (2010~2014)**

(단위: 백만 원)

LGU+	2010년	2011년	2012년	2013년	2014년	합계
영업활동 현금흐름	1,283,569	297,635	1,874,728	1,777,718	2,015,383	7,249,033
투자활동 현금흐름	-1,093,146	-1,693,744	-1,985,596	-1,962,223	-2,307,254	-9,041,963
재무활동 현금흐름	198,770	977,393	333,413	241,472	309,470	2,060,518
비고		LTE 서비스 시작 주파수 경매		주파수 경매		

LGU+는 2011년부터 2014년까지 영업활동에서 번 돈보다 투자활동으로 빠져 나간 돈이 더 크다. 영업활동에서 번 돈 이상으로 투자를 하다 보니 결국 재무활동현금흐름이 현금유입(+)의 모습을 보인다. 즉 차입금이 늘어났다는 의미다. LGU+는 LTE로 통신규격이 바뀌면서 과감하게 투자를 단행한 것으로 유명하다. 그 투자의 결실은 가입자수와 ARPU 등의 수치로 나타나고 있고, 현금흐름은 2015년부터 바뀌기 시작했다.

즉 〈표1-12〉에서 보듯이 2015년에는 영업활동현금흐름에서 벌어들인 돈이 투자활동에 빠져 나간 돈보다 커지기 시작했고, 이 모습은 2016년 반기까지 계속 이어지고 있다. LGU+는 현금흐름이 개선된 2015년부터 주주들에게 주당배당금을 늘려서 지급하고 있다.

3. 통신사의 자산구조

통신사의 자산규모 역시 수십조 원에 달하기 때문에 재무상태표를 보면 머리가 띵하다. 그러나 큰 숫자로 묶어서 보면 의외로 간단하다. LGU+의 재무상태표를 요약해보면 〈그림1-5〉와 같다.

〈그림1-5〉 **LGU+의 재무상태표**

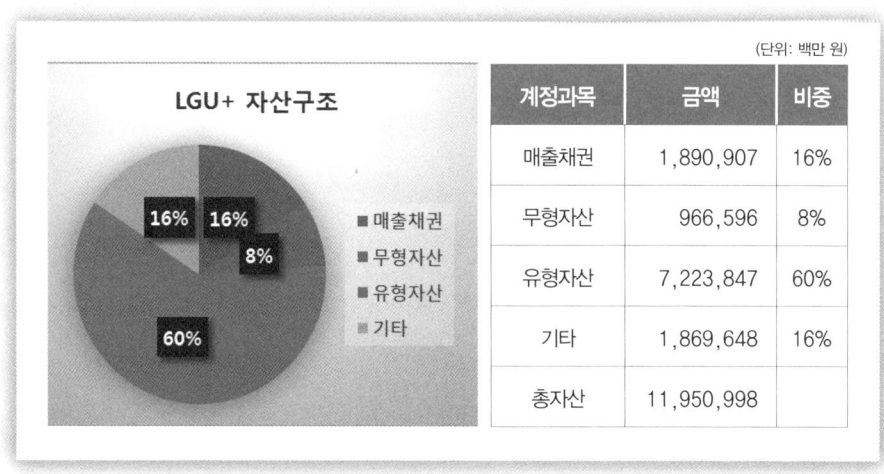

LGU+의 연결재무상태표를 보면 내용은 이보다 훨씬 많지만 큰 숫자 위주로 정리해보면 간단하다.

고정비가 많이 발생하는 기업답게 총자산의 68%가 무형자산과 유형자산으로 구성되어 있다. 주석사항을 찾아보면 무형자산의 대부분은 경매로 취득한 주파수 이용권으로 이루어져 있고, 유형자산은 전기통신설비가 대부분이다.

그 다음으로 큰 금액은 매출채권이고, 나머지 계정과목들은 다 묶어서 기타로 분류했다. 매출채권은 통신요금이 다음 달에 대부분 회수되면서 현금화될 것이므로 위험이 크지 않고 기타로 묶어놓은 1조 8,000억 원이라는 숫자는 중요하지만 그 안에 포함되어 있는 금액들을 쪼개서 보면 깊게 분석할 만한 내용은 없으므로 분석은 여기서 끝내도 무방하다.

고정비인 큰 금액의 감가상각비가 발생되는 유·무형자산이 전체자산에서 차지하는 비중을 살펴보면 LGU+ 68%, KT 58%, SKT 51% 정도로 중요 부분을 차지한다. 부채 쪽은 사채와 차입금이 중요 부분을 차지한다. 그러나 영업활동에서 안정적으로 현금을 창출하고 있고, 재무활동에서 현금유출(-), 즉 갚아 나가면서 사채와 차입금이 감소하는 상황이므로 자세한 분석은 과감히 생략해도 될 듯하다.

4. 박회계사의 통신업 관련 투자이야기

　통신 3사는 성장성보다는 안정성이 돋보이는 기업이다. 배당금을 많이 주기로 유명하므로 시중 이자율이 낮은 요즘 주가가 조정을 받을 때 투자하기 좋다. 예를 들면, SKT가 2015년과 마찬가지로 10,000원 가량의 주당 배당금을 지급할 것으로 예상하고 주가가 20만 원까지 조정 받을 때 매수한다면 벌써 배당수익률 5%(세전 기준)를 기대할 수 있다.

　통신업에서 성장성을 꼽자면 LGU+라고 생각한다. 그 이유는 앞서 살펴봤듯이 ARPU가 3사 중에 가장 높고, LTE 가입자수 증가 추이도 가장 가파르기 때문이다. 영업활동현금흐름이 점점 늘면서 차입금이 감소하는 모습도 인상적이다. 또한 LG그룹 전자 제조사와의 사물인터넷 시너지 등이 기대되는 면도 있다.

　통신업과 관련하여 통신 3사 외에 통신장비 관련 기업에 투자하는 것도 하나의 투자 아이디어가 될 수 있다. 왜냐하면 통신규격이 4G(LTE)에서

5G로 넘어가는 날이 멀지 않았기 때문이다. 2017년, 늦어도 2018년에 5G의 시범서비스가 실시될 것으로 예상하는 뉴스가 나오고 있다. 5G는 4G(LTE)보다 속도가 100배 빠를 것이라는 전망도 나왔다고 한다. 이렇게 통신규격이 바뀌게 되면 관련 통신장비를 만드는 기업 또한 바빠질 것이다. 이는 3G에서 4G(LTE)로 넘어가던 2012년에 숫자로 증명을 했다. 역사가 반복된다는 점을 생각한다면 곧 다가올 이런 빅사이클(Big cycle)에 미리 대비해야 할 것이다.

〈표1-15〉(주)에프알텍의 5년간 매출 및 영업이익 실적(2011~2015)

(단위: 억 원)

㈜에프알텍	2011년	2012년	2013년	2014년	2015년
매출액	134	792	556	323	428
영업이익	-17	103	93	23	-4

〈표1-15〉는 주로 KT의 통신장비를 생산하는 코스닥기업 에프알텍의 최근 5년간 실적이다. 통신규격이 LTE로 바뀌던 2012년부터 엄청난 실적을 자랑한다. 2012년과 2013년 통신장비를 계속 납품하면서 매출액이 2011년에 비해 5배 가까이 증가했고, 적자를 단숨에 영업이익 103억 원, 93억 원으로 돌려세웠다. 그러나 통신장비 납품이 거의 마무리된 2014년부터는 다시 매출액과 영업이익이 감소되는 추세를 보인다. 성수기와 비수기를 극명하게 겪는 경기민감주 성격이다. 투자자의 관점에서 비수기에 투자해서 성수기에 주가가 오를 때 팔면 높은 수익을 거둘 수 있다는 생각을 하

게 된다. 실제로 저자는 2013년 봄에 이 기업으로 2배 이상의 높은 수익을 거뒀다.

주가의 흐름을 〈그림1-6〉 월봉차트를 통해 살펴보자.

〈그림1-6〉 (주)에프알텍의 주가흐름 월봉차트

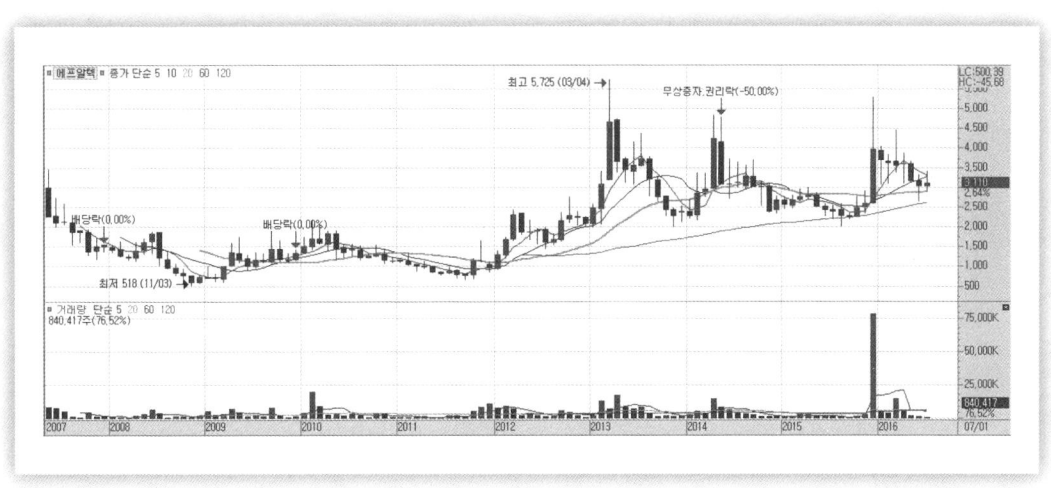

2012년에 매출액 792억 원, 영업이익 103억 원이라는 실적을 내놓은 2013년 3월에 주가는 최고점을 찍었다. 주가가 오른 기간은 단 두 달 정도고 2013년 1월까지 주가는 그렇게 크게 오르지 않았다. 주식 매수 시점에 따라 수익률이 다 다르겠지만 저자는 2012년말에 집중해서 주식을 매수했다. 그 이유는 아무리 생각해도 기대되는 매출액과 영업이익에 비해 주가가 너무 싸다고 생각을 했고 그 힌트는 전자공시시스템에서 알려주고 있다.

〈그림1-7〉은 2012년 4월부터 10월까지의 에프알텍 전자공시 사항이다.

〈그림1-7〉 (주)에프알텍의 전자공시 사항(2012.04~2012.10)

공시대상회사	보고서명	제출인	접수일자
에프알텍	주식등의대량보유상황보고서(일반)	남재국	2012.10.24
에프알텍	단일판매·공급계약체결	에프알텍	2012.10.18
에프알텍	단일판매·공급계약체결	에프알텍	2012.10.15
에프알텍	단일판매·공급계약체결	에프알텍	2012.09.28
에프알텍	단일판매·공급계약체결	에프알텍	2012.09.20
에프알텍	단일판매·공급계약체결	에프알텍	2012.09.18
에프알텍	반기보고서 (2012.06)	에프알텍	2012.08.13
에프알텍	[기재정정]단일판매·공급계약체결	에프알텍	2012.06.22
에프알텍	단일판매·공급계약체결	에프알텍	2012.06.18
에프알텍	단일판매·공급계약체결	에프알텍	2012.05.29
에프알텍	임원·주요주주특정증권등소유상황보고서	유승철	2012.05.17
에프알텍	분기보고서 (2012.03)	에프알텍	2012.05.15
에프알텍	단일판매·공급계약체결	에프알텍	2012.05.04
에프알텍	단일판매·공급계약체결	에프알텍	2012.04.26

단일판매·공급계약 체결이 단연 눈에 띈다. 통신사로부터 수주를 받아서 제작을 하고 납품을 하는 구조이므로 수주를 받을 때마다 이렇게 공시를 한다.

코스닥시장 규정상 최근 사업연도 매출액의 100분의 10 이상의 계약을 체결할 때 반드시 이와 같은 수주공시를 하게 되어 있는데, 대부분의 기업들은 100분의 10 미만이 되어도 자율적으로 공시를 하는 추세다. 아무래도 수주공시가 주가에 좋은 영향을 주기 때문일 것으로 생각되는데, 이렇게 수주 관련 공시만 잘 살펴봐도 회사의 실적을 가늠하는 중요 자료로 활용할 수 있다.

저자는 이렇게 공시되는 단일판매·공급계약 체결 공시내용을 모아서 투자 전에 정리해봤더니 2012년에 매출액 860억 원, 영업이익 90억 원은 나오겠다고 추정을 했다. 공시내용에서 계약기간이 2013년 이후로 넘어가는 것도 있고, 수주공시 외에 기존 중계기에 대한 A/S매출이나 업그레이드 등으로 더 벌어들이는 부분도 있으므로 그런 것까지 고려해서 추정을 했기 때문에 당연히 실제치와는 차이가 날 수밖에 없다. 정확도는 떨어지지만 주어진 자료와 이런 저런 가정을 내세워서 계산을 해보는 과정을 겪고 나면 기업에 대한 확신이 가능하다.

에프알텍의 재무상태표상으로는 무차입에 현금과 부동산만 300억 원 가까이 보유하고 있었고, 예상되는 이익이 90억 원 정도로 계산되었다. 그런데 시장에서 오랜 기간 소외받다 보니 시가총액은 고작 200억 원대에서 머무르고 있었다. 자산가치보다도 시가총액이 작은 기업이 빅사이클을 만나서 실적이 엄청나게 급증할 것이 뻔히 보이는데 주식을 사야 하는 것은 당연한 것 아닌가!

역사가 반복된다면 곧 이런 기회는 다시 찾아올 것이다. 투자자 입장에서는 어느 통신장비 기업이 5G에 대한 준비가 잘 되어 있고 통신사의 수주를 많이 받을지 알지 못한다. 4G 때는 에프알텍 등 몇몇 기업이 수혜를 받았는데 벌써 몇 년의 세월이 흘렀기 때문에 이런 기업들이 5G 준비를 못 했을 수도 있고 잘 했을 수도 있다. 또한 새로운 기업이 혜성처럼 등장할 수도 있다. 예측은 어렵지만 우리에게는 전자공시시스템이 있다. 통신장비주로 분류되는 기업들의 단일판매·공급계약 체결 전자공시를 예의주시하기 바란다.

PART 2

유선방송 사업

합병으로 덩치를 키우는 케이블 방송사,
과연 고배당주로 거듭날 것인가?

1. 유료방송 시장 현황

〈표2-1〉은 2016년말 현재 미래창조과학부의 통계자료에서 다운로드 받은 가장 최신 자료이다. 케이블방송(SO)은 감소 추세, IPTV는 증가 추세임이 한눈에 들어온다. 아직까지 케이블방송이 시장점유율 50%를 넘게 차지하고는 있지만 추이를 볼 때 50% 미만으로 떨어지는 데 오랜 시간이 걸리지 않을 수 있겠다는 생각이 든다.

표에서 KT스카이라이프와 KT의 점유율을 합쳐서 표시한 이유는 두 기업의 시장점유율을 합쳐서 33%가 넘으면 안 되는 합산규제 적용 대상이기 때문이다. KT와 KT스카이라이프는 이런 이유로 가입자수를 늘리는 데에 한계가 있을 수밖에 없다.

케이블방송, 위성방송, IPTV 중 이번 PART에서 집중적으로 살펴볼 기업들은 바로 유선방송 사업을 영위하고 있는 CJ헬로비전, 현대HCN 등이다. 사실 시장점유율이 떨어지면서 성장이 멈춘 기업들에 대한 분석이라

〈표2-1〉 유료방송사업 시장 현황

(단위: 만 단자)

	SO	2013년 12월	2015년 6월	증감	증감률	점유율
케이블방송 (SO)	티브로드	333	327	-6	-1.8%	12%
	CJ헬로비전	404	416	12	3.0%	15%
	씨앤앰	246	237	-9	-3.7%	8%
	현대HCN	140	135	-5	-3.6%	5%
	CMB	152	150	-2	-1.3%	5%
	개별 SO	209	190	-19	-9.1%	7%
	소계	1,484	1,455	-29	-2.0%	51%
위성방송	KT스카이라이프	418	314	-104	-24.9%	29%
IPTV	KT	497	506	9	1.8%	
	SKB	208	319	111	53.4%	11%
	LGU+	168	239	71	42.3%	8%
	소계	873	1,064	191	21.9%	38%
유료방송 합계		2,775	2,833	58	2.1%	12%

(출처: 미래창조과학부, 2015년 6월말 기준)

다소 힘이 빠질 수 있지만, 기업구조가 개편되고 있는 상황에서 투자의 기회가 생길 수도 있기 때문에 그냥 지나치기는 아쉬운 면이 있다. 또한 《박회계사의 사업보고서 분석법》의 도·소매업 편에서 살펴본 홈쇼핑 기업과도 관계가 있으므로 같이 참고해서 보면 좋을 것이다.

2. 케이블방송사의 가입자수 현황

〈표2-2〉는 한국케이블TV방송협회에서 다운로드 받은 SO별 가입자수 현황이다. 케이블방송사를 SO(System Operator)라고 하며, 여러 개의 케이

〈표2-2〉 회사별 SO개수 및 가입자수 현황

(단위: 명)

회사명	SO개수	2012년	2015년	증감	증감률	점유율
티브로드	23	3,139,331	3,238,204	98,873	3.1%	22.4%
CJ헬로비전	22	3,506,213	4,154,562	648,349	18.5%	28.8%
씨앤앰	17	2,457,447	2,287,669	-169,778	-6.9%	15.9%
CMB	10	1,348,608	1,510,001	161,393	12.0%	10.5%
현대HCN	8	1,304,244	1,335,302	31,058	2.4%	9.3%
개별 SO	10	3,149,174	1,898,417	-1,250,757	-39.7%	13.2%
합계	90	14,905,017	14,424,155	-480,862	-3.2%	100.0%

(출처: 한국케이블TV방송협회, 2015년말 기준)

블방송사를 가지고 있는 티브로드, CJ헬로비전 등을 MSO(Multiple System Operator)라고 부른다. 〈표2-2〉에서 보듯이 티브로드는 전국에 케이블방송국 23개사를 보유하고 있고, CJ헬로비전은 22개를 보유하고 있으니 두 회사가 전체 케이블방송국의 절반 정도를 가지고 있다. 케이블방송국은 지역 내에 독점 또는 과점 형태로 운영되고 대기업들이 주로 지분을 가지고 있다.

한편 영화, 드라마, 스포츠 등 프로그램을 제작해서 공급하는 업체를 PP(Program Provider)라고 한다. CJ E&M, 한국경제TV 같은 기업들이 대표적이며, CJ E&M은 추후 엔터테인먼트 기업 편에서 다시 다룰 예정이다.

〈표2-2〉에서 보듯이 SO수는 티브로드가 가장 많고, 가입자수는 CJ헬로비전이 1등이다. CJ헬로비전과 같은 유가증권시장 상장기업인 현대HCN은 8개의 SO를 보유하고 있고, 가입자수는 CJ헬로비전의 반에도 미치지 못할 정도로 규모가 큰 편이 아니다. 〈표2-2〉에서 2012년과 2015년을 비교했는데, 전체적인 가입자수는 3년 동안 3.2% 감소했고, 특히 개별 SO들의 감소폭이 컸다. 대신 MSO들의 가입자수는 증가했다. 케이블방송사간 M&A를 통해 주인이 바뀐 경우가 많았기 때문인데 MSO가 덩치를 키운다고 해도 전체적인 시장 자체가 작아지고 있는 상황이다 보니 기업 성장에 대한 확신이 어려운 산업임은 분명해 보인다.

통신업에서 기업들의 실적이 좋아지려면, 즉 ARPU가 올라가기 위해서는 피처폰 가입자가 줄고 스마트폰 가입자수가 증가되어야 한다는 것을 살펴봤다. 같은 맥락으로 케이블방송사의 실적이 좋아지려면 요금제가 저렴한 아날로그방송 가입자가 줄고 디지털방송 가입자가 많아져야 ARPU 증가가 가능하다.

〈표2-3〉 기업별 디지털방송 시청자 비중 현황

디지털방송 시청자 비중	SO개수	2012년	2015년	증감	디지털방송 송출 시점
티브로드	23	32.5%	52.3%	19.8%	2006년
CJ헬로비전	22	42.4%	61.5%	19.1%	2005년
씨앤앰	17	58.7%	70.4%	11.7%	2006년
CMB	10	5.9%	11.7%	5.9%	2005년
현대HCN	8	42.0%	58.7%	16.7%	2005년
개별 SO	10	19.7%	42.3%	22.5%	2005년~
합계	90	34.9%	52.8%	18.0%	

(출처: 한국케이블TV방송협회, 2015년말 기준)

그러나 디지털방송을 송출한 지 10년이 지난 지금 디지털방송 시청자 비중은 그리 높지 않다.

〈표2-3〉은 각 MSO의 전체 가입자 중 디지털방송 시청자 비중을 나타내는 표이다. 역시 한국케이블TV방송협회에서 자료를 다운로드 받아 직접 계산하였다. 3년 전인 2012년과 비교해보면 디지털방송 시청자 비중은 증가했다. 증가폭이 크다, 작다에 대한 판단은 서로 다를 수 있지만, 저자가 주목한 것은 디지털방송이 시작된 지 벌써 10년이 넘었음에도 불구하고 가입자수가 그리 많지 않다는 데 있다. 예를 들어 상장기업인 현대HCN의 경우 디지털방송을 송출한 지 11년이 지났음에도 불구하고 디지털방송 가입자수가 58.7%에 불과하니 나머지 41.3%는 수익성이 낮은 아날로그방송 시청자라는 것이다. 왜 이렇게 디지털방송 시청자 비율이 크게 증가하

지 못하는 것일까?

경제적인 여유가 있는 대도시의 시청자들에게 디지털방송 시청료는 그렇게 큰 부담이 안 될 수 있지만, 중소도시 또는 농어촌에 사는 노년층에게 시청료 인상은 큰 부담이 될 수 있다. 1만 원 미만의 아날로그 시청료를 내다가 디지털방송으로 전환한 후 2만 원이 넘는 시청료를 내야 하는 것이 부담이 될 수 있다는 얘기다. 또한 디지털방송을 제대로 보려면 좋은 TV도 새로 장만해야 하는데 그것에 대한 부담 또한 만만치 않을 것이다.

스마트폰은 거의 전국민이 필수품으로 여기고 젊은층부터 무리해서라도 최신기종으로 바꾸려는 문화인 데 반해, TV는 젊은층보다는 중장년층 이상이 많이 시청하다 보니 그런 점도 작용했을 것이다. 다양한 미디어가 발달하면서 젊은 세대들은 얌전히 TV 앞에 앉아 몇 시간씩 시청하는 것보다 인터넷이나 모바일을 통해 보고 싶은 프로그램의 원하는 장면만 골라서 보는 것을 선호하는 상황이다. 또한 인터넷방송, 팟캐스트 같은 매체의 발달로 공중파방송 외에 입소문이 난 콘텐츠를 즐겨보는 젊은 세대가 늘어나면서 TV는 예전만 못해진 게 사실이다. 이 점은 《박 회계사의 사업보고서 분석법》 중 도·소매업에서 TV홈쇼핑 매출이 감소되는 추세를 통해 이미 한 번 확인했었다. 이렇게 경제력이 있는 젊은 세대들이 TV 앞을 떠나다 보니 유선방송과 홈쇼핑 기업의 실적은 자연스럽게 악화되고 있는 것이다.

3. 케이블방송사의 매출 분석

상장기업인 CJ헬로비전의 재무제표 주석사항 중 부문정보를 살펴보면 매출에 대한 자세한 분석이 가능하다.

〈표2-4〉 2015년 CJ헬로비전 매출액 현황

(단위: 천 원)

CJ헬로비전	매출 비중	2015년	2014년	증감	증감률
방송사업 매출	34.5%	408,542,215	423,194,016	-14,651,801	-3.5%
인터넷사업 매출	11.2%	132,096,526	140,440,202	-8,343,676	-5.9%
부가서비스사업 매출	26.7%	315,767,160	298,294,716	17,472,444	5.9%
광고서비스사업 매출	22.5%	265,712,362	262,186,958	3,525,404	1.3%
상품 매출	5.1%	60,494,607	146,259,835	-85,765,228	-58.6%
매출 계	100.0%	1,182,612,870	1,270,375,727	-87,762,857	-6.9%
가입자수		4,154,562	4,215,506	-60,944	-1.4%
ARPU		130,131	133,705	-3,574	-2.7%

〈표2-4〉는 재무제표 주석사항 중 부문정보를 엑셀에 붙여서 매출 비중과 전기 대비 증감 및 증감률을 계산한 표다. 또한 〈표2-2〉의 가입자수 정보를 활용하여 ARPU를 계산해보았다. ARPU는 단순하게 방송사업 매출과 인터넷사업 매출의 합을 가입자수로 나누어 계산한 값이다. CJ헬로비전 사업보고서 'Ⅱ. 사업의 내용'편에서 '2. 주요 제품, 서비스 등'의 항목을 살펴보면 부가서비스에 인터넷전화와 알뜰폰이 포함되어 있으므로 더 정확한 ARPU를 구하려면 부가서비스사업 매출 중 이들 매출도 포함시켜서 계산해야 한다. 그러나 부가서비스사업 매출에서 인터넷전화와 알뜰폰의 매출액이 어느 정도인지에 대한 정보가 공시되지 않으므로 추가 분석은 사실상 어렵다.

한 가지 확실한 것은 케이블방송사의 주요 사업인 방송과 인터넷사업 매출액 모두 감소 추세라는 것이고 부가서비스사업은 매출 증가 추세에 있다는 것이다. 상품 매출 금액은 크지 않지만 사업보고서의 같은 부분을 살펴보면 알뜰폰 단말기 매출액이 상품 매출을 구성하는 것으로 나와 있다. 이 상품 매출 역시 감소 추세인 것으로 봐서는 알뜰폰 신규 가입자수는 감소 추세일 것으로 추정된다. 그리고 그에 대한 확신은 'Ⅱ. 사업의 내용'편에서 '헬로폰(CJ헬로비전의 알뜰폰 브랜드명)' 가입자수 증가 추이를 살펴보면 알 수 있다.

〈그림2-1〉 CJ헬로비전 2015년 사업보고서 중 Ⅱ.사업의 내용

헬로폰 가입자 증가 추이					(단위: 천명)	
2009년말	2010년말	2011년말	2012년말	2013년말	2014년말	2015년말
181	381	483	635	727	747	673

당사는 독자적인 인터넷전화 서비스를 제공하기 위하여 2010년 9월에 세종텔레콤과 인터넷전화 서비스사업에 대한 영업양수도 계약을 체결, 2010년 12월에는 방송통신위원회로부터 승인을 받아 2011년 1월에 해당 영업양수를 완료하였습니다. 이로써 종합유선방송사업자(MSO) 중 최다가입자를 보유하고 있을 뿐만 아니라 독자플랫폼을 보유한 유일한 사업자로서 품질과 원가 구조 개선이 가능하게 되었습니다.

〈그림2-1〉과 같이 CJ헬로비전의 알뜰폰 브랜드인 헬로폰 가입자수 증가 추이를 보면, 2012년까지 가입자수가 크게 증가되었고, 2013년부터 증가 추이가 둔화되고 2015년에 오히려 가입자수가 줄어들었다. 가입자수가 감소되었기 때문에 〈표2-4〉에서 부가서비스사업 매출 중 알뜰폰 요금 관련 매출액 역시 감소되었을 것으로 추정된다. 즉 부가서비스사업 매출이 증가된 것은 알뜰폰 요금과 관련된 것이기보다는 다른 서비스 쪽일 가능성이 크다. 물론 알뜰폰 가입자수는 감소 추세이지만 더 높은 요금제로 전환한 가입자가 많아서 알뜰폰 요금 관련 매출액이 감소하지 않았거나 감소폭이 작았을 수도 있다. 거기까지는 정보가 확인되지 않으므로 생략한다.

이렇게 사업보고서상 주어진 정보로 종합적인 판단을 해보면 CJ헬로비전의 TV, 인터넷, 저가폰의 실적 모두 감소 추세라고 봐도 무방할 것 같다.

〈표2-4〉에서 전체 매출의 22.5%를 차지하는 광고서비스사업 매출은 소폭 성장했다. 우리가 집에서 TV를 보다 보면 가끔씩 동네 맛집 광고나 부동산 분양 광고가 눈에 들어오는데, 사실 이들 광고에서 발생되는 광고 매출액은 매우 적다. 여기서 발생되는 매출액이 중요한 것은 아니고 케이블

방송사의 광고서비스사업 매출의 절대부분을 차지하는 것은《박 회계사의 사업보고서 분석법》도·소매업 편에서 살펴본 홈쇼핑 기업에서 지급받는 황금채널대가가 된다.

즉 채널번호 결정 권한이 있는 케이블방송사가 주요 홈쇼핑회사의 채널을 앞 번호인 6, 8, 10, 12번에 부여하고 받는 대가를 광고서비스사업 매출에 반영하는데, 전체 매출액의 22.5%를 차지할 정도로 이 금액이 매우 크다. 만약 홈쇼핑 기업의 TV홈쇼핑 매출액이 계속 감소하고 이익에 악영향을 주는 것으로 판단하여 황금채널을 포기하겠다고까지 한다거나 케이블방송사와의 협상을 통해 대가를 줄이는 쪽으로 간다면 케이블방송사의 실적에 큰 악영향을 줄 수도 있음을 명심해야 한다. 케이블방송사 주주라면 생각도 하기 싫은 가정이지만, 홈쇼핑 기업 주주라면 반대의 생각을 해볼 수도 있을 것 같다.

〈표2-5〉 2015년 현대HCN 매출액 현황

(단위: 천 원)

현대HCN	매출 비중	2015년	2014년	증감	증감률
방송 매출	45.1%	131,185,825	138,024,012	-6,838,187	-5.0%
인터넷 매출	18.3%	53,232,832	54,528,984	-1,296,152	-2.4%
광고 매출	33.3%	96,994,213	97,359,052	-364,839	-0.4%
기타 매출	3.4%	9,785,753	16,309,257	-6,523,504	-40.0%
매출 계	100.0%	291,198,623	306,221,305	-15,022,682	-4.9%
가입자수		1,335,302	1,360,960	-25,658	-1.9%
ARPU(*)		138,110	141,483	-3,373	-2.4%

〈표2-5〉는 현대HCN의 매출액 주석사항을 엑셀에 붙여서 매출 비중과 전기 대비 증감 및 증감률을 계산한 표다. 또한 〈표2-2〉의 가입자수 정보를 활용하여 ARPU를 계산해보았다. 역시 방송 매출, 인터넷 매출, ARPU 모두 감소 추세로 나온다. 현대HCN은 CJ헬로비전과 달리 알뜰폰 사업은 하고 있지 않아서 매출구조가 간단한 편인데, 광고 매출에 대한 비중이 33.3%에 달할 정도로 매우 크다.

상장되어 있는 케이블방송사 모두 본 사업인 TV와 인터넷 매출 및 가입자, ARPU 모두 감소하고 있는 추세여서 성장성에는 한계가 있는 것으로 결론을 내릴 수 있겠다.

4. 케이블방송사의 비용 분석

　케이블방송사의 비용 역시 많은 계정에 나누어 표시되어 있는데, 이를 큰 계정과목 위주로 묶어서 분석하는 것이 이해하기 좋다. 단 CJ헬로비전과 현대HCN의 매출원가 및 판매비와관리비가 복잡하게 되어 있고 기타 비용에 많은 금액이 포함되어 있어 분석목적상 좋지 않은 관계로, 불가피하게 비상장기업이지만 손익계산서가 예쁘게 작성된 딜라이브(구, 씨앤앰)의 손익계산서를 활용하였다. 저자가 오랜 기간 동안 케이블방송 기업에 대한 회계감사를 했던 경험을 떠올려봤을 때 큰 차이가 없다는 판단이다.

<그림2-2> 딜라이브(구, 씨앤엠) 2015년 손익계산서 중 비용 분석

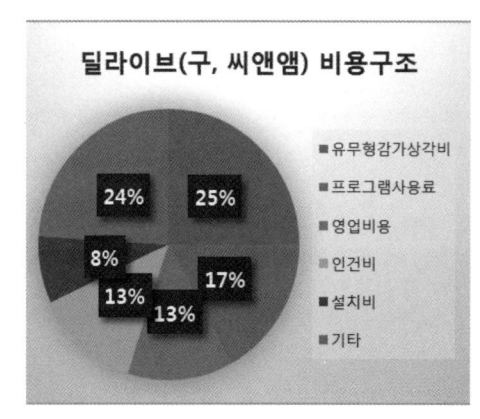

　〈그림2-2〉는 2015년의 딜라이브의 비용구조를 정리한 그림이다. 전체 영업비용에서 가장 중요한 비용들 위주로 정리한 것이다. 통신업과 마찬가지로 고정비 비중이 큰 편이다. 감가상각비와 인건비를 합쳐서 전체 비용의 38%를 차지한다. 통신업은 통신규격이 변경되거나 주파수 경매가 발생되는 등 유·무형자산에 대한 취득과 투자가 지속적으로 이루어지는데 반해, 케이블방송사는 그런 부분이 거의 없다. 이미 디지털방송에 대한 대규모 투자는 2005년 전후로 많이 이루어졌고, 인터넷망도 자가망을 다 깔았을 정도다. 알뜰폰은 통신기업의 망을 빌려서 사용하는 체계이므로 대규모 투자에 대한 가능성이 크지 않다. 즉 유·무형자산에 대한 감가상각비가 큰 편이지만 서서히 감소하는 추세라는 것이 케이블방송사의 특징이다.

　예를 들어 CJ헬로비전은 2014년에 비해 2015년의 감가상각비가 약 11% 감소한 1,618억 원, 현대HCN은 5% 감소한 392억 원이고, 이런 감소 추세는 2016년 반기손익계산서에도 확인된다. 매출 역성장이 되는 상황이지만 고정비 성격으로 비용의 많은 부분을 차지하는 감가상각비 또한 감소하고 있어서 이익 하락이 그리 크지 않은 것이다.

그 다음으로 중요한 비용은 PP(Program Provider)사용료 라고도 불리는 프로그램사용료다. 예를 들어 케이블방송사가 CJ E&M으로부터 〈미생〉이나 〈삼시세끼〉 같은 프로그램을 구입한 것에 대한 대가를 의미한다. 이 대가는 프로그램 개별 건마다 정하고 지급하는 것은 아니고 보통 SO와 PP 간의 협상을 통해 연 중 한 번 결정된다. 2016년 6월에 나온 뉴스에 따르면 "PP사용료 인상폭은 2015년 대비 3% 수준"이라고 발표되었다. 그러나 뉴스를 자세히 들여다보면 "IPTV는 8%, 스카이라이프는 3% 인상인 데 반해, 케이블방송사만 가입자수 감소에 따른 수신료 매출액 하락으로 동결했다."고 되어 있다. 즉 프로그램사용료가 케이블방송사의 비용에서 중요한 부분을 차지하지만 실제로 인상폭 자체가 크지 않고 상황에 따라 동결되는 일도 발생된다. 비용이 감소되어서 좋기는 하지만 매출 하락에 따른 동결이므로 좋은 현상은 아니다.

한편 현대HCN의 방송 매출액 대비 프로그램사용료는 32%, 딜라이브는 35% 수준이다. 여기서 PP사를 연관 지어 생각해보면, 결국 CJ E&M 같은 기업은 내수보다 수출에서 답을 찾아야 한다는 것을 새삼 느끼게 된다. CJ E&M은 최근 몇 년 동안 드라마와 예능을 자체 제작해서 높은 시청률을 올리고 있지만, 프로그램을 구입하는 방송사로부터 받는 대가가 동결되거나 소폭 인상되는 데 그치므로 큰 폭의 실적 성장이 쉽지 않다는 답이 나온다. 결국 외국에 판권을 좋은 값에 받고 팔거나 프로그램 콘셉트 수출, 광고 매출 등에서 실적이 많이 늘어나야 추가 성장이 가능하다는 생각이 든다. 이 부분 역시 PART 3의 엔터테인먼트 산업을 분석할 때 다시 다루도록 하겠다.

그 다음으로 중요한 비용은 영업비용과 설치비이다. 영업비용은 TV, 인터넷, 인터넷전화 등 고객 획득을 위해 지급하는 보조금 등이 해당되고, 설치비는 케이블방송을 신규 및 이전 설치할 때 발생되는 각종 재료비, 인건비 등이다. 가입자수 감소에 따라 역시 비용도 비례하여 감소하는 추세다.

케이블방송사의 비용 특징을 보면 가입자수 감소에 비례하여 줄어드는 상황이다. 매출액이 증가하면서 비용이 감소하는 손익계산서의 모습이 가장 이상적이지만, 케이블방송사는 가입자수 감소에 따라 매출액과 비용 모두 줄어들고 있다. 성장성이 아쉬울 뿐이지 이익은 꾸준히 나고 있고, 높은 영업활동현금흐름도 창출하므로 관점을 성장주가 아닌 배당주로 바꿔서 봐야 할 것 같다. 이 부분은 자산과 부채 쪽을 먼저 살펴본 후 다시 언급하도록 하겠다.

5. 케이블방송사의 자산과 부채

CJ헬로비전과 현대HCN 등 MSO의 자산을 중요 부분으로 묶어서 비중을 분석하면 다음과 같다.

CJ헬로비전: 유형자산 37% 〉 영업권 29% 〉 기타무형자산 11% 〉 매출채권 11% 순
현대HCN: 현금, 예금 35% 〉 영업권 28% 〉 유형자산 21% 〉 매출채권 6% 순

CJ헬로비전은 유형자산과 영업권, 무형자산이 77%이고, 현대HCN은 49% 정도다. 양사 모두 유형자산과 영업권 비중이 매우 크다. 유형자산에는 방송국의 각종 방송장비와 통신장비, 셋톱박스, 모뎀 등이 포함되어 있다. 케이블방송을 시청하거나 인터넷을 사용하는 가정에 설치된 셋톱박스와 모뎀은 케이블방송사의 소유이므로 회사 입장에서는 판매목적의 재고자산이 아닌 유형자산으로 분류한다. 즉 영업을 위해 사용하는 자산으로 나중에 고객이 해지를 하거나 이사를 갈 때 회수한다.

그 다음으로 중요한 자산은 바로 영업권이다. MSO는 특히 영업권 금액이 매우 크다. 아주 오래 전에 현대백화점그룹, CJ그룹, 태광그룹 등이 케이블방송사들을 인수하면서 몸집을 불려 나갈 때 비싼 값으로 인수를 했기 때문에 영업권이 클 수밖에 없다. 예전에는 케이블방송사의 자산규모가 영세하다고 표현할 정도로 매우 작았다. 자산규모는 작지만 고객만 확보하면 안정적인 수익 창출이 가능한 사업이기 때문에 대기업에서 좋은 가격으로 사갔다. 완전자본잠식인 케이블방송사 같은 경우 자산가치는 0원이지만, 10만 명의 가입자가 있다고 가정해보자. 가입자수 10만 명에 기대ARPU를 120만 원으로 계산하면 벌써 인수가격만 1,200억 원이 된다. 기대ARPU는 예를 들면, '월 요금 20,000원×12개월×5년(기대가입기간)'으로 계산할 수 있다.

이 기대ARPU가 얼마로 책정되느냐에 따라 케이블방송사의 몸값이 정해진다. 지역이 수도권, 대도시일수록 인구도 많고 디지털방송도 많이 시청하므로 기대ARPU는 더 올라가고, 지방 소도시나 농어촌이 밀집된 지역일수록 낮게 책정된다. 1,200억 원에 인수한 케이블방송사의 재무제표상 순자산이 완전자본잠식이거나 거의 0원이라면 결국 MSO 입장에서는 웃돈 1,200억 원을 주고 산 것이므로 이 금액 모두를 재무상태표에 영업권이라는 무형자산으로 표시한다. 1,200억 원이나 지급했지만, 가입자들을 통해 그 이상으로 돈을 지속적으로 벌어들일 것으로 기대되므로 자산으로서의 가치가 있다고 보는 것이다.

역으로 이렇게 1,200억 원의 웃돈을 주고 인수한 방송사를 통해 앞으로 500억 원밖에 벌지 못할 것으로 추정된다면, 영업권의 가치는 손상되었다고 보고 무형자산손상차손 700억 원을 일시에 손실 처리해야 한다. 아직까지 그런 사례를 찾아보기 어려울 정도로 케이블방송사들이 안정적으로 돈을 벌었지만, 계속 가입자가 감소되는 추세라면 영업권의 자산성도 위협받아서 일시에 손실을 떨어내는 상황이 오지 말라는 법도 없을 것 같다.

그리고 IPTV가 나오기 전에 이 기대ARPU는 계속 올라가는 추세였고 대기업들이 경쟁적으로 작은 SO들을 인수했는데, 요즘은 IPTV와의 경쟁에서 밀리면서 이 기대ARPU는 계속 떨어지는 상황이다. 그렇기 때문에 가장 높은 기대ARPU가 형성되던 시절에 씨앤엠을 인수한 MBK파트너스의 고민이 깊어지고 있다. MBK파트너스가 수년 전부터 씨앤엠을 매각한다고 했지만 예전에 인수했던 값에 비해 많이 떨어졌기 때문에 매각이 쉽지 않은 상황이다. 만약 씨앤엠이 매각되면서 기대ARPU에 대한 정보가 오픈되면 케이블방송사의 주가 또한 조정을 받을 가능성이 크다. 결국 그 값이 케이블방송사의 몸값이기 때문이다. 따라서 케이블방송사에 관심 있는 투자자라면 MBK파트너스가 씨앤엠을 얼마에 매각하는지, ARPU는 얼마로 평가되었는지 뉴스를 통해 모니터링하면 좋을 것이다.

CJ헬로비전은 공격적인 M&A를 통해 가입자수 1위가 되었지만, 그만큼 영업권 금액이 크다. 자산의 30%에 가까운 5,723억 원이 영업권이고, 순차입금만 7,098억 원에 달할 정도로 부채가 큰 편이다. 레버리지를 통해 계속 M&A를 하다 보니 자산과 부채가 모두 커진 것이다. 이에 반해 현대HCN은 자산의 28%인 1,835억 원이 영업권인데 무차입형태의 재무구조를 보인다. 즉 레버리지를 통한 공격적인 M&A보다는 안정적인 경영전략을 선호하는 것으로 추정된다. CJ헬로비전과 현대HCN은 대표적인 케이블방송 상장기업인데 이렇게 재무제표 분석을 통해 서로 재무구조와 경영전략이 다르다는 것을 알 수 있다.

6. 케이블방송사는 M&A 진행 중

2015년 11월에 CJ헬로비전이 SK브로드밴드와 합병을 하고, CJ헬로비전의 최대주주인 CJ오쇼핑이 SKT에 CJ헬로비전 주식 전부를 양도하는 대규모 M&A가 발표되면서 통신 및 미디어 시장의 변화가 예고된 적이 있었다. 그러나 8개월이 지난 2016년 7월 공정거래위원회가 합병을 금지한다는 심사결과를 발표하면서 이 대규모 M&A는 끝내 무산되고 말았다. 비록 무산되었지만 M&A가 시도되었다는 것은 여러 가지로 시사하는 바가 크다.

만약 정부로부터 합병에 대한 승인을 받았다면 SKT가 SK브로드밴드와 합병한 CJ헬로비전의 최대주주가 된다. 그러면 SKT는 기존 가입자 외에 CJ헬로비전의 가입자까지 추가되어 가입자와 매출 모두를 증가시키면서 KT와의 격차를 더 벌릴 수 있는 기회가 될 뻔했다. 또한 M&A가 성사되었다면 인터넷전화, 인터넷 등 중복되는 사업에서 구조조정을 하며 비용을 절감시키면서 이익을 늘리는 쪽으로 진행했을 것이다.

굵직한 M&A는 결국 무산되었지만, 한 가지 주목해야 하는 다른 M&A가 있다. 바로 CJ헬로비전은 2015년, 현대HCN은 2016년에 내부적인 합병을 진행했다는 것이다. CJ헬로비전은 이미 2015년 11월 30일에 합병이 종료되면서 단일기업이 되었다. 즉 2014년까지는 여러 개의 케이블방송사를 주식으로 지배하면서 연결재무제표를 작성했으나, 2015년부터는 종속기업들이 합병으로 모두 소멸했으므로 이들 종속기업이 다 합쳐진 CJ헬로비전 하나의 개별재무제표만 작성해 공시한다. 현대HCN이 같은 절차를 밟고 있고, 티브로드도 계열사들을 합병하여 몸집을 불린 후 상장을 할 예정에 있다.

현대HCN의 기업 지배구조는 다음과 같다.

〈그림2-3〉 **현대HCN의 지배구조**

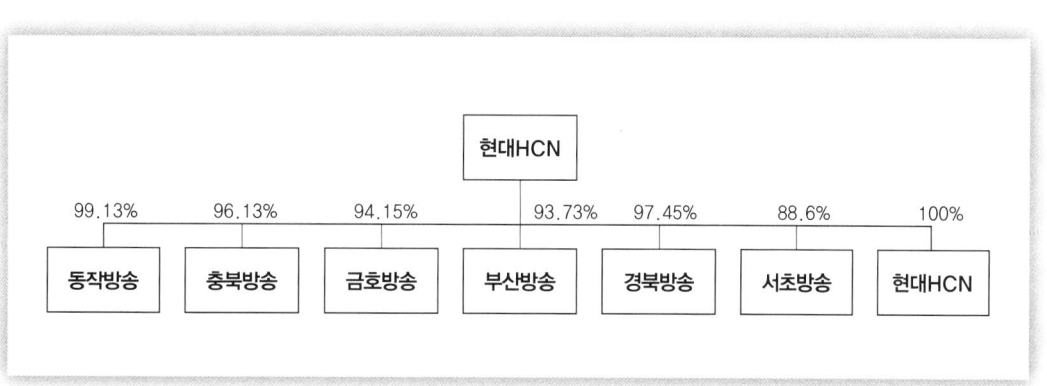

현대HCN은 7개의 방송사를 주식으로 지배하고 있다. 현대HCN은 서울 관악구에서 가입자를 대상으로 영업을 하고 있으며, 동작방송은 서울 동

작구의 가입자를 대상으로 영업을 한다. 동작방송은 별도 법인이며 최대주주는 현대HCN(지분율 99.13%)이다. 현대HCN이 동작방송을 연결재무제표로 작성하면 매출액부터 순이익까지 거의 단순 합산하는 식으로 수치가 크게 늘어난다. 왜냐하면 양사 모두 각 지역의 가입자를 대상으로 영업을 하는 방식이고, 양사간에 거래가 없기 때문에 제거되는 내부거래금액도 거의 없다.

삼성전자가 삼성디스플레이와 합쳐서 연결재무제표를 만들 때에는 삼성디스플레이가 삼성전자에게 판매하고 매출로 인식한 LED, LCD패널은 모두 내부거래금액이므로 다 제거된다. 연결재무제표는 원래 지배회사와 종속회사는 하나의 회사라는 관점 하에 작성하기 때문에 둘 사이의 거래는 하나의 회사 내에서 이루어진 것으로 보아 삼성전자의 매입액과 삼성디스플레이의 매출액을 서로 상계제거한다. 이렇게 수직계열화된 기업이 연결재무제표를 만들면 내부거래로 제거되는 금액들이 많아서 연결재무제표 금액의 수치가 많이 커지지 않는다.

그러나 현대HCN과 같이 수평계열화된 기업이 연결재무제표를 만들면, 내부거래로 제거되는 금액이 거의 없기 때문에 비례하여 수치가 커지는 특징이 있다.

<표2-6> 현대HCN 별도 및 연결재무제표 주요 수치 (2015년 기준)

(단위: 억 원)

	매출액	순이익	자산	이익잉여금	자본
현대HCN 별도	420	105	4,193	446	4,109
현대HCN 연결	2,912	370	6,522	2,413	5,966

<표2-6>은 현대HCN의 2015년 별도재무제표와 연결재무제표의 주요 수치를 비교한 것이다. 서울 관악구에서 영업을 하는 현대HCN의 매출액은 420억 원, 순이익은 105억 원이다. 그러나 이 기업이 주식 88.6%~100%를 지배하고 있는 7개 방송사(종속기업)를 합친 연결재무제표를 보면 매출액은 2,912억 원으로 7배 가까이 되고, 순이익도 3배 이상으로 늘어난다.

여기서 중요하게 봐야 하는 포인트는 바로 이익잉여금이다. 이익잉여금은 주주에 대한 배당가능재원으로 활용된다. 현대HCN의 주주는 이익잉여금 446억 원 안에서 배당금이 책정되어 지급되었다. 연결재무제표의 이익잉여금으로 배당금을 책정하는 것은 상법상 불가능하다. 왜냐하면 연결이익잉여금 2,413억 원은 현대HCN을 포함한 8개사를 합친 금액이므로 현대HCN 주주들만 나눠 가질 수 없다. 동작방송의 0.87%, 충북방송의 3.37%에 해당하는 외부주주들의 몫도 포함되어 있다는 얘기다. 그런데 만약 합병을 한다면 어떻게 될까?

합병을 하게 되면 8개사가 하나의 회사로 합쳐지고 회사명도 현대HCN이다. 외부주주들도 모두 현대HCN 주주가 된다. 현대HCN 주주 입장에서는 종속기업이 없는 하나의 회사에 대한 주주가 된다. 그리고 하나의 회사가 된 후 재무제표는 합병 전 연결재무제표와 큰 차이 없이 작성될 것으로 예상할 수 있다. 내부거래가 거의 없는 종속기업들과 합쳐서 하나의 재무제표를 만들기 때문에 큰 폭의 증가나 감소 없이 단순히 재무제표 8개가 합쳐져 만들어질 것으로 예상된다. 합병하게 되면 현대HCN의 이익잉여금도 446억 원이 아닌 2,000억 원이 넘는 금액으로 바뀔 것으로 추정된다. 즉 배당가능재원이 커지게 된다. 합병 후에 주주의 배당에 대한 요구권이 더 거세질 수 있고, 기업도 스스로 고배당주로 거듭날 수도 있는 여건이 마련된다.

통상 성장성에 의심을 받거나 실제로 성장이 멈춘 기업들은 시장에서 높은 평가를 받기가 어렵다. 자연스럽게 PER이나 PBR 같은 수치도 낮게 측정된다. 그러나 완전 저평가 상태가 아닌 적정 가치를 유지하기 위한 하나의 방법이 있다면, 그것은 바로 고배당주로의 지위를 누리는 것이다. 은행금리나 임대수익률 같은 다른 투자수익률보다 높은 배당수익률이 예상된다면 자연스럽게 투자자들의 돈이 몰릴 것이고, 그러면 기업의 주식가치는 일정 가치 이하로는 떨어지기 힘들다. 실제로 그렇게 주가가 유지되는 고배당주 기업들도 많이 있다.

CJ헬로비전이나 현대HCN이 고배당주로 거듭날지 지켜보는 것이 하나의 투자 포인트가 될 것으로 보인다. 단 시기는 서로 다르므로 주의해서 봐야 한다. CJ헬로비전은 2015년 11월 30일에 합병이 종료되었고, 2015년 결산기에는 배당금을 많이 지급하지 않았다. 합병 후 1년의 시간이 흐르는 2016년 결산기에 어느 정도의 배당금액을 지급하느냐에 따라 현대HCN에 대한 기대도 가능할 것으로 보인다.

여기서 주의할 것이 하나 있다. 현대HCN은 2016년 5월 12일 전자공시시스템을 통해 회사합병결정을 공시했는데, 내용을 살펴보면 이 회사의 합병기일은 2016년 12월 30일로 되어 있다는 것이다. 이 회사 역시 1년의 시간이 흐른 뒤 2017년 결산기를 기준으로 배당금액이 바뀔 것으로 예상된다. 그때 배당금은 같은 케이블방송사이면서 합병이 1년 일찍 마무리 된 CJ헬로비전의 영향을 받을 수 있다는 얘기다. 아직 시간은 많이 남아있다. 성장성이 멈춘 기업들이 과연 고배당주로 거듭날지에 초점을 맞춰 모니터링하면 재미있을 것이다.

PART 3

엔터테인먼트 산업

한류(韓流)는 가고 한한령(限韓令)이 오면서 바뀌는 판!

엔터테인먼트 산업은 분야가 다양하다. 엔터테인먼트하면 연예인이 소속되어 있는 기획사(매니지먼트)가 먼저 떠오를 것이다. 그밖에 영화제작, 드라마제작, 배급사, 투자사, 음반제작, 음원유통 등으로 세분화시킬 수 있다. 요즘은 기업 입장에서 하나의 사업만 하면 수익 창출이 한정되기 때문에 더 많은 수익을 내기 위해 수직계열화시키는 경우가 많다. 따라서 엔터테인먼트 기업을 볼 때 그 회사의 역할이 어디까지인지 봐야 할 것이다.

예를 들어, 로엔의 경우 '멜론'을 보유한 음원유통회사로 알고 있지만, 이 회사는 아이유, 씨스타 등 유명연예인들이 속한 소속사까지 보유한 회사이다. CJ E&M의 경우 영화제작, 투자 및 배급을 모두 맡고 있을 정도로 다양한 일을 하고 있다. 이렇게 여러 일을 하면 매출 증대에는 효과적일 수 있지만 리스크 역시 가중될 수 있을 것이다. 예를 들어 CJ E&M이 배급한 영화가 흥행에서 실패한다면 배급 단계에서 손실만 보면 되는데, 제작이나 투자까지 했다면 손실은 더 클 것이다.

또한 한류 바람과 다양한 미디어의 발전으로 엔터테인먼트 기업들이 최근 몇 년간 호황이었으나 중국에서 한류를 금지하는 '한한령(限韓令)'을 추진하면서 위기가 고조되고 있다. 엔터테인먼트 기업의 사업보고서가 재미있으면서도 복잡한 것임에는 분명하지만, 결국은 한류, 한한령 이슈를 보면서 수출과 내수 비중을 중요한 분석 포인트로 봐야 할 것이다.

1. 기획사(매니지먼트 기업)

소위 빅3라고 하는 SM, YG, JYP에 이어 FNC엔터테인먼트가 상장하고 유재석 등 유명연예인들을 대거 영입하면서 시장의 주목을 받았다. 그외에 큐브엔터, 화이브라더스 등이 '기업인수목적회사(SPAC, Special Purpose Acquisition Company)'와 합병을 통해 상장을 하면서 어느덧 상장된 기획사 수는 꽤 많아졌다.

기획사의 핵심은 결국 소속된 연예인의 역량과 회사의 기획력이 시너지를 일으키는 것이다. 그렇게 되면 회사 실적은 자연스럽게 뒤따라올 수밖에 없다. 그렇기 때문에 기획사는 좋은 연예인을 비싼 몸값을 주고 데려오는데, 이 몸값을 전속계약금이라고 하며 기획사의 무형자산으로 표시한다. 전속계약금을 일시불로 지급하거나 나누어 지급하겠지만 회사는 전속계약금 총액을 무형자산으로 인식한 후 연예인이 수익을 창출하는 전속계약기간 동안 무형자산상각비로 비용화시킨다.

〈표3-1〉 5개 연예기획사의 2015년 재무제표상 전속계약금과 매출액 비교

(단위: 천 원)

회사명	전속계약금	매출액	매출액 / 전속계약금
SM엔터테인먼트	11,110,166	325,439,247	29
YG엔터테인먼트	8,989,196	193,112,056	21
JYP엔터테인먼트	4,044,444	50,557,051	13
FNC엔터테인먼트	9,087,745	72,671,244	8
키이스트	5,293,463	106,170,757	20

〈표3-1〉은 5개 연예기획사의 전속계약금과 매출액 현황이다.

전속계약금과 매출액 규모는 SM엔터테인먼트가 단연 크다. 전속계약금 규모로는 SM〉FNC〉YG〉키이스트〉JYP 순인데, 매출액은 SM〉YG〉키이스트〉FNC〉JYP 순이다. 전속계약금과 매출액 간에 상관관계가 높을 것으로 예상을 했지만, SM을 제외하고는 반드시 그렇지 않다는 생각을 할 수 있을 것 같다. 매출액을 전속계약금으로 나누어보면 SM〉YG〉키이스트〉JYP〉FNC로 결과가 나온다.

〈표3-1〉과 같이 정리해보면 FNC가 연예인 영입에 투자는 많이 했는데 매출액은 크지 않다고 볼 수 있고, 키이스트는 작은 전속계약금 규모로 큰 매출액을 창출해냈다고 볼 수 있을 것 같다. 대략적으로는 이렇지만 사실 내용을 좀 더 들여다봐야 하므로 정확한 분석은 아닐 것이다. 왜냐하면 FNC 같은 경우에는 2015년 중에 유재석, 정형돈, 노홍철 등 많은 연예인

을 영입했기 때문에 2016년의 매출액을 지켜봐야 한다. 그리고 YG도 2016년에 핵심 아티스트인 빅뱅과 재계약을 하면서 다시 전속계약금 규모가 커졌을 것이고, 키이스트는 김수현이라는 배우의 기여도가 큰데 김수현과 2016년에 재계약했다.

일하고 투자하기 바쁜 저자가 연예계에 해박하다고 생각하는 독자들도 있겠지만, TV를 보는 시간이 많지 않더라도 투자목적으로 시청률이 잘 나오는 예능이나 드라마의 출연진 기획사나 외주제작사는 찾아보는 편이다. 그리고 사실 이런 모든 내용들은 다 사업보고서에 나오는 것들이다.

분기, 반기 및 사업보고서의 'Ⅱ. 사업의 내용'편을 보면 '경영상의 주요계약' 부분에 연예인과의 전속계약 현황이 나온다. 전속계약금과 전속계약기간은 당연히 비밀사항이므로 공시가 안 되지만, 직전 분기 또는 직전 사업보고서와 비교해보면 어느 연예인이 새롭게 영입되었는지 알 수 있다.

〈그림3-1〉의 FNC엔터테인먼트의 2015년 사업보고서에서 2014년 사업

〈그림3-1〉 **FNC엔터테인먼트 2015년 사업보고서 Ⅱ. 사업의 내용 중 경영상의 주요계약**

구분	분야	거래처	비고
1	전속계약	CNBLUE 정용화	-
2	전속계약	CNBLUE 강민혁	-
3	전속계약	CNBLUE 이종현	-
4	전속계약	CNBLUE 이정신	-
5	전속계약	FT아일랜드 이홍기	-
6	전속계약	FT아일랜드 이재진	-
7	전속계약	FT아일랜드 최종훈	-
8	전속계약	FT아일랜드 송승현	-
9	전속계약	FT아일랜드 최민환	-
10	전속계약	AOA 설현	-

9. 경영상의 주요 계약
〈아티스트 전속계약 현황〉 (기준일: 2015년 12월 31일, 현재)

보고서의 같은 '경영상의 주요계약' 현황표를 빼면 〈그림3-2〉와 같이 새롭게 영입된 연예인 명단이 추려진다.

〈그림3-2〉 FNC엔터테인먼트 2015년에 영입된 연예인 명단

30	전속계약	이국주	-
31	전속계약	문세윤	-
32	전속계약	정우	-
33	전속계약	유재석	-
34	전속계약	정형돈	-
35	전속계약	노홍철	-
36	전속계약	김용만	-
37	전속계약	정진영	-
38	전속계약	정혜성	-
39	전속계약	김원희	-
40	전속계약	홍인호	-

〈그림3-2〉를 보면 FNC엔터테인먼트에 개그맨, 연기자, 가수 등 다양한 분야의 연예인들이 새롭게 대거 영입되었음을 알 수 있다. 이들을 영입하는 데 어느 정도의 돈을 투자했는지를 확인하려면 〈그림3-3〉 연결재무제표 주석사항에서 무형자산 내역을 확인하면 된다.

2015년에 전속계약금이 90억 9,400만 원이 증가했다. 이는 2014년도 19억 원에 비하면 4배 이상 증가한 수치로, 회사가 연예인 영입에 얼마나 많은 돈을 투자했는지 알 수 있는 대목이다. 회사는 2014년 12월에 기업공개(IPO)를 실시하면서 약 400억 원 이상의 공모자금이 유입되었기 때문에 이렇게 과감한 투자가 가능했다.

2015년에 90억 원을 들여 연예인 10명 이상을 영입했으니 2016년의 실

〈그림3-3〉 FNC엔터테인먼트 2015년 연결재무제표 주석사항 중 무형자산

(2) 당기 및 전기 중 무형자산의 변동내역은 다음과 같습니다.
〈당기〉
(단위: 원)

구 분	기초	취득	처분및폐기	상각비	환율변동효과	합 계
산업재산권	10,209,573	29,046,889	-	(9,153,269)	214,033	30,317,226
소프트웨어	82,549,150	21,527,920	-	(25,732,759)	695,977	79,040,288
전속계약금	3,105,965,500	9,094,000,000	(1,070,886,297)	(2,041,334,301)	-	9,087,744,902
회원권	396,368,400	2,014,653,200	-	-	-	2,411,021,600
합 계	3,595,092,623	11,159,228,009	(1,070,886,297)	(2,076,220,329)	910,010	11,608,124,016

〈전기〉
(단위: 원)

구 분	기초	취득	처분및폐기	손상차손	상각비	환율변동효과	합 계
산업재산권	15,489,949	-	-	-	(5,280,376)	-	10,209,573
소프트웨어	23,803,998	82,400,000	(5,413,667)	-	(17,490,667)	(750,514)	82,549,150
전속계약금	1,862,541,968	1,900,000,000	-	(3,812,500)	(652,763,968)	-	3,105,965,500
회원권	-	396,368,400	-	-	-	-	396,368,400
합 계	1,901,835,915	2,378,768,400	(5,413,667)	(3,812,500)	(675,535,011)	(750,514)	3,595,092,623

적은 분명히 좋아졌을 것이다. 이제 실적을 확인해보자.

〈그림3-4〉는 2016년 3분기와 2015년 3분기 그리고 2015년 및 2014년의 손익을 한눈에 볼 수 있는 연결재무제표 중 손익계산서 부분이다.

〈그림3-4〉 FNC엔터테인먼트 2016년 3분기보고서 중 연결손익계산서

연결 포괄손익계산서
제 11 기 3분기 2016.01.01 부터 2016.09.30 까지
제 10 기 3분기 2015.01.01 부터 2015.09.30 까지
제 10 기 2015.01.01 부터 2015.12.31 까지
제 9 기 2014.01.01 부터 2014.12.31 까지
(단위 : 원)

	제 11 기 3분기		제 10 기 3분기		제 10 기	제 9 기
	3개월	누적	3개월	누적		
매출액	21,151,909,912	63,339,204,782	12,861,198,020	44,680,758,659	72,671,244,336	60,072,236,647
매출원가	14,485,443,205	50,408,487,067	9,754,697,416	33,506,493,383	55,035,159,275	39,672,703,804
매출총이익	6,666,466,707	12,930,717,715	3,106,500,604	11,174,265,276	17,636,085,061	20,399,532,843
판매비와관리비	4,724,264,960	11,295,537,471	2,658,904,244	8,200,512,751	11,725,949,270	8,817,420,535
영업이익(손실)	1,942,201,747	1,635,180,244	447,596,360	2,973,752,525	5,910,135,791	11,582,112,308

2016년 3분기 매출액은 확실히 증가했음을 알 수 있다. 2015년 같은 기간에 비해 약 182억 원 증가했고 42% 정도 증가율로 계산된다. 그런데 영업이익은 크게 감소했다. 2015년 3분기 영업이익 대비 약 13억 원 정도 감소했고 감소율은 45%로 계산된다. 오히려 10명의 연예인들을 영입하기 전인 9기(2014년)의 영업이익 116억 원에 한참 못 미치는 수치다. 물론 10월부터 12월까지 3개월의 4분기가 남아있기 때문에 3분기보다는 늘겠지만 크게 급증할 것 같지는 않아 보인다.

왜 이렇게 비용이 많이 발생해 이익이 감소했을까? 주석사항에서 비용의 성격별 분류상 큰 금액과 매출액을 비교해보면 답은 바로 확인 가능하다.

〈표3-2〉를 보면 무형자산으로 분류되는 전속계약금이 2015년에 90억 원 이상 증가했기 때문에 이에 대한 무형자산상각비 또한 크게 증가했다. 매출액에서 차지하는 비중이 크지는 않지만 매출액 증가율보다는 크다. 이 비용보다 더 큰 영향을 미치는 것은 역시 지급인세다. 즉 연예인에 대한

〈표3-2〉 FNC엔터테인먼트 2016년 3분기 중요 비용 분석

구 분	2016년 3분기		2015년 3분기		증감	증감률
	금액	매출액 대비	금액	매출액 대비		
무형자산 상각비	2,484,007,554	4%	1,155,391,857	3%	1,328,615,697	115%
지급인세	15,292,745,393	25%	4,645,682,571	11%	10,647,062,822	229%
매출액	61,704,024,538		41,707,006,134		19,997,018,404	48%

수익배분 몫에 해당되는 것인데, 회사는 이를 비용으로 처리한다.

예를 들어 회사가 전속계약금 15억 원에 계약기간 3년, 수익배분비율 8(연예인) 대 2(회사)로 톱스타와 계약을 했다고 가정해보자. 이 연예인이 각종 CF, 영화 출연 등으로 1년에 25억 원의 수익을 창출했을 때 회사의 손익은 다음과 같다.

> 영업수익 : 25억 원
> 영업비용 : 25억 원(지급인세 20억 원(연예인 몫), 무형자산상각비 5억 원(15억 원/3년))
> 영업이익 : 0원

매출액은 25억 원으로 인식되지만 그 중 80%인 20억 원을 연예인 몫으로 가져가고 이 부분에 대하여는 지급인세로 비용 처리한다. 또한 전속계약금을 계약 당시에 지급했지만, 이에 대한 비용 처리는 전속계약기간 동안 하므로 3년간 매년 5억 원씩 무형자산상각비가 발생된다. 결국 연예인이 25억 원을 벌어 와도 회사는 남는 게 없다는 얘기다. 실제로 연예인에 대한 각종 스태프들(매니저, 코디 등)에 대한 인건비와 기타 부대비용까지 고려한다면 적자라고 봐야할 것이다.

손익구조가 이렇다 보니 A급 연예인들을 비싼 돈을 주고 영입해도 회사의 실적 개선이 쉽지가 않다.

〈표3-2〉에서 매출액 대비 지급인세가 2014년에 11%에서 2015년에 25%로 비중이 증가되었고 금액도 229% 증가되었다는 것은, 전체 매출액에서 연예인 몫이 많아졌다는 의미이고 A급 연예인 계약도 늘었다는 것에 대한 근거로 볼 수 있다.

이렇게 A급 연예인 영입으로도 실적 개선이 쉽지 않은데 FNC엔터테인먼트는 유재석 영입 뉴스로 인해 주가가 수직상승을 했었다.

〈그림3-5〉 FNC엔터테인먼트 2015년 주가 흐름

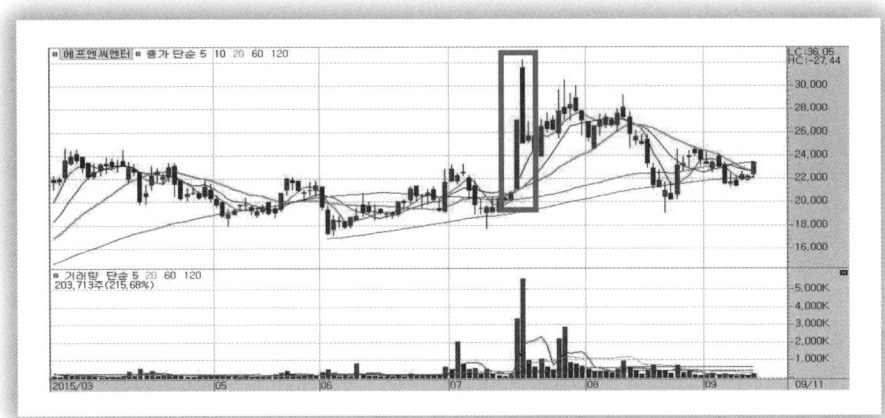

〈그림3-5〉에서 진하게 박스 처리된 부분이 유재석 영입 뉴스가 나온 날과 그 다음날의 주가 흐름이다. 첫날은 거래량이 실리며 상한가로 마감했고, 다음날도 역시 갭 상승으로 주가가 크게 올라서 시작했다가 결국은 차익매물이 쏟아져 나오며 장대음봉으로 마감했다. 단 2일 동안 주가가 무려 50% 이상 오르락 했지만, 〈그림3-4〉처럼 2015년과 2016년 실적은 주가 상

〈그림3-6〉 FNC엔터테인먼트 유재석 영입 발표일과 익일의 주식거래 수급 현황

일자	현재가	전일비	거래량	개인	외국인	기관계
15/07/17	25,050 ▼	1,950	5,574,590	+487	-68	-399
15/07/16	27,000 ↑	6,200	3,325,499	+328	-1	-304

승만큼 나오지 못했다. 〈그림3-6〉에서 보듯 2일간의 수급 주체를 보면 역시 시사하는 바가 크다.

개인투자자들은 호재성 뉴스에 주식을 쓸어 담았고, 기관과 외국인은 팔아 치웠다. 업계에 정통한 기관투자자들은 이런 뉴스는 전혀 호재가 아니라는 것을 알았을 것이고, 개인투자자들은 '유재석이 전속계약을 맺었으니 실적이 많이 좋아지겠구나!' 하는 생각을 했을 것이다. 그러나 유재석 영입 발표일에 증권사의 보고서는 기대와 다른 내용이 실렸다.

> "유재석의 영입으로 인해 FNC엔터의 매니지먼트 매출액이 수십억 원 증가할 수 있을 것으로 추정되고, 일반적인 톱스타들과의 배분율을 감안했을 때 영업이익 개선에 미치는 영향은 제한적일 것으로 보인다."
>
> – 교보증권 보고서 내용 일부 –

당연히 매출은 늘어나겠지만 연예인 몫으로 많은 인세를 가져갈 것이기 때문에 이익 증가는 기대하기 어렵다는 것이다.

유재석 영입 후 시간이 한참 지나고 나서 나온 뉴스에 따르면 FNC엔터테인먼트가 블록딜(주식 대량 매매)을 통한 주가조작 혐의로 검찰의 조사를 받았다. 이 회사의 최대주주인 대표이사가 110만 주를 블록딜 형식으로 기관투자자에게 매각해 235억 원어치를 실현시켰고, 기관투자자는 유재석 영입 뉴스 기사로 주가가 급등할 때 매도해서 역시 막대한 시세차익을 누렸을 것이라는 게 뉴스의 주요 골자였다.

유재석 영입 뉴스가 나오기 8일 전인 2015년 7월 8일 전자공시시스템에서 FNC엔터테인먼트의 '임원·주요주주특정증권등 소유상황보고서'를 찾아보면 〈그림3-7〉과 같이 그 내용이 확인 가능하다.

<그림3-7> FNC엔터테인먼트 2015년 7월 8일 임원·주요주주특정증권등 소유상황보고서

보고사유	변동일*	특정증권등의 종류	소유 주식 수 (주)			취득/처분 단가(원)**	비 고
			변동전	증감	변동후		
시간외매매(-)	2015년 07월 06일	보통주	4,800,000	-1,100,000	3,700,000	21,400	이베스트투자증권(주) 외 11개 기관투자자
합 계			4,800,000	-1,100,000	3,700,000	21,400	-

〈그림3-7〉을 보면 2015년 7월 6일에 대주주가 110만 주를 총 12개의 기관투자자에게 21,400원에 매각한 것으로 나온다. 기관투자자들은 이 때 21,400원에 주식을 매수했다가 〈그림3-5〉와 〈그림3-6〉처럼 유재석 영입 기사로 주가가 급등할 때 매도했을 것으로 추정할 수 있다. 그리고 뉴스에 따르면 "기관투자자들은 7월 6일에 블록딜로 주식을 대량 매수할 때, 유재석 영입에 대한 정보를 미리 획득했을 것"이라는 의혹을 받았다.

주가조작 혐의를 떠나서 A급 연예인 영입 뉴스 발표가 난 후, 개인투자자들이 주식을 급하게 매수한 것은 안타까운 대목이다. 왜냐하면 과거에도 A급 연예인이 영입되면 실적이 개선될 것이라는 기대감에 주가가 급등하기도 하지만, 실제로 기업의 실적 개선에는 크게 도움이 되지 않는 것이 현실이었다.

〈표3-3〉 SM C&C 2011년 ~ 2015년 요약 손익계산서

(단위:천 원)

SM C&C	2015년	2014년	2013년	2012년	2011년
매출액	75,502,152	62,680,400	57,588,578	19,551,687	16,312,677
영업이익(손실)	-3,941,154	-6,358,450	-175,411	-2,564,701	938,577
당기순이익(손실)	-4,732,974	-8,448,265	-965,262	-12,809,510	357,624

김상중, 김하늘, 장동건, 강호동, 신동엽, 김병만, 이수근, 전현무 등 호화로운 라인업을 구성하고 있는 SM C&C의 사업보고서를 보면 〈표3-3〉과 같이 몇 년째 적자에 허덕이고 있다.

SM C&C의 사업보고서에서 회사의 연혁을 살펴보면 회사는 원래 여행사와 IT 사업을 하는 비티앤아이라는 코스닥의 작은 회사였다. 2012년에 SM엔터테인먼트가 이 회사의 최대주주 지분을 인수했고, 그 이후에 에이엠이앤티(장동건, 김하늘, 한지민 등 소속사)를 흡수합병하고 강호동, 신동엽, 김병만, 이수근 등을 영입하면서 본격적으로 엔터테인먼트 사업을 하게 된 것이다. 회사는 엔터테인먼트, 여행, IT용역 등 3개의 영업부문을 가지고 있는데 여행사를 제외하고는 적자를 면치 못하고 있고, 특히 엔터테인먼트의 적자가 회사의 전체 손익에 악영향을 주고 있는 상황이다. 역시 이 내용은 연결재무제표 주석사항에서 영업부문을 확인해보면 된다.

〈그림3-8〉을 보면 엔터테인먼트 영업부문이 많은 매출액을 창출하고 있지만, 영업손실이 회사 전체의 실적에 부담을 주고 있다. 상장기업은 실적이 중요하기 때문에 적자를 면키 위해 노력은 하겠지만 최근 실적을 보면

〈그림3-8〉 SM C&C 2015년 연결재무제표 주석사항 중 영업부문

(2) 당기와 전기 보고부문의 매출액 및 영업손익의 내역은 다음과 같습니다.

(단위: 천원)

구 분	당기				전기			
	엔터테인먼트	여행	IT용역	합계	엔터테인먼트	여행	IT용역	합계
보고부문의 총 매출액	68,493,904	8,434,878	384,207	77,312,989	51,585,811	10,227,330	1,829,853	63,642,994
부문간 매출 제거	(1,426,630)	-	(2,313)	(1,428,943)	(876,957)	17,918	(103,555)	(962,594)
부문간 매출 제거후 매출액	67,067,274	8,434,878	381,894	75,884,046	50,708,854	10,245,248	1,726,298	62,680,400
보고부문의 총 영업이익(손실)	(5,226,120)	1,284,966	(366,590)	(4,307,744)	(6,363,311)	489,760	(484,899)	(6,358,450)

유명연예인이 많다고 해서 반드시 실적이 좋아질 것이라고 장담하기는 어렵다는 것을 이 사례만 봐도 알 수 있다.

그렇다면 연예기획사는 어떻게 돈을 벌어야 할까? 방법은 크게 3가지이다. 첫 번째, 연예인이 자신의 수익배분 몫과 전속계약금상각비를 초과하는 금액 이상으로 벌어오면 된다. CF를 많이 찍고 국내외를 누비며 행사를 다니면 될 것이다. 두 번째, 수익배분 비율이 비교적 낮은 신인 연예인을 잘 발굴하여 오랜 기간 수익이 발생할 수 있도록 하면 좋다. 투자자라면 혜성처럼 나타나서 음반뿐만 아니라 광고시장까지 다 독식하는 연예인들의 소속사가 어디인지부터 찾아보면 좋을 것이다. 세 번째는 영입한 A급 연예인이 출연하는 프로그램에 소속사의 아이돌급 연예인을 같이 출연시키는 것이다. 소속사의 아이돌 연예인을 같이 출연시켜서 시청률을 올리는 데 기여한다면 다른 프로그램 섭외나 광고 제의가 들어올 가능성이 크기 때문이다.

예를 들어 tvN의 인기프로그램인 〈삼시세끼 고창 편〉을 보면 출연진 중 유해진을 제외하고 차승원, 손호준, 남주혁 3명이 모두 YG 소속이었던 것이 이슈화된 적이 있었다.

한편 A급 연예인이든 아이돌이든지 간에 좁은 국내 시장을 넘어 한류스타로 도약하는 것이 회사에 많은 수익을 안겨줄 것이다. 그런 관점에서 사업보고서에 나오는 내수/수출 추이를 자세히 보는 것도 도움이 된다.

〈표3-4〉는 〈별에서 온 그대〉, 〈해를 품은 달〉 등 대박 드라마의 주연배우로 유명한 김수현이 소속된 키이스트의 '연결재무제표 주석사항 중 부문별 보고'를 엑셀로 정리한 표다. 회사는 해외 매출을 일본, 중국, 기타 국가로 세분화시켰다. 〈표3-4〉를 보면 여러 가지 판단을 하게 된다.

<표3-4> 키이스트의 2013년~2015년 연결재무제표 주석사항 중 부문별 보고

(단위: 천 원)

키이스트	2013년	2014년	2015년	CAGR
매출액	69,465,294	88,851,356	106,170,757	24%
한국 매출	22,950,299	31,650,349	45,250,728	40%
해외 매출	46,514,995	57,201,007	60,920,029	14%
일본	45,773,894	36,826,200	50,409,028	5%
중국	0	19,564,034	10,493,704	
기타	741,101	810,773	17,297	-85%
해외 비중	67%	64%	57%	-7%

첫 번째, 회사의 매출이 연평균 24%씩 증가했는데, 국내 매출의 증가가 해외 매출보다 더 크다는 점이다. 국내 매출이 증가한 것은 여러 가지 이유가 있지만 가장 확실한 이유는 종합편성채널(JTBC, TV조선, 채널A, MBN)이 생기고, tvN을 비롯한 여러 케이블방송사들이 자체 프로그램을 많이 제작하면서 연예인들의 활동범위가 넓어졌다는 데에서 그 원인을 찾을 수 있다.

두 번째, 해외 매출이 회사 매출에서 차지하는 비중이 컸는데 이 비중이 점점 낮아진다는 것이다. 해외 매출액이 줄어드는 것이 아니라 국내 매출이 증가하면서 발생된 현상이다.

〈표3-5〉 SM 및 YG의 2013년~2015년 연결재무제표 주석사항 중 부문별 보고

(단위: 천 원)

SM엔터테인먼트	2013년	2014년	2015년	CAGR
매출액	268,700,179	286,980,060	325,439,247	10%
국내	153,600,305	155,249,428	169,021,621	5%
해외	115,099,874	131,730,632	156,417,626	17%
일본	84,189,645	82,100,299	84,613,416	0%
기타 국외	30,910,229	49,630,333	71,804,210	52%
해외 비중	43%	46%	48%	-5%

YG엔터테인먼트	2013년	2014년	2015년	CAGR
매출액	116,287,586	156,315,909	193,112,056	29%
국내	50,702,695	66,255,747	94,592,124	37%
해외	65,584,891	90,060,162	98,519,932	23%
일본	37,854,979	61,342,048	43,326,318	7%
기타 국외	27,729,912	28,718,114	55,193,614	41%
해외 비중	56%	58%	51%	-5%

세 번째, 회사의 해외 매출 의존도를 보면 일본이 압도적이다. 중국에서 105억 원 정도 발생되는데 회사 전체 매출액의 10%에 못 미치는 비율이다. 이 내용만 놓고 보더라도 키이스트는 한한령(限韓令)때문에 사업을 넓힐 기회를 갖지는 못하겠지만, 그렇다고 실적이 급격히 쪼그라들 가능성은 없어 보인다. 단 일본과의 관계마저 안 좋아진다면 그때는 정말 큰 위기가 닥칠 수도 있다는 예상은 할 수 있는데, 지금의 매출구조를 놓고 봤을 때는 중국 이슈가 회사의 큰 위험은 아니라고 결론을 낼 수 있을 것 같다.

반면 〈표3-5〉에서 보는 것처럼 SM이나 YG 같은 경우는 키이스트와는 수출/내수 표 양식이 다르다.

SM은 국내보다는 해외 쪽 성장률이 더 높은 것으로 나타난다. 해외 매출 비중도 계속 올라가는 추세인데 주로 기타 국외지역에서 큰 폭의 성장이 있었다. 그전에는 해외 매출의 대부분을 일본에서 창출해왔는데, 최근에 다른 지역이 기여를 하기 시작했고 일본은 정체에 빠졌다.

YG는 국내에서 매출 성장이 컸고, 해외 쪽도 꾸준하게 성장을 이어왔다. 일본 쪽의 매출이 컸는데 2015년에 큰 폭으로 꺾였고, SM처럼 기타 국외지역에서 성장이 두드러졌다.

기타 국외지역은 유럽, 미주, 남미, 중국, 기타 아시아 지역 등 여러 국가일 가능성이 클 것이다. SM과 YG 모두 일본에 종속기업을 설립했기 때문에 주석사항에서 일본 종속기업의 매출액 정보는 확인이 가능한데, 그 외 지역에는 종속기업이 없는 것으로 보아 본사에서 직접 거래하는 것으로 보인다. 사업보고서상 기타지역에 대한 직접 확인은 어렵지만 간접 확인은 〈표3-9〉와 같이 가능하다.

환위험 주석사항에서 매출채권 부분을 보면 일본 엔화(JPY) 다음으로

<그림3-9> SM엔터테인먼트 2015년 연결재무제표 주석사항 중 환위험

가) 환위험에 대한 노출
당기말 현재 연결실체의 환위험에 대한 노출정도는 다음과 같습니다.

(단위: 천원)

구분	USD	JPY	CNY	HKD	TWD	EUR	기타
현금및현금성자산	6,771,517	26,278,601	782,219	208	-	13,531	-
매출채권	656,241	21,764,279	3,224,997	257,677	143,217	3,675	15,952
미수금	3,683	-	57	-	-	1,920	-
미수수익	18,970	-	-	-	-	-	-
매입채무	(49,131)	(92,276)	(21,558)	(12,702)	-	-	-
미지급금	(276,622)	(43,425)	-	-	-	(255)	-
유동금융부채	-	(10,497,708)	-	-	-	-	-

많은 외화채권이 바로 중국 위안화(CNY)이다. 중국에 대한 매출이 크다는 것을 짐작할 수 있다. 홍콩 달러(HKD), 대만 달러(TWD) 등에도 외화 매출채권이 있는 것으로 봐서 역시 중화권에서 인기가 있다 라는 것을 알 수 있는 대목이다.

같은 방식으로 YG의 주석사항을 보면 역시 일본 엔화(JPY) 다음으로 중국위안화(CNY) 매출채권이 가장 큰 비중을 차지하고, 매출채권 규모도 2014년에 비해 2배 정도 증가했다. 양사 모두 중국 쪽에 대한 매출이 많이 늘어났음을 간접적으로 알 수 있는 대목이다.

또한 '사업보고서 Ⅱ. 사업의 내용' 편에서도 중국 관련 사업 진행에 대한 내용을 읽어볼 수 있다.

<그림3-10> YG엔터테인먼트 2015년 사업보고서 중 Ⅱ. 사업의 내용

> 4. 주식의 총수 등
> 5. 의결권 현황
> 6. 배당에 관한 사항 등
> Ⅱ. 사업의 내용
> Ⅲ. 재무에 관한 사항
>   1. 요약재무정보
>   2. 연결재무제표
>   3. 연결재무제표 주석
>   4. 재무제표
>
> (2) 공연 및 매니지먼트 산업 시장 현황 및 전망
> 국내 공연사업은 완성도를 확보한 공연이 꾸준히 제공되면서 기존 20~30대 주수요자 뿐 아니라 중장년층까지 관객층의 저변 확대가 나타나고 있습니다. 또한 한류 확대에 따라 아이돌들의 뮤지컬 데뷔로 공연시장 이용자가 확대됨으로써 공연산업수익에 긍정적인 영향을 미치고 있습니다.
> 최근 주목 할 것은 기존 흥행작들의 국내 성과에 대해 해외 시장에서 호평과 함께 인지도 제고로 이어져 국내 신작 뮤지컬 등 공연물의 진출 기회가 확대되고 있는 상황입니다. 지역적으로는 중국이 기타 해외지역에 비해 좋은 성과가 나타나고 있으며 기존 대형 작품과 함께 중소규모 작품도 다양한 연령층을 아우르며 진출하고 있습니다. 향후 한국 및 중국의 민간교류가 지속적으로 증대되면서 문화적 공감대가 확대될 것이기에 국내에서 성공한 뮤지컬 등 공연물의 중국 진출기회 증가가 예상 됩니다.

〈그림3-10〉을 보면 중국지역에서 성과가 나타나고 있고, 앞으로도 잘 될 것이라는 기대가 느껴지는 문장이다. 중국과의 관계가 좋고 한한령 같은 이슈만 없었어도 엔터 산업의 주가가 이렇게 나빠지지는 않았을 텐데 그저 안타까울 뿐이다.

정리해보면 엔터테인먼트 기업들은 매출액의 50% 내외를 해외에서 벌어오기 때문에 가장 중점적으로 봐야 하는 부분이다. 키이스트 같이 중국 비중이 작은 곳도 있고, 중국에서 성장이 시작되는 기업도 있었다. 기업마다 차이가 있으므로 주석사항을 통해 살펴보면 확인이 가능하고, 선별적인 투자도 가능할 것이다. 역으로 지금은 중국 쪽에 어려움을 겪고 있지만, 앞으로 관계가 다시 회복된다면 이 이슈로 인해 주가가 하락한 기업들이 먼저 주목을 받을 수도 있기 때문에 반드시 기억해놔야 할 것이다.

2. 음원유통사

우리가 멜론(로엔), 벅스(NHN엔터), 지니뮤직(KT뮤직), 엠넷(CJ E&M), 소리바다 같은 음원사이트에서 한 곡의 음악을 다운받을 때 이용료는 〈그림3-11〉과 같이 배분되는 것으로 알려져 있다.

SM, YG, JYP 같은 음반제작자가 44%, 멜론이나 벅스 같은 음원서비스

〈그림3-11〉 **음원수익 배분 비율**

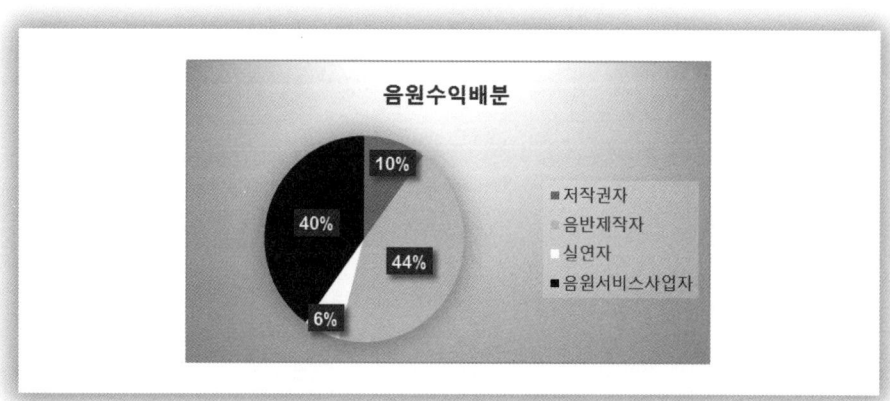

사업자가 40%, 저작권자 10%, 연주나 가창을 하는 실연자의 몫은 6% 정도이다. 음원서비스사업자는 40%의 몫에서 이동통신사들에게 약 8~9%를 수수료로 다시 떼어주게 되어 있어 실제로 30% 초반 정도를 갖는다고 보는 게 맞을 것이다. 음원서비스를 대부분 스마트폰이나 태블릿PC를 통해 다운로드 받기 때문에 이통사의 몫도 챙겨줄 수밖에 없을 것이다.

저작권자의 몫이 생각보다 적다 보니 "재주는 곰이 부리고 돈은 왕서방이 챙긴다."는 속담이 생각날 만하다. 투자자의 관점에서 볼 때에는 노래 한 곡 잘 만들면 기획사와 음원서비스 회사가 돈을 잘 벌겠다고 생각할 수 있다. 40%대의 수익도 만족하지 못한다면 음원서비스와 음반제작을 수직계열화시켜서 84%를 다 가져가는 기업이 좋을 텐데, 로엔이나 CJ E&M이 바로 여기에 해당된다. 물론 CJ E&M은 전체 회사 규모에서 음반, 음원사업 및 연예매니지먼트가 속해 있는 음악사업부문이 차지하는 비중이 매출액 기준으로 14%에 불과해서 여기보다는 전문기업인 로엔을 주목하는 것이 맞을 것이다.

〈그림3-12〉를 보면 로엔은 스타쉽과 에이큐브에서 매출액 323억 원을

〈그림3-12〉 **로엔 2015년 연결재무제표 주석사항 중 종속기업의 요약 재무정보**

1) 당기

(단위: 천원)

기업명	당기말			당기		
	자산	부채	자본	매출	당기순이익	총포괄손익
(주)스타쉽엔터테인먼트(*1)	18,356,157	7,752,539	10,603,618	23,345,974	2,102,010	2,070,723
(주)에이큐브엔터테인먼트	9,755,164	3,212,894	6,542,270	8,976,983	2,591,661	2,591,661

(*1) 중간지배기업으로서 해당 종속기업의 연결재무제표상 금액을 표시하였습니다.

창출하고 있다. 스타쉽에는 케이윌, 씨스타, 보이프렌드, 매드클라운, 정기고, 몬스타엑스 등이 소속되어 있고, 에이큐브에는 에이핑크, 허각 등이 소속되어 있다. 또한 로엔이 자체적으로 갖고 있는 로엔엔터테인먼트에는 아이유, 지아, 피에스타 등이 활동하고 있어서 회사의 매출이 더 극대화될 수 있는 요인이 있다.

음원유통사 같은 경우에는 재무구조 및 손익구조가 매우 단순하다. 음원 매출액이 발생되면 인세와 지급수수료만 정산하면 거의 끝난다고 해도 과언이 아니다. 스마트폰 등 IT기기의 발달과 엔터테인먼트 산업의 호황으로 인해 음원유통사도 큰 폭으로 성장해왔다.

〈표3-6〉 로엔의 2011년~2015년 매출 추이

(단위: 백만 원)

	2011년	2012년	2013년	2014년	2015년	CAGR
총매출액	1,672	1,850	2,526	3,233	3,576	21%
음원 매출액(*)	1,518	1,684	2,356	3,043	3,363	22%
음원비중	90.8%	91.0%	93.3%	94.1%	94.0%	

최근 5년간 연평균 21%씩 매출이 성장을 했는데, 스마트폰 등 IT기기 발달에 따라 음원 매출이 절대적으로 성장했다. 회사 전체 매출액의 94%를 음원이 채우고 있다. 예전에 CD 같은 음반은 제작비용도 발생하고 재고도 관리해야 했는데, 음원은 그런 문제가 없다 보니 회사 마진에도 많은 기여를 한다. 안타까운 것은 회사의 매출액이 내수 위주로만 채워져 있다는 것이다.

〈그림3-13〉 로엔의 2015년 사업보고서 Ⅱ. 사업의 내용 중 매출에 관한 사항

(단위 : 백만원)

사업구분	매출유형	품목		제34기	제33기	제32기	제31기
음악사업	제품	CD외	내수	6,421	7,166	10,300	11,765
			수출	16	84	207	529
	상품	CD외	내수	15,243	11,673	6,865	3,426
			수출	-	-	-	-
	콘텐츠매출	음원제공/음원서비스	내수	303,564	288,651	226,977	157,567
			수출	5,564	3,729	3,153	2,099
	기타매출	-	내수	20,987	11,454	4,759	8,559
			수출	5,846	519	319	1,072
합계				357,641	323,276	252,579	185,016

〈그림3-13〉을 보면 내수가 압도적이다. 제34기(2015년)의 콘텐츠 매출을 보면 내수가 3,035억 원, 수출이 55억 원이다. 콘텐츠 수출금액이 조금씩 늘었기는 했지만 회사 전체 매출액에서 차지하는 비중이 2%에도 못 미치는 실정이다.

이런 상황에서 카카오가 로엔의 최대주주였던 홍콩사모펀드로부터 지분 76.42%를 1조 8,700억 원을 주고 사들여 로엔의 최대주주가 되었다. 로엔의 기업가치를 약 2조 5,000억 원 수준(1조 8,700억 원/76.42%)으로 매긴 것인데, 도달하려면 갈 길이 멀어 보인다. 카카오서비스 자체가 국내 위주로 이루어지고, 음원서비스 역시 마찬가지인 상황에서 과연 시너지가 얼마나 날 것인가에 대한 우려가 많다. 결국 이 부분에 초점을 맞춰서 회사와 카카오가 어떻게 사업을 풀어나가는지를 지켜보는 것이 좋을 것이다.

또한 저작권자와 실연자들의 수익배분 비율을 올리려는 음악인들의 권리 주장으로 인해 〈그림3-11〉의 음원서비스사업자의 몫이 어떻게 조정되는지도 모니터링해야 할 것이다.

3. 방송 및 영화 제작, 배급

 이 주제를 다루기 위해 가장 좋은 방법은 CJ E&M을 종합 사례로 보는 것이다. CJ E&M은 방송, 영화, 음악, 공연 등 4개의 사업을 영위하므로 엔터테인먼트 종합세트라고 표현해도 과언이 아닐 듯하다.

 사업보고서에서 'Ⅱ. 사업의 내용'편을 클릭하면 바로 〈그림3-14〉와 같이 회사의 사업부문에 대한 내용이 나온다.

〈그림3-14〉 CJ E&M 2015년 사업보고서 중 Ⅱ. 사업의 내용

구분	회사명	주요재화 및 용역	사업내용
방송사업부문	CJ E&M 방송사업부문 및 종속회사 CJ E&M Hong Kong Limited 외 8개사	방송채널 tvN/OCN/CGV 외 18개 채널 및 방송콘텐츠	방송채널 및 방송콘텐츠를 CATV/IPTV/위성방송/온라인 등의 플랫폼을 통해 서비스하고 있습니다.
영화사업부문	CJ E&M 영화사업부문 및 종속회사 CJ Entertainment Japan 외 4개사	영화제작/유통/투자	영화의 제작, 투자 및 배급사업
음악사업부문	CJ E&M 음악사업부문 및 종속회사 주식회사 엠엠오엔터테인먼트 외 4개사	음반제작/음원유통/디지털 뮤직사업	음악(디지털 음악 포함) 제작/투자/유통/콘서트 및 온라인 콘텐츠 사업 운영
공연사업부문	CJ E&M 공연사업부문	공연사업	뮤지컬 등 공연사업 운영

※ 2012년 1분기에 신설한 온라인 사업본부는 기존 사업부문으로 통합하였습니다.
※ 게임사업부문 분할에 따라 공연사업부문의 중요성이 커져 사업부문을 별도 공시하였습니다.

가. 사업부문별 요약 연결재무현황 ['15.12.31기준]

(단위 : 백만원)

구분	방송부문	영화부문	음악부문	공연부문	합계
매출액	909,478	238,346	184,112	15,378	1,347,314
영업이익(손실)	46,211	5,952	668	(155)	52,676

케이블채널, 영화, 음악, 공연 등 우리 생활과 아주 밀접한 기업이므로 사업부문이 그렇게 어려운 내용은 아니다. 문화산업을 대표하는 기업답게 사업보고서가 작성되었는데, 실적은 방송을 제외하고는 썩 좋지 않다. 방송사업부문 정도만 이익을 내고 있다고 봐도 과언이 아니다. 영화부문은 약 60억 원의 이익을 냈지만 영업이익률이 2.5%(59억 5,200만 원/2,383억 4,600만 원) 정도 밖에 안 되고, 2014년에는 매출 2,113억 원에 영업손실 40억 원이었기 때문에 결국 2년치를 합산해보면 매출 4,497억 원에 영업이익 20억 원, 영업이익률 0.4% 밖에 안 된다. 밖으로 보여지는 화려함에 비해 숫자는 다소 초라해 보일 수 있는데 영화 산업부터 하나씩 살펴보자.

영화 제작, 투자 및 배급

2015년에 CJ E&M에서 〈국제시장〉, 〈베테랑〉 등을 배급하여 흥행했음에도 불구하고 실적이 〈그림3-14〉처럼 높지 않다는 것은 시사하는 바가 크다고 볼 수 있을 것 같다. 대작이 나오지 않는 해에는 적자를 면하기 어려울 수 있고, 대작이 나와도 생각만큼 이익은 크지 않다는 것이다. 시장점유율 업계 1위인 CJ E&M의 최근 4년치 영화부문 실적을 보면 〈표3-7〉과 같다.

〈표3-7〉 CJ E&M 2012년~2015년 영화부문 실적 요약

(단위: 천 원)

영화부문	2012년	2013년	2014년	2015년	합계
매출액	218,960,023	208,897,660	211,318,322	238,345,802	877,521,807
영업이익	9,219,822	4,701,830	-3,975,017	5,952,102	15,898,737
영업이익률	4%	2%	-2%	2%	2%
흥행작품	〈광해〉	〈설국열차〉	〈명량〉	〈국제시장〉, 〈베테랑〉	

최근 4년간 CJ E&M이 배급한 쟁쟁한 영화들이 많다. 천만 명의 관객을 돌파하고 영화제에서 상을 휩쓸었지만 투자자의 관점에서는 좋아 보이지는 않는다. 4년간 8,775억 원의 매출을 거두었지만, 결국 영업이익은 159억 원에 불과하다. 4년 합산 영업이익률 2%는 일반 제조업보다 못한 이익률이다.

2016년도 역시 〈히말라야〉, 〈인천상륙작전〉, 〈아가씨〉 등의 흥행작이 나왔지만 3분기까지 매출액 1,372억 원에 영업손실 103억 원을 기록 중이다.

〈표3-8〉 쇼박스 및 NEW의 2012년~2015년 손익 요약

(단위: 천 원)

쇼박스	2012년	2013년	2014년	2015년	합계
수익(매출액)	88,204,008	108,149,100	72,002,812	142,003,138	410,359,058
영업이익(손실)	9,711,756	6,333,254	1,768,992	14,059,518	31,873,520
영업이익률	11%	6%	2%	10%	8%
흥행작품	〈도둑들〉	〈관상〉		〈암살〉, 〈사도〉, 〈내부자들〉	

NEW	2012년	2013년	2014년	2015년	합계
수익(매출액)	44,342,061	126,443,565	61,981,056	82,586,150	315,352,832
영업이익(손실)	3,889,516	19,109,976	6,063,352	-2,526,524	26,536,319
영업이익률	9%	15%	10%	-3%	8%
흥행작품		〈7번방의선물〉	〈변호인〉	〈연평해전〉	

〈표3-8〉에서 보듯 매출 규모가 작은 쇼박스나 NEW는 CJ E&M보다는 이익률이 조금 나은 편이다.

회사 규모 및 가용예산의 차이도 있겠지만 〈표3-7〉과 〈표3-8〉을 보며 드는 느낌은 CJ E&M은 다작을, 쇼박스와 NEW는 선별 작품에만 집중하는 것으로 보인다. 그리고 그에 대한 결과는 역시 이익률로 설명이 가능할 것이다. 흥행가능성이 있는 작품만 선별해서 집중해야 조금 더 높은 이익을

낼 수 있을 것이다. 그러나 그런 작품이 없는 해에는 회사 실적이 악화될 수밖에 없다. 2014년에 흥행작이 없던 쇼박스는 이익률 2%대에 머물렀고, NEW는 2015년에 적자를 내고 말았다. 엔터테인먼트 업종이나 게임 산업 등은 아무래도 흥행하고 대박이 나야 실적이 좋아질 수밖에 없는 특징이 있고 주가 또한 이에 비례한다.

〈그림3-15〉 쇼박스 2012년~2016년 주가 월봉차트

〈그림3-15〉의 쇼박스 주가차트처럼 영화 흥행에 맞춰 주가 또한 산으로 가기도 하고 골짜기로 빠지기도 한다. 상위권 영화 투자배급사 기업들이 그래도 1~2년에 대작 하나씩은 내는 역사가 반복된다는 가정 하에, 주가가 바닥일 때 투자하는 것도 하나의 투자방법은 될 수 있을 것이다. 물론 이는 타이밍에 대한 문제이므로 이 책에서 접근방법을 논하기는 어렵다.

한 가지 우려스러운 것은 영화에 대한 투자선급이 이루어졌는데 흥행에서 실패를 하게 되면 선급금 회수가 어려워질 수 있다는 것이다. CJ E&M, 쇼박스, NEW는 배급, 제작, 투자 등에 다 참여할 수 있는데, 영화에 따라 배급만 할 수도 있고, 제작이나 투자에까지 관여할 수도 있다. 만약 제작단계에서 참여하고 영화 배급을 한다고 하면 일련의 과정은 〈그림3-16〉과 같이 흘러갈 것이다.

〈그림3-16〉 영화 제작부터 개봉까지 영화 투자배급사 재무제표 처리

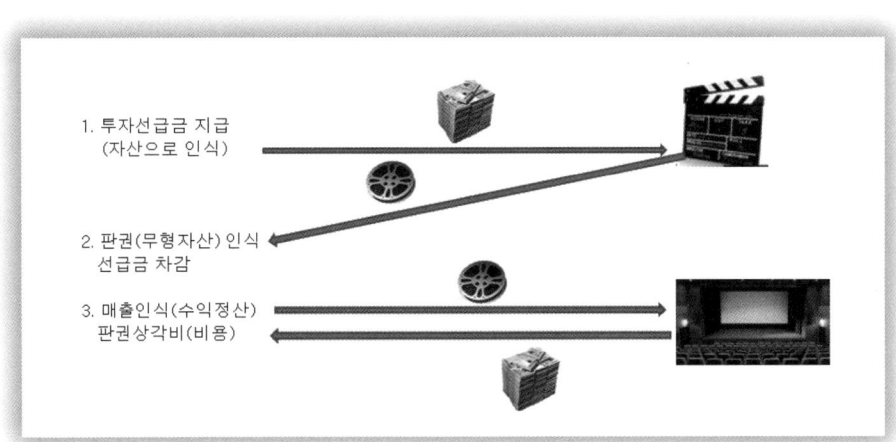

회사가 영화제작이나 투자에 참여할 때에는 미리 선급금을 지급한다. 회사 입장에서는 돈이 빠져 나갔지만 자산으로 인식한다. 나중에 투자한 돈 이상으로 벌어줄 것으로 기대하기 때문에 자산요건에 부합한다. 영화가 완성이 되고 회사가 배급을 맡게 되면 선급금을 판권으로 대체한다. 즉 유동자산에 표시한 선급금이 없어지고 무형자산에 판권으로 표시한다.

영화가 개봉이 되고 시간이 지나면 영화관, 투자사, 배급사 등이 정산을 하게 될 것이고, 그때 회사는 투자 비율만큼 정산 받아서 매출을 인식한

다. 매출을 인식한다는 것은 결국 투자자금 회수단계에 들어간다는 것을 의미한다. 수익과 비용은 항상 대응이 되어야 하는데, 이때의 비용은 바로 판권에 대한 무형자산상각비가 된다.

즉 처음 투자선급금으로 지출된 금액이 무형자산(판권)으로 바뀌고, 이 자산은 매출이 발생될 때 비용화된다. 당연히 비용보다 매출이 커야 회사는 투자선급한 금액 이상의 수익을 거둘 수 있다. 문제는 영화가 흥행에 실패를 하게 되면 매출보다 무형자산상각비가 더 커져서 적자가 발생될 수 있다는 것이다. 회사는 적자를 피하기 위해 판권의 내용연수를 늘릴 수 있겠지만, 이는 현실적으로 불가능하다. 왜냐하면 영화의 생명이 그렇게 길지 않기 때문이다.

〈그림3-17〉에 나와 있듯이 영화 매출액의 86%가 영화관에서 발생하

〈그림3-17〉 쇼박스 2015년 사업보고서 II. 사업의 내용 중 판매경로

(2) 판매경로

(단위 : 백만원)

구분		판매 경로	제 17 기	
			매출액	비중
수출	해외판권 계약	영화별 판매전략 수립⇒영화홍보자료 배포⇒ 국가별/영화별 판권 계약⇒필름공급⇒영화관상영⇒ 수익정산	4,686	3.31%
국내	영화관 상영배급	제작/수입⇒시사회⇒ 영화관 사업자별 배급계약⇒필름공급⇒ 영화관 상영⇒관객수 정산	121,665	86.06%
	VHS/DVD 판권계약	시사회⇒제작/판매 계약⇒출시 및 판매⇒ 판매량 정산	103	0.07%
	케이블 판권계약	케이블방송사별 판권 제시⇒방송사 선정 및 계약⇒베타 제작/납품⇒방영	14,495	10.25%
	공중파 판권계약	공중파방송사별 판권 제시⇒방송사 선정 및 계약⇒베타 제작/납품⇒방영	53	0.04%
	기타	OST, DMB 외	376	0.27%
합계			141,378	100.00%

고, 케이블, 공중파, DVD 등은 매출액이 미미하다. 즉 영화관에서 한참 흥행하다가 관객수와 상영관수가 줄어들 때 회사의 투자선급금 회수도 거의 마무리되는 것으로 보면 된다.

쇼박스의 2015년 연결재무제표 주석사항에서 무형자산을 보면 판권이 747억 원 증가되었는데, 판권 상각을 752억 원 해서 남아있는 판권은 2,500만 원에 불과하다. CJ E&M도 판권이 3,335억 원 증가되었는데 2,962억 원을 상각할 정도로 판권 증가액만큼 상각액도 크다.

이렇게 영화 투자배급사들은 영화의 수명이 짧다는 것을 알기 때문에 판권을 오랜 기간 동안 상각하지 않는다. 만약 몇 년에 거쳐 영화 판권을 상각하는 회사가 있다면 상식적으로 이해하기 어려운 회계 처리를 하는 회사라고 판단하면 될 것이다.

마지막으로 영화 산업에서 안타까운 것 중 하나가 바로 수출 비중이 높지 않다는 것이다.

2015년 사업보고서를 기준으로 3사의 매출액에서 수출이 차지하는 비중을 '사업보고서 Ⅱ. 사업의 내용'에서 찾아보면 CJ E&M 25%, 쇼박스 3.31%, NEW 0.07%에 불과하다. 매출을 늘리기 위해서는 결국 내수에서 벗어난 수출 증가가 중요한데 CJ E&M을 제외하고는 거의 미미하다.

한국 영화가 최근 20년간 양적, 질적으로 급격하게 성장했지만 아직 갈 길은 멀어 보인다. 수출이 늘어나야 할 것이고, 특히 외국에서도 영화 불법 다운로드가 근절되어 영화관에서 영화를 보는 문화가 정착되어야 이런 문화산업들도 더 성장할 수 있을 것이다.

방송 제작

최근에는 공중파보다 케이블과 종편 채널이 더 재미있다는 말이 나올 만큼 TV프로그램이 다양해졌다. 특히 과거 케이블방송 같은 경우에는 공중파에서 이미 방송했던 프로그램을 수회 재방송하는 이미지였는데, 이제는 자체 제작 방송도 많이 늘어서 시청자들의 눈과 귀를 더욱 즐겁게 해준다. 방송사 같은 경우에는 공중파, 종편, 케이블방송 모두 광고와 콘텐츠 판매가 주된 수입원이다. 공중파 중에 유일한 상장사인 SBS의 사업보고서만 봐도 이를 명확하게 알 수 있다.

〈그림3-18〉처럼 SBS의 사업보고서를 보면 매출 구성이 매우 단순하다는 것을 알 수 있다. 광고 매출이 절대적이며 SBS가 제작한 프로그램을 SBS콘텐츠허브 등에 판매하는 사업수익이 그 다음이다. 안타깝게도 예전

〈그림3-18〉 SBS 2015년 사업보고서 Ⅱ. 사업의 내용 중 5. 매출에 관한 사항

가. 매출실적(연결기준)

(단위 : 백만원)

사업부문	매출유형	품목		제26기	제25기	제24기
방송광고 수익	방송 광고	TV	수출			
			내수	476,931	483,556	504,172
			합계	476,931	483,556	504,172
		라디오	수출			
			내수	48,083	40,736	41,992
			합계	48,083	40,736	41,992
		DMB	수출			
			내수	993	1,282	1,432
			합계	993	1,282	1,432
사업수익	프로그램 판매등	프로그램 판매등	수출			
			내수	266,877	297,021	179,487
			합계	266,877	297,021	179,487
합계			수출			
			내수	792,884	822,595	727,084
			합계	792,884	822,595	727,084

처럼 TV를 보는 사람이 많지 않고 TV채널과 미디어가 다양해지다 보니 공중파 TV의 광고 매출은 계속 감소하고 있다. 광고와 관련된 이야기는 다음 PART에서 다룰 예정이다.

광고 매출이 계속 위축되다 보면 방송사 입장에서는 제작비에 신경이 쓰이지 않을 수 없을 것이다. 특히 상업방송사 같은 경우에는 이익을 내야 하는 입장이므로 고민이 깊다. 제작비를 대거 투입해서 좋은 프로그램을 만든다고 해서 방송광고가 급격하게 증가되지는 않는데, 그렇다고 제작비를 조금 투입해서 재미없는 방송을 만들면 실적은 더 악화될 수밖에 없다. 직접제작보다는 외주제작을 늘리고, 외주제작사에 납품가격을 내리는 방법도 있겠지만 분명히 바람직한 방법은 아니다. 이런 고민들은 〈표 3-9〉의 SBS 손익계산서에서도 엿볼 수 있는 대목이다.

〈표3-9〉 SBS 2013년(제24기) ~ 2015년(제26기) 손익계산서

(단위: 원)

	제26기	제25기	제24기
영업수익	792,884,228,900	822,594,584,514	727,084,653,715
- 광고수익	526,007,495,086	525,573,907,632	547,596,950,722
- 사업수익	266,876,733,814	297,020,676,882	179,487,702,993
영업비용	750,731,741,430	841,324,396,465	704,995,063,804
- 방송제작비	562,016,294,261	641,452,299,892	516,628,533,836
- 사업비용	38,378,792,493	55,602,492,402	38,852,789,288
- 판매비와관리비	150,336,654,676	144,269,604,171	149,513,740,680
영업이익(손실)	42,152,487,470	(18,729,811,951)	22,089,589,911

25기(2014년) 같은 경우에는 소치 동계올림픽, 브라질 월드컵, 인천 아시안게임 등이 열려서 제작비가 많이 발생했는데, 매출액은 그만큼 증가가 안 되다 보니 적자가 발생했다. 다행히 〈별에서 온 그대〉 같은 인기 프로그램 덕에 사업수익이 증가한 것이 위안이 되었을 것이다.

CJ E&M 같은 PP사의 경우에는 SBS와는 수익구조가 다르다. KBS에서 시청료를 받듯이 PP사는 케이블방송사(SO) 및 IPTV, 스카이라이프 등으로부터 프로그램사용료(PP사용료)를 받는다. 이에 대한 구조 설명은 이미 PART 2의 유선방송 사업에서 다뤘다. 그때 언급했던 대로 PP사가 SO로부터 받는 PP사용료는 동결, IPTV는 8%, 스카이라이프는 3% 인상되었다. SO의 가입자수가 계속 감소하고, IPTV의 가입자가 증가되므로 인상률도 다르다.

문제는 CJ E&M 같은 PP사들이 자체제작 프로그램을 늘려서 시청자들의 눈과 귀를 즐겁게 해주고는 있지만, 투자자의 관점에서 이렇게 프로그램사용료가 동결되거나 소폭 인상되는 것으로는 수익구조가 개선되기 힘들다는 것이다. 결국 CJ E&M은 동결되는 PP사용료 외에 더 많은 수익을 창출하기 위해서는 광고를 많이 수주해오거나 콘텐츠를 해외로 많이 팔아야만 가능하다. 좋은 프로그램을 많이 만들어서 시청률이 올라가면 광고매출은 증가할 수 있는데, 무한정 광고단가를 올리거나 광고시간을 늘릴 수 없기 때문에 한계는 있다. 결국 가장 좋은 방법은 방송 콘텐츠를 해외로 수출하는 것인데, 〈그림3-19〉에서 보는 것처럼 방송은 영화보다 수출

〈그림3-19〉 CJ E&M 2015년 사업보고서 Ⅱ. 사업의 내용 중 5. 매출에 관한 사항

(단위: 백만원)

사업부문	회사명	매출유형		제6기	제5기	제4기
방송사업부문	CJ E&M 방송사업부문 및 종속회사 CJ E&M Hong Kong Limited 외 8개사	방송서비스	수출	78,491	65,707	66,591
			내수	830,987	760,211	704,246
			합계	909,478	825,918	770,837

실적이 더 좋지가 않다.

　방송사업부문의 수출이 2015년(제6기)에 증가되었지만, 여전히 내수 비중이 높다. 수출이 전체 매출액에서 차지하는 비중은 9%에 불과하다. 한국의 인기 프로그램에 외국어 자막을 입혀서 불법적으로 수출하고 다운로드 받는 풍토가 사라지지 않는 한 큰 폭의 수출 증가는 당분간은 어려워 보인다. 영화는 판권을 수출하고 외국의 극장에서 틀어주면 수익이 창출될 수 있는데, 드라마 같은 경우에는 불법 다운로드가 워낙 성행하다 보니 굳이 외국의 콘텐츠 공급업자들이 판권을 사가지 않는 것이 문제다. 뉴스 기사를 보면 우리나라의 인기드라마가 본방송을 하면 최대 2일 이내에 중국 전역에서 자막을 입힌 드라마를 불법으로 다운로드 받을 수 있다고 하니 기가 찰 노릇이다.

　중국을 비롯한 한류열풍이 있는 나라에서 불법 다운로드가 근절되어야만 희망이 있을 것이다. 이는 법과 시청자들의 문화 및 의식이 중요한데, 언젠가는 SBS나 CJ E&M 등 좋은 콘텐츠를 만드는 기업들이 제작비 이상의 큰 매출을 수출에서 창출하기를 기대해본다.

　CJ E&M 같은 경우에는 방송사업을 제외하고는 큰 이익을 내기가 어려운 구조이다 보니 회사에 관심 있는 투자자는 방송사업에 대한 실적 모니터링을 계속 해야 한다. 넷마블게임즈라는 국내 최대 모바일게임사 주식을 보유했기 때문에 이에 대한 기대도 크지만, 그래도 본 사업에서 이익을 창출해야 기업가치도 올라갈 것이다. 그러나 최근까지는 PP사용료 동결과 수출 부진으로 인해 어려움을 겪는 것은 분명하다. 2016년 3분기에 CJ E&M의 매출액은 전년도 분기 대비 증가했지만 영업이익은 다시 감소했다.

〈표3-10〉 CJ E&M 2016년 3분기 연결재무제표 주석사항 중 영업부문

(단위: 천 원)

구분	당분기		전분기	
	매출액	영업이익(손실)	매출액	영업이익(손실)
방송사업부문	762,325,799	34,363,500	628,974,976	29,163,911
음악사업부문	138,013,957	3,612,875	133,606,043	1,923,975
공연사업부문	12,113,534	(1,634,493)	9,180,310	(589,639)
영화사업부문	137,156,383	(10,254,031)	190,565,994	10,090,280
합계	1,049,609,673	26,087,851	962,327,323	40,588,529

〈표3-10〉을 보면 방송사업부문은 완전히 자리를 잡았다고 표현해도 될 만큼 건재하다. 수출이 방송사업부문 전체 매출액에서 차지하는 비중이 8%밖에 안 될 정도로 진척은 없지만, 실적은 성장하고 영업이익은 안정적으로 낸다. 문제는 영화사업부문이다. 천만 관객을 동원하는 작품들이 쏟아져 나오지 않으면 영업이익은 단숨에 적자로 돌아서버린다.

CJ E&M에 관심이 있거나 현재 주주라면 다음과 같은 접근방법으로 회사를 분석하면 좋을 것이다.

1. 영업부문 주석사항에서 방송사업부문과 영화사업부문의 실적 증가 여부 체크 및 'Ⅱ. 사업의 내용'에서 수출 증가 여부를 확인해야 한다.

2. 넷마블게임즈 관련 관계기업 투자이익 증가 여부를 체크해야 한다. CJ E&M은 넷마블게임즈의 주식을 27.63%를 가지고 있다. 넷마블게임즈의 순이익의 27.63%만큼 CJ E&M이 이익으로 인식하는 지분법회계를 하는데, 그 실적은 손익계산서의 관계기업 투자이익에 잡힌다. 넷마블게임즈가 신주를 발행하는 방식으로 상장할 예정이어서 CJ E&M의 지분율은 소폭 감소하겠지만, 여전히 지분법회계를 할 것이므로 넷마블게임즈의 실적을 계속 체크해야 한다. 그리고 넷마블게임즈가 상장하면 CJ E&M이 보유하고 있는 넷마블게임즈의 주식가치도 부각될 것이니 그 부분도 챙겨봐야 할 것이다.

CJ E&M의 2016년 3분기보고서의 연결재무제표 주석사항에서 넷마블게임즈의 주식가치를 찾아보면 4,298억 원으로 평가되어 있다. 넷마블게임즈가 상장하여 시가총액이 회사 목표인 10조 원에 도달한다면, CJ E&M이 보유한 넷마블게임즈의 주식가치도 2조 원 이상으로 평가될 것이다. 단, 회계기준상 넷마블게임즈는 CJ E&M의 관계기업이므로 상장을 해도 CJ E&M은 계속 지분법회계를 해야 하므로 재무제표상 넷마블게임즈의 주식가치를 2조 원 이상으로 올리지는 못한다. 2조 원 이상으로 평가될 것이라는 것은 자본시장에서 CJ E&M이 보유한 금융자산의 가치가 그 정도는 될 것이라는 의미이다.

3. 2015년에 CJ E&M의 연결손익계산서를 보면 다음과 같이 부실자산에 대한 정리가 있었다.

(단위: 원)

과 목	2015년	2014년
대손상각비	10,078,497,237	33,099,441,646
기타의대손상각비	15,298,844,689	27,936,964,270
무형자산손상차손	97,352,650,607	21,110,838,637
합계	122,729,992,533	82,147,244,553

대손상각비는 매출채권에 대한 것으로 판매비와관리비에 영향을 미치므로 영업이익이 감소된다. 기타의 대손상각비는 투자선급금, 대여금 등에 관한 것이고, 무형자산손상차손은 판권에 대한 것으로 모두 기타손실(영업외비용)에 반영되어 당기순이익이 감소된다.

실적이 잘 나올 것이라고 기대가 되는 상황에서 이런 부실자산들을 손실 처리해버리면 당연히 투자자 입장에서는 힘이 빠질 수밖에 없다. 연결재무제표 주석사항에서 매출채권, 선급금, 기타의 금융자산, 무형자산 등을 반드시 체크하기 바란다. 이미 대손충당금으로 인식한 것도 좋지만, 잔액이 얼마나 많이 남아있는지 확인해야 하고, 대손의 가능성은 없는지 회사 IR담당자에게 물어보거나 기업탐방보고서를 읽는 것도 방법일 것이다.

PART 4
광고 산업

광고대행사, 미디어렙, 매체사 중에 어디에 속하는가?
회사는 성장하는 뉴미디어 시장의 주인공인가?

1. 광고시장의 구조

산업의 이해를 위해 광고시장은 〈그림4-1〉처럼 간단하게 표현할 수 있고, 박스 안에는 대표적인 상장기업들만 표시했다. 결국 광고 산업의 목적은 광고주인 기업들의 광고를 여러 매체에 노출해서 기업 이미지나 기업의 제품 또는 서비스 홍보를 극대화하기 위한 것이다. 그러려면 광고 제작도 해야 하고 매체사에 연결하기 위해 중간에 미디어렙(Media Representa-

〈그림4-1〉 광고시장의 구조

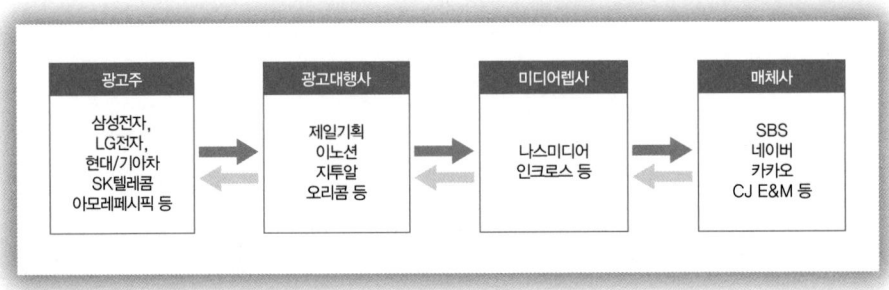

tive)도 거쳐야 한다.

우리나라에는 한국방송광고진흥공사(KOBACO) 같은 대표적인 미디어렙이 있는데, 요즘은 민영 미디어렙도 많이 생기는 추세다. 미디어렙은 쉽게 표현하면 광고주와 미디어 사이에서 광고를 중개하는 회사라고 보면 된다. 즉 방송국의 위탁을 받은 미디어렙은 광고주로부터 광고를 수주해서 방송국에 넘겨주고 수수료를 수취한다. 방송국 입장에서는 중간에 미디어렙을 거치지 않고 직접 광고를 따오면 더 많은 이익 창출이 가능한데 왜 판매대행수수료까지 챙겨주면서 중간에 미디어렙을 거칠까? 그 이유는 바로 광고주와 미디어 간에 '불공정'을 차단하기 위한 취지이다.

예를 들어 MBC와 KBS의 주수입원인 대기업의 광고를 방송사가 직접 영업한다면 뉴스에서 대기업에 관한 안 좋은 뉴스를 보도하기 어렵고, 방송사가 수익 극대화를 위해 대기업들에게 광고를 더 달라는 압력을 넣을 수도 있다. 이런 점을 막기 위해 공기업 형태의 한국방송광고진흥공사가 지상파와 지역민방, 종교방송, 라디오 등의 광고를 대행하는 역할을 한다.

그런데 한국방송광고진흥공사 혼자 대행사 일을 하다 보니 독점이라는 이의가 제기되었고, 헌법재판소에서도 이를 위헌으로 판단하였다. 그래서 그 이후로 여러 미디어렙들이 생겨났고 SBS, 케이블, 종편 등은 각각 계열사로 미디어렙들을 두고 있으며 상장사 중에는 나스미디어와 인크로스 등이 관련된 일을 하고 있다.

큰 그림에서 결국 광고주인 기업들은 일정 금액을 광고선전비로 매년 집행하는데, 그 돈을 많이 가져갈 수 있는 기업이 어디일까를 투자자 관점에서 생각해봐야 할 것이다.

역시 매체사들이 가장 큰 수혜를 볼 것이고 그 다음이 광고대행사, 미디

〈표4-1〉 대표 상장기업들의 2015년 매출액

(단위: 억 원)

업체	광고대행사		미디어렙사		매체사 (* 광고 매출액만 표기)		
	제일기획	이노션	나스미디어	인크로스	SBS	네이버	카카오
매출액	28,067	9,879	455	265	5,260	23,224	5,838

어렙사 순으로 보면 될 것이다.

〈표4-1〉을 보면 단일기업 매출액 규모로는 제일기획이 가장 크지만, 연수익 1조 5,000억 원이 넘는 KBS와 MBC 및 다른 케이블, 종편 등 매체를 합산하면 아무래도 매체사 쪽의 수익이 가장 클 수밖에 없다.

SBS와 네이버는 분명 방송 기업과 인터넷 기업으로 구분되고 공통점이 없다고 할 수도 있다. 그러나 두 회사 수익의 근간은 광고수익이라는 것을 부정할 사람은 아무도 없을 것이다. 즉 광고가 최종적으로 실려서 많은 사람들이 볼 수 있는 매체를 갖고 있다는 공통점이 있다. 그런 점에서 놓고 봤을 때 네이버의 광고수익 2조 3,224억 원은 SBS의 4배를 넘어섰고, KBS와 MBC보다도 많다. 카카오 또한 SBS보다 더 많은 광고수익을 창출하고 있다. 다른 업종에 속해 있다고는 하지만 분명히 시사하는 바가 크다. 광고시장의 중심이 더 이상 방송국이 아니라 스마트폰과 인터넷이라고 재무제표 또한 이렇게 말을 해주고 있다.

그리고 중간에 판매 중개 역할을 하는 미디어렙들은 매출액 규모가 작다. 비상장기업이면서 SBS의 계열사인 미디어크리에이트라는 미디어렙사도 연매출이 1,064억 원 수준이다.

외형이 이러하니 광고 산업에 관심이 있다면 아무래도 대행사나 매체사 쪽에 관심을 갖는 것이 맞을 것이다. 단 요즘은 뉴미디어 쪽을 특화시킨 나스미디어, 인크로스, 에코마케팅 같이 규모는 작지만 자신만의 블루오션을 개척하는 기업들도 많기 때문에 성장성 측면에서 지켜보는 것도 좋을 것 같다. 이런 기업들은 기본적으로 인적자원을 기반으로 역량을 펼치는 기업인 관계로 차입금이 없고 재무구조가 좋다. 수익모델만 탄탄하게 자리 잡아 간다면 충분히 투자 대상으로 고려해볼 만하다.

2. 광고시장 성장성은?

광고 산업에 종사하지 않는 일반인의 입장에서 광고 산업 관련 자료를 여러 번 읽어봐도 어려운 분야임에 분명하다. 사업보고서를 읽어보면 전문용어도 많이 나오고 사업의 생태계에 대해 그림이 잘 그려지지 않는 것도 많다. 한 가지 예측가능한 것은 광고주인 기업들이 광고선전비를 많이 집행해야 성장이 가능하다는 것이다. 그리고 우리가 홈쇼핑, 케이블방송, PP사에 대한 내용을 보면서 TV 관련 산업이 정체되어 있음을 보았다. 또한 일상생활에서 모바일, 인터넷 같은 뉴미디어의 광고가 계속 성장하는 것을 피부로 느낄 수 있다. 이런 점에 초점을 맞춰서 산업을 바라보면 좋을 것 같다.

〈표4-2〉는 광고선전비를 많이 집행하는 것으로 알려진 6대 기업들의 매출액과 광고선전비를 전자공시시스템(DART)에 공시된 사업보고서를 이용하여 정리한 표이다. 그리고 대형 스포츠 행사가 있을 때 광고 산업이

〈표4-2〉 2011년 ~ 2015년 6대 기업 매출액과 광고선전비 추이

(단위: 억 원)

기업	년도 대형 스포츠 행사	2011년	2012년 하계올림픽 유로2012	2013년 WBC 2013	2014년 월드컵 2014 아시안게임 동계올림픽	2015년 프리미어 12	CAGR
삼성 전자	매출액	1,650,018	2,011,036	2,286,927	2,062,060	2,006,535	5.0%
	광고선전비	29,823	48,871	41,653	37,736	38,525	6.6%
	광고선전비 /매출액	1.8%	2.4%	1.8%	1.8%	1.9%	
현대차	매출액	777,979	844,697	873,076	892,563	919,587	4.3%
	광고선전비 및 판촉비	14,156	21,637	20,872	20,530	20,718	10.0%
	광고선전비 /매출액	1.8%	2.6%	2.4%	2.3%	2.3%	
기아차	매출액	431,909	472,429	475,979	470,970	495,214	3.5%
	광고선전비 및 판촉비	12,051	12,829	12,279	10,888	12,325	0.6%
	광고선전비 /매출액	2.8%	2.7%	2.6%	2.3%	2.5%	
LG 전자	매출액	542,566	551,226	581,404	590,408	565,090	1.0%
	광고선전비	12,190	12,270	12,137	11,532	10,889	-4.2%
	광고선전비 /매출액	2.4%	2.2%	2.1%	2.0%	1.9%	
아모레 퍼시픽	매출액	25,547	28,495	31,004	38,740	47,666	16.9%
	광고선전비	3,546	3,990	3,885	4,248	5,388	11.0%
	광고선전비 /매출액	13.9%	14.0%	12.5%	11.0%	11.3%	
SKT	매출액	159,265	161,414	166,021	171,638	171,367	1.8%
	광고선전비	3,743	3,844	3,941	4,159	4,050	2.0%
	광고선전비 /매출액	2.3%	2.4%	2.4%	2.4%	2.4%	

주목을 받는다는 점을 고려하여 연도별로 행사 내용을 표시했고, 광고선전비를 매출액 대비 몇 퍼센트 정도 집행하는지를 살펴봤다.

광고 산업은 국내 경제 규모의 성장(GDP성장률)과 밀접한 연관을 보이는 것으로 알려져 있고 기업들도 매출액의 일정 비율만큼만 예산을 책정해서 집행하는 것이 일반적이므로 〈표4-2〉는 유의미한 분석으로 생각된다.

런던 올림픽이 치러진 2012년에 삼성전자와 현대차 등 글로벌 매출 비중이 높은 기업들의 광고선전비 규모는 가히 놀라울 정도이다. 삼성전자, 현대차 모두 특별한 스포츠 행사가 없었던 2011년에 비해 광고선전비를 많이 늘렸다는 것이 수치로 확인된다. 삼성전자는 2011년에 비해 광고선전비가 2조 원 가까이 증가해서, 매출액 대비 2.4%가 집행되었고, 현대차도 7,000억 원 이상 증가되어 매출액 대비 2.6%로 크게 늘었다.

브라질 리우 올림픽이 치러진 2016년에 삼성전자와 현대차의 광고선전비는 2015년에 비해 각각 5,796억 원(15%), 1,613억 원(8%) 증가했다. 수치와 증감률을 보면 크게 증가되었다고 볼 수 있으나 매출액 대비 비중은 예년과 비교해서 거의 비슷하다. 그래도 올림픽이 열리는 4년 주기로 광고선전비 집행이 늘고 있으니 광고시장에 속한 기업들이 수혜를 볼 수는 있을 것이다. 특히 2018년에 동계올림픽이 우리나라 평창에서 개최되니 이에 대한 기대감은 더 클 것이다.

참고로 한일 월드컵이 개최되었던 2002년에 삼성전자와 현대차의 광고선전비는 2001년 대비 각각 3,328억 원(42.2%), 649억 원(7%) 더 증가되었다. 단 2002년도의 매출액 대비 광고선전비 비중 역시 예년과 비슷한 수준이라 국제대회가 개최된다고 대기업들이 무작정 많은 광고선전비를 집행하지는 않는다는 점은 기억하기 바란다. 즉 광고시장의 외형 확대에 대한 기대는 하되 너무 큰 기대는 하면 안 된다는 것이다.

한편 2014년에는 월드컵(브라질 개최), 동계올림픽(러시아 개최), 아시안게임(대한민국 개최) 등 3개의 큰 스포츠 대회가 동시에 열렸지만 광고시장의 큰 성장은 없었고, WBC나 프리미어12 같은 야구대회도 마찬가지였다.

조 단위 규모의 광고선전비를 집행하는 기업이 삼성전자, 현대차, 기아차, LG전자 정도인 관계로 우리나라 광고시장의 분위기를 파악하는 데 하나의 판단 기준이 될 것이다. 또한 한국방송광고진흥공사나 제일기획 등에서 광고시장 전망에 대한 보고서가 나오므로 이를 찾아보는 것도 방법이다.

〈그림4-2〉는 SBS의 사업보고서에서 발췌한 것이다. 자료 출처는 제일기획으로 되어 있는데 막상 제일기획 사업보고서를 찾아보면 이 표가 공시되어 있지는 않다. 제일기획 홈페이지에 가면 매년 3월에 사보인 〈Cheil

〈그림4-2〉 SBS 사업보고서 Ⅱ. 사업의 내용 중 2. 사업의 개요 중 매체별 총광고비 현황

매체별 총광고비 현황 (2011년 ~ 2015년)

(단위 : 억원, %)

구 분		2011년	2012년	2013년	2014년	2015년	2015년 성장률	2015년 구성비
방송	지상파TV (*주1)	20,775	19,307	18,273	19,744	19,702	-0.2	18.4
	라디오 (*주1)	2,604	2,358	2,246	2,743	2,967	8.2	2.8
	케이블/종편 등	12,405	13,873	14,537	15,978	18,530	16.0	17.3
	IPTV	170	235	380	635	801	26.1	0.7
	위성TV	122	130	151	192	196	2.1	0.2
	DMB	267	168	124	107	85	-20.5	0.1
	방송 계	36,343	36,071	35,712	35,398	42,281	7.3	39.4
인쇄	신문	17,092	16,543	15,447	14,943	15,011	0.5	14.0
	잡지	5,236	5,076	4,650	4,378	4,167	-4.8	3.9
	인쇄 계	22,328	21,620	20,097	19,320	19,178	-0.7	17.9
인터넷		18,560	19,540	20,030	18,674	17,216	-7.8	16.0
모바일		600	2,100	4,600	8,391	12,802	52.6	11.9
OOH	옥외, 극장, 교통(*주2)	8,448	9,105	9,645	9,362	10,051	7.4	9.4
제 작		9,327	5,418	5,810	5,850	5,742	-1.8	5.4
총 계		95,606	93,854	95,893	100,996	107,270	6.2	100.0

(*) 출처 : 제일기획

Magazine〉을 통해 매체별 총광고비 현황 정보가 제공되는데, SBS가 5년치에 대한 분석표를 잘 만들어서 공시해놓은 것이다.

〈그림4-2〉를 자세히 분석해보면 시사하는 바가 크다. 방송에서 지상파TV는 감소, 케이블/종편은 성장했고, 둘의 간극도 점차 좁아지고 있다. 공중파 채널수가 케이블/종편에 비하면 많이 적지만 대부분의 국민들이 쉽게 접근할 수 있는 채널이다 보니 광고비가 월등히 많았는데, 이제 곧 케이블/종편에 따라 잡힐 분위기이다. 높은 시청률을 내는 케이블/종편 프로그램이 계속 쏟아져 나오다 보니 광고의 매체 선택도 자연스럽게 옮겨가는 모습이다. 안타깝게도 인쇄물은 계속 감소 추세에 있고, 인터넷도 성장이 꺾였는데, 모바일은 계속 성장하고 있다. 모바일의 성장 속도를 봐서는 가까운 미래에 지상파TV를 제치는 날도 올 것으로 예상해볼 수 있다. 사람들이 TV보다 스마트폰이나 태블릿PC 등과 더 가까이 오랜 시간을 보내다 보니 광고도 계속 이동하는 것으로 보인다. 〈그림4-3〉과 같이 3

〈그림4-3〉 이노션 2015년 사업보고서 Ⅱ. 사업의 내용 중 주요 매출 현황(2013~2015)

[2013년 ~ 2015년 이노션 주요 매출 현황]

(단위: 백만원, %)

구분		2015년		2014년		2013년		비고
금액	유 형	금액	비중	금액	비중	금액	비중	
지배기업 (본사)	1. 매체대행	88,750	21.06%	102,133	25.84%	99,998	28.51%	-
	① 국내매체대행	70,890	16.83%	75,576	19.12%	76,428	21.79%	-
	- 지상파	23,688	5.62%	28,764	7.28%	30,858	8.80%	지상파TV/라디오
	- 인쇄	9,373	2.22%	11,111	2.81%	12,362	3.52%	신문/잡지
	- 뉴미디어 등	37,829	8.98%	35,701	9.03%	33,208	9.47%	인터넷/모바일등
	② 해외매체대행	17,860	4.24%	26,557	6.72%	23,570	6.72%	해외소재 매체
	2. 광고제작	97,760	23.20%	91,567	23.17%	88,455	25.22%	-
	3. 옥외광고	59,773	14.19%	54,106	13.69%	49,178	14.02%	-
	4. 프로모션	81,378	19.31%	101,210	25.61%	66,373	18.93%	-
	5. 기타	93,672	22.23%	46,187	11.69%	46,708	13.32%	-
	본사 소계	421,333	100.00%	395,203	100.00%	350,712	100.00%	-
종속기업 및 연결조정		566,591	-	349,531	-	283,407	-	-
연결 계		987,924	-	744,734	-	634,119	-	-

년치 매출 현황이 사업보고서에 집계되어 있는 이노션의 경우를 보면 역시 같은 현상이 목격된다.

지상파와 인쇄의 매출액과 매출 비중은 감소하고 있고 그 자리를 뉴미디어가 메우고 있다. 이노션의 사업보고서에서 뉴미디어는 인터넷, 모바일, DMB, IPTV, 케이블TV, 위성TV 등을 포함하고 있다. 한편 같은 분류로 매출 현황을 만드는 제일기획의 경우는 오히려 전파매체(TV, 라디오)가 증가했고, 뉴미디어(온라인, 케이블TV, DMB 등)가 감소했다.

〈그림4-4〉 제일기획 2015년 사업보고서 Ⅱ. 사업의 내용 중 매출에 관한 사항

(단위 : 백만원, %)

구분	수익유형	2015년 금액	구성비	2014년 금액	구성비	성장률
본사	1. 매체	202,328	7.2	222,108	8.3	△8.9
	(전파매체)	36,507	1.3	32,574	1.2	12.1
	(인쇄매체)	22,120	0.8	22,898	0.9	△3.4
	(뉴미디어 등)	143,701	5.1	166,636	6.2	△13.8
	2. 광고물제작 등	617,522	22.0	660,285	24.8	△6.5
	소계	819,850	29.2	882,393	33.1	△7.1
종속회사		1,986,864	70.8	1,783,863	66.9	11.4
총계		2,806,714	100.0	2,666,256	100.0	5.3

시대의 흐름을 따른다면 전파매체가 감소하고, 뉴미디어가 증가해야 하는데, 제일기획은 반대로 가고 있다. 〈그림4-4〉에서 매출의 대부분을 차지하는 종속회사 실적을 본사 기준에 맞춰서 분류를 다시 한다면 어떤 결과가 나올지는 모르겠지만, 국내 본사 실적만 놓고 봐서는 이노션과 차이를

보인다. 그러면 어느 사업이 더 높은 이익률을 보일까? 이에 대한 정보는 제일기획의 사업보고서 'Ⅱ. 사업의 내용 중 매출에 관한 사항'에 영업총이익(매출총이익)이 나와 있어서 영업총이익률(매출총이익률)을 계산해보면 광고유형에 따른 이익률을 대략 추정할 수 있다.

〈표4-3〉 제일기획 2015년 사업보고서 Ⅱ. 사업의 내용 중 매출에 관한 사항

(단위: 백만 원)

	2015년			2014년		
	매출	영업총이익	영업총이익률	매출	영업총이익	영업총이익률
1. 매체	202,328	129,659	64%	222,108	136,004	61%
(전파매체)	36,507	31,994	88%	32,574	30,402	93%
(인쇄매체)	22,120	22,112	100%	22,898	22,813	100%
(뉴미디어 등)	143,701	75,553	53%	166,636	82,789	50%
2. 광고물제작 등	617,522	133,259	22%	660,285	123,277	19%
소계	819,850	262,918	32%	882,393	259,281	29%

〈표4-3〉은 제일기획 사업보고서 'Ⅱ. 사업의 내용 중 매출에 관한 사항'에서 연결영업수익(매출) 증감표와 연결영업총이익 증감표를 편집해서 만들었다. 회사의 재무제표상 계정과목 표시는 영업총이익으로 되어 있는데, 구성상 매출총이익과 같은 개념이다. 즉 매출액에서 매출원가를 차감한 것으로 이해하면 된다.

제조업이 아닌 관계로 매출원가는 의미가 없는데, 광고물제작 또는 매체 대행과 관련하여 발생하는 인건비와 경비 등이 매출원가로 구성되었을

것이다. 광고물을 제작할 때는 비용이 많이 발생하므로 영업총이익률이 낮은 데 반해, 매체 대행은 크게 비용이 발생될 부분이 없으므로 영업총이익률이 높게 계산된다. 특히 공중파 등의 매체 같은 경우에는 광고단가가 높기 때문에 이익률이 더 좋고, 뉴미디어 같은 경우에는 공중파에 비해 광고단가가 낮기 때문에 이익률 또한 낮을 것으로 추정된다. 즉 전파매체, 인쇄매체를 줄이고 뉴미디어를 증가시키는 것이 시대의 조류이기는 하지만 이익률을 고려했을 때 회사에 도움 되는 것은 전파매체나 인쇄매체라는 것이다.

제일기획은 전파매체가 증가했고 뉴미디어가 감소했는데, 이노션은 반대의 결과가 나왔다. 그렇다면 회사 전체의 이익을 고려했을 때 역시 제일기획의 이익률이 이노션보다 더 좋을 것이라는 추정이 가능한데 과연 그럴까?

〈표4-4〉를 보면 제일기획의 매출액이 이노션보다 약 184% 정도 높고, 영업총이익도 199% 정도 높다. 영업총이익률을 비교해보면 예상대로 전

〈표4-4〉 제일기획과 이노션 2015년 요약 연결손익 정보

(단위: 원)

	제일기획	이노션	차이	ratio
영업수익	2,806,713,644,157	987,924,245,764	1,818,789,398,393	184%
영업원가	1,858,043,483,920	670,260,035,126	1,187,783,448,794	177%
영업총이익	948,670,160,237	317,664,210,638	631,005,949,599	199%
판매비와관리비	821,452,163,969	224,736,458,217	596,715,705,752	266%
영업이익	127,217,996,268	92,927,752,421	34,290,243,847	37%
영업총이익률	34%	32%		
영업이익률	5%	9%		

파매체 매출 비중이 큰 제일기획이 이노션보다 높게 계산된다. 매출 구성비율이 영향을 미친다고 볼 수 있다. 그런데 영업이익을 비교해보면 양사 간 차이는 37%밖에 안 난다. 제일기획의 판매비와관리비가 이노션에 비해 무려 266%나 많다.

서비스업 특성상 특별히 비용분석이 어렵지 않기 때문에 판매비와관리비 주석사항을 보면 바로 답이 나온다. 이유는 인건비 때문이다. 즉 제일기획이 고정비성 비용인 급여가 4,733억 원인데, 이노션은 1,426억 원에 불과하다. 고정비 부담이 적은 이노션이 좀 더 효율적인 구조라고 볼 수 있을 것 같다.

고정비 성격의 인건비와 임차료, 관리비, 감가상각비 등을 뽑아내면 이익이 극대화되는 구조이므로 결국 매출액을 늘리는 수밖에는 방법이 없다. 그런데 국내시장은 한정돼 있고, 〈표4-2〉에서 보듯이 대기업의 광고선전비 집행액도 제자리이고, 〈그림4-2〉에서 보듯이 시장 전체가 커지지는 않기 때문에 결국 광고시장도 해외에서 답을 찾을 수밖에 없을 것이다.

〈그림4-3〉와 〈그림4-4〉를 보면 제일기획과 이노션 모두 종속기업(종속회사)의 매출 비중이 꽤 높은 것을 알 수 있는데, 해외에 여러 종속기업을 두고 있다. 문제는 국내 및 해외 매출액의 대부분이 그룹 계열사에서 나온다는 것이다. 특히 이노션 같은 경우에는 특수관계자 주석사항에서 특수관계자에 대한 매출액을 집계해보면 5,302억 원으로 계산이 되는데, 이는 전체 매출액 6,703억 원 대비 약 80%에 해당한다.

광고는 기업 활동에서 반드시 필요하기 때문에 전작 《박 회계사의 사업보고서 분석법》에서 다룬 SI(System Integration)기업처럼 그룹에 광고회사가 하나씩은 존재한다. 이를 가리켜 인하우스(in-house) 광고회사라고 하는데, 독립된 중견 광고대행사가 성장하기 어려운 이유이기도 할 것이다. 삼성그룹의 제일기획, 현대차그룹의 이노션, LG그룹의 지투알, 두산그룹의 오리콤, SK그룹의 SK플래닛, 롯데그룹의 대홍기획 등 각 그룹사마다 하나씩 광고회사를 갖추고 있다. 안정적인 수익 창출은 가능하지만 더 성장하기 위해서는 결국 해외로 눈을 돌려야 할 것이다. 이노션의 경우에는 무차입에 현금보유액만 6,000억 원에 달하고 있는데, 기업공개(IPO) 시 해외 M&A를 통해 성장을 하겠다는 청사진을 제시한 바 있다.

3. 뉴미디어 시대의 중소 광고 기업들

뉴미디어(인터넷, 모바일, DMB, IPTV, 케이블TV, 위성TV 등)가 발달하면서 이 부분을 특화하는 기업들이 최근에 많이 상장을 했다. KT의 계열사인 나스미디어나 에코마케팅, 인크로스 등이 주인공이며 모두 무차입법인이다.

나스미디어는 대표적인 뉴미디어에 대한 미디어렙 회사인데, 네이버, 카카오 등 인터넷 포털사이트와 IPTV(올레TV), 수원KT위즈파크의 광고 판매 대행 등을 주로 하는 것으로 사업보고서의 'Ⅱ. 사업의 내용' 편에서 확인이 된다. 한국방송광고진흥공사 외의 민영 미디어렙들이 많이 생겨났고 경쟁체제이므로 나스미디어의 시장점유율은 약 20% 정도로 사업보고서에 표시되어 있다.

〈그림4-5〉를 보면 나스미디어는 PC 및 모바일 광고에서 71%, IPTV 13.5%, 그리고 지하철과 KT위즈파크에서 광고를 하고 있다. 디지털사이

〈그림4-5〉 나스미디어 2015년 사업보고서 II.사업의 내용 중 2.주요제품, 서비스 등

(단위 : 백만원)

품목		주요 상표	영업수익 (비율 %)	제품 설명
미디어렙 (매체판매 대행)	온라인 디스플레이	PC 광고 모바일 광고	32,311 (71.0%)	당사와 제휴된 매체의 광고상품 (지면 또는 시간)을 광고주나 광고대행사에 판매하고, 관리 및 효과분석 서비스 제공을 통한 수수료 수익
	디지털방송	IPTV	6,145 (13.5%)	
	디지털 사이니지	지하철5678 kt 위즈파크	7,034 (15.5%)	
총계			45,490 (100%)	

니지는 옥외광고에 디지털 디스플레이 기술이 결합된 새로운 형태의 디지털 광고매체를 의미한다. 온라인 디스플레이의 광고는 주로 포털사를 대행하며, IPTV와 KT위즈파크가 나오는 것으로 봐서는 KT 특수관계자에 대한 매출임을 알 수 있는데, 대략적인 정보는 〈그림4-6〉에서 보듯이 'II.사업의 내용 8. 경영상의 주요 계약'을 참고하면 된다.

〈그림4-6〉 나스미디어 2015년 사업보고서 II. 사업의 내용 중 8. 경영상의 주요 계약

8. 경영상의 주 요 계약

매체명	기간	계약내용	비고
네이버	2015.07.01~2015.12.31	네이버 매체판매대행	주식회사 네이버
카카오	2015.07.01~2015.12.31	카카오 매체판매대행	카카오
네이트	2015.07.01~2015.12.31	네이트 매체판매대행	에스케이커뮤니케이션즈
(주)케이티	2015.07.01~2016.06.30	olleh tv 매체판매대행	*주1) 구)케이티미디어허브
스마트채널	2015.01.01~2015.12.31	지하철2기 매체판매대행	지하철5678
수원 kt위즈파크	2015.01.01~2019.12.31	야구장 내 광고판매대행	수원야구장
*주2) 6,7호선 도시철도공사	2016.01.25~2021.01.25	6,7호선 내 광고대행	-
*주3) 5,8호선 도시철도공사	2016.03.14~2021.03.14	5,8호선 내 광고대행	-

주1) '케이티미디어허브'와 '스마트채널'은 '케이티'와 합병으로 인하여 '케이티'가 계약 인수함.
주2) '6,7호선 도시철도공사' : 서울시도시철도공사와 6,7호선 광고대행사업 계약
주3) '5,8호선 도시철도공사' : 서울시도시철도공사와 5,8호선 광고대행사업 계약

나스미디어 입장에서는 네이버와 카카오 등 주요 포털 및 여러 매체에 광고 대행을 하는 일이 주요 업무이고 중요한 계약이므로 이렇게 공시가 자세히 되어 있지만, 반대로 네이버나 카카오 입장에서 대행사를 나스미디어 외에 여러 군데를 두고 있고 광고 외에 다른 사업도 많이 하다 보니 사업보고서에 이렇게 자세하게 공시하지 않았다.

한편 특수관계자거래 주석사항에서 KT그룹에 대한 매출액은 약 99억 원으로 총매출 455억 원 대비 약 22% 수준인데, 높은 편은 아니라고 판단된다. 투자자 관점에서 보면 회사가 미디어렙 사업을 하는데 KT가 이동통신 사업자라는 점이 온라인 디스플레이광고 영업상 분명 좋은 장점이 될 것이다.

인크로스는 2016년 10월에 상장한 업력 10년의 기업으로 미디어렙 영업부문이 전체 매출액의 50% 내외를 차지한다. 역시 뉴미디어 쪽이며 온라인과 어플리케이션의 배너광고, 통화연결음 광고, IPTV 및 CGV광고 등 다양한 매체에서 일을 한다고 사업보고서상 공시되어 있다. 그런데 이 회사는 다른 미디어렙과는 달리 블루오션이 하나 더 있는데, 그것은 바로 '다윈(Dawin)'이라고 명명한 동영상 광고 네트워크 플랫폼이다.

우리가 유튜브(youtube)나 네이버에서 동영상을 시청하기에 앞서 봐야 하는 광고 동영상을 노출해주는 플랫폼을 말한다. 곰TV, 아프리카TV, 판도라TV, 엠군 등 회사가 제휴한 동영상 매체에 동영상 플랫폼을 깔아 놓으면 광고주 누구나 동영상 광고를 올릴 수 있다. 시대의 조류에 맞는 기업답게 상장 후 얼마 지나지 않은 2017년 새해에 NHN엔터테인먼트로부터 3자배정 유상증자를 받아 또 한 번 화제가 됐었다.

상장한 지 얼마 안 된 관계로 2016년에 사업보고서 및 분기보고서는 공시가 안 되었고, 상장 때 공시된 증권신고서와 투자설명서가 전부인데, 여기에 공시된 실적을 보면 그렇게 성장세를 갖췄다고 평가할 수는 없다.

〈표4-5〉 인크로스 투자설명서(2016.10.18) 중 Ⅲ. 재무에 관한 사항

(단위: 천 원)

구분	2014년(제8기)	2015년(제9기)	2016년반기(제10기)
매출액	24,047,969	26,514,435	13,706,638
영업이익	5,226,707	5,535,302	3,965,962
계속영업당기순이익	4,018,370	4,095,644	3,250,798

〈표4-5〉를 보면 외형이 작고 성장폭이 크지는 않지만, '다윈'이라는 국내 최초 동영상 광고 네트워크 플랫폼으로 인해 미래 실적이 기대가 되는 기업이다. 동영상 콘텐츠를 보유한 주요 공중파, 케이블, 종편들과 계속 제휴를 맺고, 네이버 및 동영상 전문 포털 등과 계약을 하면서 사업을 키워 나가고 있으니 이에 따라 실적도 성장하는지 지켜보면 좋을 것이다.

〈그림4-7〉 인크로스 투자설명서 중 Ⅱ. 사업의 내용 중 주요 제품 등에 관한 사항

[서비스별 매출액 및 매출비중]

(단위: 백만원)

품 목	주요상표	매출액(주1) (비율)	제 품 설 명
미디어렙	온라인광고	6,429 (24.25%)	온라인 배너 광고
	In-App광고	3,052 (11.51%)	어플리케이션 상하단 배너 광고
	BizRing광고	1,457 (5.49%)	통화연결음 광고
	IPTV광고	1,396 (5.26%)	IPTV 및 CGV 광고
	N스크린광고	354 (1.34%)	복수의 기기에서 접촉 가능한 광고
	기타광고	347 (1.31%)	
	계	13,035 (49.2%)	
광고플랫폼	Dawin	6,278 (23.7%)	동영상 광고 네트워크 플랫폼 사업, 다윈(Dawin)
OMP운영	-	4,258 (16.1%)	T Store 서비스 운영 대행 사업 T freemium plus 서비스 운영 대행 사업
광고용역	-	2,387 (9.0%)	광고 용역 사업
기타	-	557 (2.1%)	컨텐츠마케팅(PAS)
합계	-	26,514 (100.0%)	

주1) 2015년 연간 매출액을 기재하였습니다.

〈그림4-7〉을 보면 회사의 강점인 광고플랫폼 다윈에서 창출되는 매출액이 전체 대비 23.7%인데, 앞으로 나오는 분기, 반기 및 사업보고서 등에서 다윈의 실적이 쭉쭉 늘어나는지 지켜보면 될 것이다. 동영상 광고 네트워크 플랫폼을 갖고 있기 때문에 미디어렙도 분명히 시너지를 낼 것으로 예상할 수 있으니 물론 다른 품목도 같이 모니터링해야 한다.

에코마케팅은 2016년 8월에 상장한 뉴미디어 광고회사이다. 3분기보고서를 보면 회사가 하는 일은 검색광고 대행서비스 및 디스플레이광고 대행서비스이다. 오프라인 광고의 가장 큰 특징은 회사의 제품이나 서비스에 관심이 없는 불특정 다수에게도 광고를 노출시키기 때문에 광고의 성과를 측정하기 어렵다는 것인데, 뉴미디어 시대에는 온라인 광고에서 이 점이 많이 보완되었다. 빅데이터(Big data) 기술의 발달로 고객이 관심 있는 분야를 파악한 뒤 선별해서 광고를 노출시키는 전략이 가능해진 것이다.

예를 들어 여행과 투자에 관심이 있는 독자라면 관련된 정보들을 얻기 위해 인터넷이나 모바일에서 많은 검색을 했을 것이다. 그 정보가 축적되면 내가 페이스북(facebook)이나 네이버 같은 곳에 접속할 때 나에게 맞춤 광고가 저절로 뜨게끔 해주는 것이다. 그러면 광고주인 기업 입장에서는 광고가 타깃 소비자에게 잘 전달되어 매출로 이어지기를 기대할 수 있고,

〈그림4-8〉 에코마케팅 2016년 3분기보고서 II. 사업의 내용 중 주요 제품 등에 관한 사항

구분	설명
검색광고 대행 서비스	네이버, 다음, 구글 등의 검색 엔진에서 유저가 찾는 정보나 구매 니즈가 발생한 상품을 검색할 시 검색결과에서 자사의 브랜드나 상품을 보여줄 수 있는 광고. 즉, 정보를 필요로 하는 타겟 고객에게만 필요한 시점에 광고를 노출시켜 이를 통해 사이트 방문 및 구매를 이끌어 낼 수 있는 광고를 비용 효율적으로 집행하는 대행 서비스
디스플레이광고 대행서비스	PC 웹, 모바일 웹, 모바일 어플리케이션 광고 지면에 이미지 또는 영상 형태로 노출되는 광고 유형으로 광고가 노출될 지면을 애드 서버를 통해 직접 구매하는 일반 디스플레이광고, 다수의 웹사이트와 모바일 어플리케이션 내의 인벤토리를 모아서 동시에 노출 가능한 애드네트워크 광고, 사람이 아닌 소프트웨어를 통해 광고 인벤토리를 구매하고 집행하는 자동화된 광고방식인 프로그래매틱 디스플레이광고 그리고 모바일 앱 설치(및 실행)를 목표로 설치당 단가를 고정으로 협의하여 광고를 노출하는 모바일 특화 디스플레이광고 등의 대행 서비스

상기 검색 및 디스플레이광고 상품을 온라인광고의 미디어별 특성에 맞추어 광고주의 제한된 마케팅 예산에서 최대의 매출 성과를 창출하기 위해 회사의 모든 역량을 집중하고 있습니다.

소비자 역시 원하는 정보를 빨리 얻을 수 있으므로 광고가 전혀 헛되게 소모되지 않을 것이다.

〈그림4-8〉에서 회사의 서비스 내용을 읽어보면 고개가 절로 끄덕여질 것으로 생각이 된다. 단, 사업보고서에서 회사의 연혁을 보면 본격적인 사업을 시작한 지 얼마 안 되었기 때문에 숫자상 완전히 자리 잡았다고 보기는 어려울 것 같다.

〈표4-6〉 에코마케팅 2014년~2016년 3분기 요약 손익계산서

(단위: 원)

	2016년 3분기	2015년 3분기	2015년	2014년
영업수익	12,264,609,769	14,068,659,294	19,664,895,615	16,301,629,099
영업비용	7,302,038,784	7,063,125,749	9,448,225,351	9,008,759,901
영업이익(손실)	4,962,570,985	7,005,533,545	10,216,670,264	7,292,869,198
영업이익률	40%	50%	52%	45%

〈표4-6〉을 보면 매출액 규모가 아직은 많이 작다. 그리고 3분기 실적 기준으로 2016년에 매출이 역성장을 했다. 연말 실적까지 집계되는 사업보고서가 나와 봐야 정확한 이유가 밝혀지겠지만 눈에 띄는 것은 이 기업의 높은 영업이익률이다. 광고회사 중에서 단연 으뜸이기 때문에 매출액이 붙기 시작하면 이익은 크게 늘어날 것으로 보인다.

〈그림4-9〉 에코마케팅 2016년 3분기보고서 Ⅰ. 회사의 개요 중 2. 회사의 연혁

2013년 12월	글로벌마케팅팀 신설 & 카카오 글로벌 모바일 캠페인 수주
2014년 09월	프로그래매틱 AD팀 신설 및 모바일 마케팅 전문성 강화
2014년 10월	차이나마케팅팀 신설
2014년 11월	중국 크로스보더를 타깃으로 한 G마켓 중문샵의 바이두, 소고, 360 검색광고와 중국 디스플레이광고 대행 수주
2014년 12월	글로벌 DSP와 프로그래매틱 광고 플랫폼 운영 전문 조직 신설 및 다수의 성공사례 확보
2014년 12월	에코마케팅 모바일 매출액 비중 전체 매출액 중 40% 돌파
	연간 취급고 1,100억 돌파
	(주)그로스해커스그룹 설립
2015년 01월	중국 진출 광고주 대상 영업확대
2015년 02월	위메프 중국 온라인광고 수주
2015년 10월	아모레퍼시픽 글로벌 검색광고 수주 & 중국 온라인광고로 대행범위 확대
2015년 12월	연간 취급고 1,350억 돌파
2016년 07월	중국 텐센트 온라인 미디어 그룹과 광고 수권 계약 체결
2016년 08월	코스닥 상장

〈그림4-9〉의 회사의 연혁을 보면 중국에서도 사업을 하고 있고 성과가 있는 것으로 나오므로 관심 있게 지켜보는 것도 좋을 것 같다. 광고 잘 만들기로 유명한 현대카드 CEO가 최근 강연한 내용을 보면 현대카드는 광고선전비를 과거의 20% 수준으로 줄이는 대신 자체 미디어를 갖추고 소셜미디어에 투자하고 있다고 한다. 서서히 광고시장도 변하겠다는 생각이 드는 대목이다. 에코마케팅은 비록 작은 규모의 기업이지만 이렇게 변화하는 시장에서 주목 받을 수 있으므로 실적 추이를 관심 있게 지켜보는 것도 좋을 것 같다.

4. 네이버와 카카오

플랫폼이라는 용어가 예전에는 기차를 타고 내리는 역으로 통용되었는데, 어느 순간부터는 애플, 구글, 유튜브, 네이버, 카카오 같은 기업들을 설명할 때 꼭 쓰게 되는 용어가 되었다. 위키피디아에 따르면 "플랫폼은 다양한 상품을 판매하거나 판매하기 위해 공통적으로 사용하는 기본구조, 인프라, 공간 등"이라고 정의한다. 좀더 쉽게 생각하면 기차역처럼 사람들이 많이 모이는 곳에 광고도 노출하고 식당, 편의점, 신문 및 잡지 등을 팔면 한 곳에서 여러 부가적인 수익을 창출할 수 있게 되는 것이 플랫폼의 개념이라고 생각하면 될 것 같다. 가장 중요한 것은 사람이 많이 모이는 것이고, 이것은 사업에서 가장 중요한 요소 중의 하나이다.

카카오도 불과 5년 전에는 대규모 적자 기업이었다. 그래도 사람들이 카카오라는 기업에 대해 큰 기대를 할 수 있었던 것은, 대한민국 국민 대부분이 카카오톡을 사용하고 있고 계속 그럴 것이라는 사실이었다. 단순한

채팅 기능 외에도 카카오톡이라는 수천만 명이 모이는 곳에 게임, 쇼핑, 광고 등 다양한 콘텐츠를 계속 탑재해나가면 큰 돈 버는 것도 가능할 것이라는 생각을 누구나 할 수 있게끔 해준 기업이었다.

오프라인에서 생각했을 때 가장 좋은 플랫폼은 바로 우리가 자주 가는 편의점일 것이다. 하나의 장소에서 물건만 사는 게 아니라 택배, 금융서비스, 복권, 도시락 식사 등 계속 기능이 추가되면서 훌륭한 플랫폼의 역할을 하고 있다. 편의점을 단순한 도·소매점으로 분류하기에는 이제 시대 트렌드와는 맞지 않는다.

우리가 자주 접속하는 구글이나 페이스북이 대표적인 플랫폼 기업인데,

〈표4-7〉 페이스북과 구글의 2013년~2015년 매출 구성

(단위: 백만 USD)

Facebook	2013년	2014년	2015년	CAGR
광고(Advertising)	6,986	11,492	17,079	56%
지불금 외(Payments and other fees)	886	974	849	-2%
총매출(Total Revenue)	7,872	12,466	17,928	51%
광고 매출 비중	89%	92%	95%	

Google	2013년	2014년	2015년	CAGR
광고 수입(Advertising Revenues)	51,072	59,624	67,390	15%
기타 수입(Other revenues)	4,447	6,377	7,599	31%
총매출(Total Revenue)	55,519	66,001	74,989	16%
광고 매출 비중	92%	90%	90%	

이들의 수익구조를 보면 광고 매출이 압도적이다.

각 회사들의 사업보고서(Annual report)의 주석사항(Notes to consolidated financial statements)을 확인해보면, 〈표4-7〉과 같은 정보를 확인할 수 있다. 양사 모두 총매출액(Total Revenue)의 90% 이상이 광고(advertising)에서 나오고 있음을 알 수 있다. 전 세계 모든 사람들이 검색엔진, 번역, 위치기반, 소셜네트워크 등 다양한 서비스를 무료로 제공 받는 공간인 만큼 광고는 몰릴 수밖에 없을 것이다. 구글이나 페이스북은 계속 진화하면서 더 좋은 서비스와 콘텐츠를 창출해내고 있지만, 숫자를 보는 입장에서는 결국 회사의 절대적인 수익 기반인 광고 매출에 주목할 수밖에 없다. 이는 국내의 네이버나 카카오도 마찬가지이다.

〈표4-8〉 네이버와 카카오의 2015년 매출 구성

(단위: 천 원)

네이버	2015년	비중
광고	2,322,379,265	71%
콘텐츠	851,329,285	26%
기타	77,448,551	2%
총수익	3,251,157,101	100%

카카오	2015년	비중
광고	583,841,094	63%
게임	232,377,587	25%
커머스	67,240,916	7%
기타	48,692,230	5%
합계	932,151,827	100%

네이버는 2013년에 네이버와 NHN엔터테인먼트로 분할되었고, 카카오는 2014년에 다음(Daum)과 합병하는 등 기업의 중요한 영업환경상 변화가 있었던 관계로 〈표4-7〉처럼 연도별 매출 추이로 표시하지는 않았다. 양사 모두 광고 매출이 미국의 회사들처럼 절대적이지는 않지만, 각각 70%

와 60%가 넘는 비중을 차지한다. 모두 국내에서 강력한 플랫폼을 구축하고 있기 때문에 가능한 일이다. 큰 차이가 있다면 네이버는 매출액의 33%를 일본을 비롯한 해외에서 창출하는 데 반해 카카오의 해외 매출액은 극히 미미하다는 것이다.

광고 산업 측면에서 봤을 때 양사 모두 매체사로 인식할 수 있고 실제로 매출액 중 광고 매출액 비중이 큰 편이며, 앞서 살펴본 대로 웬만한 공중파 방송국의 매출액보다 더 많이 벌고 있다. 하지만 회사 사업내용은 각종 콘텐츠와 게임, O2O(Online to Offline)등 다양한 서비스를 기반으로 광고수익이 창출되는 구조이므로 핵심은 전자이고 광고는 자연스럽게 따라오는 수익이라고 보는 것이 더 타당할 수도 있을 것이다. 그렇기 때문에 이런 기업들에 대한 분석과 기업가치를 평가할 때에는 순방문자수(UV, Unique Visitor), 특정기간 조회된 페이지수(PV, Page View), 총검색어입력횟수(Query), 하루 동안 해당서비스 이용자수(DAU, Daily Active Users), 어플리케이션 다운로드수(APP DL, Application Download) 등 다양한 지표가 적용되기도 한다.

미래수익에 대한 기대가 기업가치에 크게 영향을 미치는 기업인 관계로 사업보고서로 기업을 설명하는 데 분명 한계가 있다. 따라서 광고 산업에서 중요한 광고 매체사로만 살펴보는 것으로 마무리지으려 한다.

PART 5
게임 산업

**개발부터 플랫폼까지 수직계열화되어 있는가?
지적재산권(IP, Intellectual Property)이 풍부한 기업의
퀀텀점프(Quantum Jump)를 기대하라!**

독자분들은 우리나라에 〈표5-1〉과 같은 아름다운 손익계산서의 모습을 가진 기업이 있다는 것을 아는가? 영업이익률 7.4%가 아닌 무려 74%를 자랑하는 이 기업은 '크로스파이어'라는 게임 개발사로 유명한 스마일게이트엔터테인먼트의 손익계산서이다.

'타미플루'를 개발하여 엄청난 이익을 창출하고 있는 미국의 바이오기업 길리어드사이언스의 영업이익률 68%보다 더 높다.

안타깝게도 이 기업은 비상장기업이고 상장 가능성이 없어 보이므로 투자자 입장에서는 그저 그림의 떡일 뿐이다. 이 기업 최대주주의 주식가치가 현대차그룹 정몽구 회장이 가진 것보다 더 크다는 뉴스가 나와서 화제가 되었던 적도 있었다.

상장되어 있는 많은 게임 기업들 중에 분명히 이런 손익계산서의 모습으로 탈바꿈할 수 있는 기업들이 수면 아래에 있을 것이다. 그런 잠재력 있는 기업들을 잘 찾아내는 것이 게임 기업에 대한 투자 포인트가 될 것이다.

〈표5-1〉 **스마일게이트엔터테인먼트 요약 손익 정보**

(단위: 원)

	2015년	2014년	증감	증감률
영업수익	534,175,711,567	472,213,217,522	61,962,494,045	13%
영업비용	139,347,372,250	122,610,456,205	16,736,916,045	14%
영업이익	394,828,339,317	349,602,761,317	45,225,578,000	13%
당기순이익	300,642,951,112	266,963,088,772	33,679,862,340	13%
영업이익률	74%	74%		
당기순이익률	56%	57%		

1. 게임업계의 손익구조

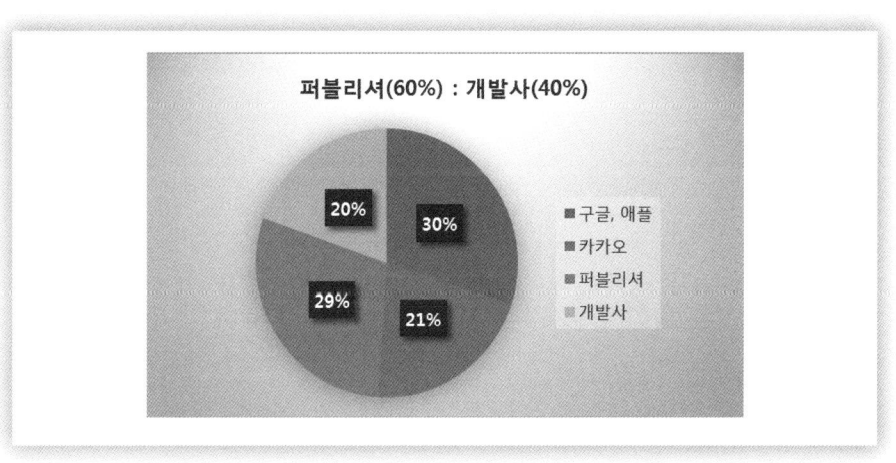

〈그림5-1〉 모바일 게임업계의 수익 배분 구조

모바일 게임업계의 일반적인 수익 배분 구조는 〈그림5-1〉과 같이 알려져 있다. 하지만 게임에 투자, 유통, 운영하는 퍼블리셔와 게임 개발사와의 계약조건에 따라 다른 경우도 많으므로 반드시 그렇지 않을 수도 있다.

퍼블리셔는 게임 개발사에게 개발자금을 지원하고, 개발 후에 수익이 발생하는 부분을 개발사와 배분하는데, 보통 6:4로 분배한다. 모바일게임은 애플의 앱스토어나 구글의 구글플레이를 통해 다운로드해야 하므로 이들 기업에 매출액의 30%를 지급해야 한다. 특히 국내 모바일게임은 주로 카카오 기반 하에 게임을 하게 되므로 카카오에 또 21% 정도의 수수료를 지급한다. 벌써 여기에서 매출의 51%는 수수료로 쓰이니 퍼블리셔와 개발회사는 49%의 부분을 나눠 갖게 된다.

스마트폰 운영체계를 갖고 있는 구글과 애플의 앱스토어를 통해 반드시 다운로드를 받아야 하므로 이 기업들에 떼어주는 수수료는 회피 불가능하다. 카카오는 대한민국 스마트폰 사용자 대부분이 사용하는 상황이니 카카오에서 게임을 하면 파급력이 높아서 게임 유저를 빨리 많이 모을 수 있다. 그런 장점 때문에 많은 게임업체들이 수수료를 지급하면서 카카오 플랫폼을 이용한다.

이런 저런 수수료를 다 떼어주고 나면 남는 게 별로 없으니 게임업체에서 이익을 극대화하는 방법은 바로 퍼블리싱 기업이 개발사를 수직계열화 시키는 것이다. 〈그림5-2〉에서 보는 것처럼 '모두의 마블' 게임은 넷마블게임즈가 퍼블리싱했지만, 이 게임의 개발사는 넷마블엔투(구, 엔투플레

〈그림5-2〉 **모두의 마블에 대한 게임정보**

모두의 마블 for kakao (Everybody's Marble for kakao) - 발매일 : 2013년 06월 11일

+ 개발사 : 엔투플레이
+ 플랫폼 : iOS, 모바일, 안드로이드
+ 유통사 : 넷마블게임즈
+ 장르 : 보드
+ 서비스형태 : 정식
+ 공식홈페이지 :

(출처: inven.co.kr)

이)라는 기업이다.

  이 넷마블엔투의 최대주주는 넷마블게임즈로 전체 주식의 52%를 가지고 있기 때문에 넷마블게임즈의 연결재무제표에 넷마블엔투가 포함되어 작성된다. 즉 양사 간에 수익 배분이 이루어지겠지만, 넷마블게임즈 연결재무제표 안에는 개발자 몫과 퍼블리셔 몫이 모두 매출로 잡히게 된다. 이렇게 수직계열화로 매출액을 늘리는 방법이 하나가 있다.

  그 다음으로 가능한 방법은 카카오를 탈피하는 것이다. 즉 퍼블리셔가 자체 플랫폼에서 게임을 할 수 있는 환경을 만들고 카카오 플랫폼을 이용하지 않는 방법이다. 이렇게 되면 애플과 구글에 대한 수수료를 제외한 수익의 70%를 모두 가져갈 수 있다는 계산이 나온다. 그렇지 못한 대부분의 많은 게임 개발사들은 여전히 매출의 20%, 퍼블리셔는 29% 밖에 가져가지 못한다. 그래도 개발사보다 퍼블리셔의 수익 배분 비율이 높으니 조금 나을 수 있겠다. 그러나 퍼블리셔는 게임 개발사에 대해 선투자를 하는 위험 부담을 지므로 게임에서 대박이 나지 않는 이상 반드시 낫다고 말하기도 어렵다.

2. 게임의 개발부터 론칭까지

퍼블리셔는 개발사에게 개발자금(Initial fee)을 선투자하고 개발사는 그 자금을 기반으로 게임을 개발한다. 개발자금이 부족한 경우에는 자체 개발비를 투입하기도 한다. 개발자금이 퍼블리셔 입장에서는 자산인 선급금이 되고 개발사 입장에서는 부채인 선수금이 된다.

퍼블리셔는 개발사가 좋은 게임을 개발해오면 퍼블리싱을 하는 기간 동안 수익이 창출될 것이니 자산 요건에 충족이 되고, 개발사 입장에서는 개발자금을 받아서 게임을 개발해야 하는 의무가 있고 퍼블리셔와의 계약기간 동안 수익 배분을 받을 것이므로 부채가 된다.

간단한 예를 들어보자. 퍼블리셔인 A는 게임 개발을 잘 하기로 유명한 B기업에게 30억 원의 개발자금을 선지급하기로 했다. 개발사인 B기업은 게임을 개발하고 3년간 퍼블리셔와 4:6으로 수익 배분하기로 했다. 30억 원에 대한 개발사와 퍼블리셔의 회계 처리는 다음과 같다.

〈그림5-3〉 개발사와 퍼블리셔 간 개발자금 회계 처리

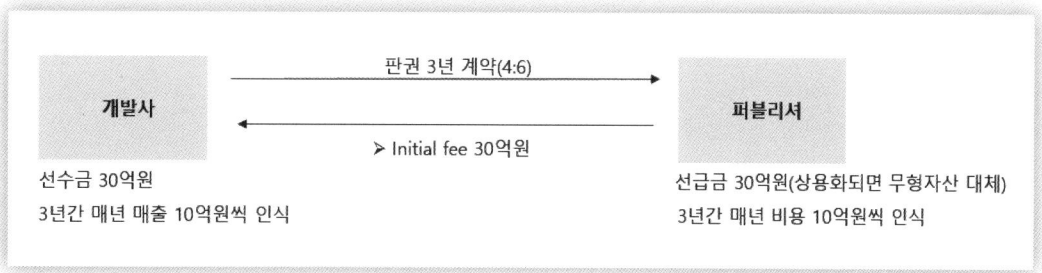

개발사에 30억 원의 현금이 일시에 들어오지만 매출로 인식하지 않고 부채인 선수금으로 인식한다. 이 선수금은 퍼블리싱 계약기간인 3년 동안 매년 매출 10억 원씩 인식하는 것으로 처리한다.

퍼블리셔는 30억 원의 현금이 일시에 현금으로 지출되었지만 비용으로 인식하지 않고, 자산인 선급금으로 처리한다. 개발이 완료되고 본격적인 게임 퍼블리싱이 시작되면 퍼블리셔는 이 선급금을 판권(또는 기타무형자산 등)으로 대체시킨다.

그리고 게임 론칭 후 수익이 발생되는 계약기간 동안 매년 무형자산상각비로 비용화시키게 된다. 즉 개발자금은 개발 초기에 오고가지만 수익과 비용은 게임 론칭 후 매출이 발생되는 계약기간 동안 인식하게 되는 것이다. 게임이 정상적으로 개발되고 퍼블리싱되어 계약기간 동안 수익이 발생해 배분된다고 가정해보자. 예를 들어 게임에서 매년 30억 원의 매출이 발생된다면 이때 개발사와 퍼블리셔의 손익계산서는 〈그림 5-4〉와 같게 된다.

<그림5-4> 퍼블리싱 계약기간 동안 개발사와 퍼블리셔의 손익계산서

게임에서 발생되는 실제 매출			개발사 손익계산서	퍼블리셔 손익계산서
1년차	2년차	3년차	1년차 ~ 3년차	1년차 ~ 3년차
30억원	30억원	30억원	매출 22억원(*)	매출 18억원(*1) - 비용 10억원(*2) 이익 8억원

(*) 선수금 30억/3년＋30억×40%　　(*1) 30억×60%　(*2) 선급금 30억/3년

매출액 30억 원의 40%인 12억 원은 개발사의 몫이고 나머지 18억 원은 퍼블리셔가 가져간다. 그런데 개발에 앞서 먼저 개발자금이 오고갔고, 이 개발자금을 개발사는 3년 동안 매년 10억 원씩 수익으로 인식하니 매년 총 수익금액은 22억 원이 되고, 퍼블리셔는 매년 비용으로 10억 원씩 인식하게 된다. 개발사는 매년 선수금이 10억 원씩 감소하면서 3년차에는 부채로 남아있던 선수금이 모두 없어질 것이고, 퍼블리셔 또한 3년차에는 판권(또는 기타무형자산)의 잔액이 0원이 될 것이다.

문제는 요즘 모바일게임의 매출 추이가 <그림5-4>와 같이 흘러가지 않는다는 점이다. 1년에 수십만 개의 게임이 새롭게 선보였다가 사라지고, 유행이 빨리 변하다 보니 게임의 생명 또한 짧아졌다. 이는 국민게임이라 불렸던 '쿠키런'을 개발하여 퍼블리싱했던 데브시스터즈의 손익계산서만 봐도 확인이 가능하다.

<그림5-5> 데브시스터즈 2013년(7기) ~ 2015년(9기) 요약 손익계산서

연결 포괄손익계산서
제 9 기 2015.01.01 부터 2015.12.31 까지
제 8 기 2014.01.01 부터 2014.12.31 까지
제 7 기 2013.01.01 부터 2013.12.31 까지

(단위 : 원)

	제 9 기	제 8 기	제 7 기
영업수익(매출)	19,546,497,009	69,496,102,213	61,302,554,136
영업비용	23,680,974,785	36,469,657,754	37,209,110,478
영업이익(손실)	(4,134,477,776)	33,026,444,459	24,093,443,658

데브시스터즈는 2015년(9기)부터 매출액이 급격하게 감소하더니 적자가 발생했다. 사실 전국민의 사랑을 받았기 때문에 2년 이상 큰 수익을 내는 것이 가능했지 요즘은 라이프사이클이 더 짧아지고 있어서 이런 실적을 거두는 게 매우 어려운 상황이다.

이렇게 게임이 적자가 발생하기 시작한다면 판권의 가치는 어떻게 될까? <그림5-4>에서 사용했던 사례를 조금 바꿔 살펴보도록 하자.

<그림5-6> 게임 매출이 감소하기 시작하는 경우 퍼블리셔의 손익계산서

게임에서 발생되는 실제 매출		
1년차	2년차	3년차
30억원	10억원	5억원

퍼블리셔 손익계산서		
1년차	2년차	3년차
매출 18억원 - 비용 10억원 이익 8억원	매출 6억원 - 비용 10억원 손실 4억원	매출 3억원 - 비용 10억원 손실 7억원

〈그림5-6〉은 1년차에는 30억 원의 매출이 발생했는데, 2년차부터 매출 감소가 시작된다고 가정해 손익계산서를 작성해본 것이다. 많은 게임들이 짧은 유행기간을 누리다가 사라지는 상황이기 때문에 이런 매출 감소는 어쩌면 자연스러운 일인지도 모른다.

이렇게 매출이 감소하는 상황이 발생하기 시작하면 선투자를 한 퍼블리셔 입장에서 가장 당혹스러울 수밖에 없을 것이다. 당장 투자금 회수가 불가능해지는 문제가 발생할 것이다. 3년간 매출액 45억 원이 발생되면 수익 배분 비율 60%인 27억 원만 회수 가능하므로 투자자금 30억 원을 모두 회수하는 데는 실패한다.

또한 손익계산서도 적자가 불가피한데, 문제는 2년차 때 손익부터 급격하게 악화된다는 것이다. 2년차 때 손익이 악화되었고 매출이 더 감소되는 것이 예상된다면 퍼블리셔가 무형자산으로 인식하고 있는 판권은 자산으로서의 가치가 상실되게 된다. 자산은 미래의 경제적 효익이 있어야, 즉 돈을 벌어줄 수 있어야 자산으로서의 가치가 있는데 그게 불가능한 상황이 되는 것이니, 판권 잔액인 10억 원(30억 원 중 무형자산상각비 10억 원을 2년간 비용 발생하고 남은 10억 원)을 2년차에 모두 '무형자산손상차손'으로 인식해야 한다. 즉 2년차의 손실은 4억 원에 무형자산손상차손 10억 원까지 합친 14억 원이 되어야 한다. 3년치의 손익계산서에서 인식해야 하는 비용 10억 원을 2년차 때 미리 당겨 잡는 것이므로 결국 조삼모사일 수 있겠지만, 한국채택국제회계기준(K-IFRS)은 엄격한 자산 인식을 요구하므로 2년차 때 손실 처리하는 게 적절하다.

〈그림5-7〉은 네오위즈게임즈의 2015년 연결재무제표 주석사항 중 무형자산의 변동내역을 보여준다.

〈그림5-7〉 네오위즈게임즈 2015년 연결재무제표 주석사항 중 무형자산

(2) 무형자산의 변동내역

(단위: 천원)

구 분	당 기					
	개발비	소프트웨어	회원권	기타의무형자산	영업권	합 계
기초 순장부가액	1,474,236	613,522	788,416	16,904,433	12,466,638	32,247,245
취 득	-	372,181	-	2,664,442	-	3,036,623
처 분	-	-	(5,000)	(3,170)	-	(8,170)
손 상	(1,167,103)	-	-	(9,133,438)	(8,896,798)	(19,197,339)
상 각	(307,133)	(601,568)	-	(4,214,953)	-	(5,123,654)
연결범위변동	-	(31,215)	(11,250)	(123,239)	(3,569,840)	(3,735,544)
외환차이	-	5,244	-	280,030	-	285,274
기말 순장부가액	-	358,164	772,166	6,374,105	-	7,504,435

짙은색 박스로 표시된 기타의무형자산 손상 금액만 무려 91억 원에 달한다. 이 회사의 2015년 영업이익이 158억 원인데, 기타의무형자산을 포함한 자산손상 금액 총액만 192억 원(옅은색 박스)에 달했으니 2015년에 적자가 불가피했다.

네오위즈게임즈의 주주라면 이 기업이 퍼블리싱하는 게임이 잘되는지 계속 모니터링해야 할 것이다. 앱스토어나 구글플레이, 인벤(inven.co.kr), 카카오게임 등에서 톱순위에 들지 못하거나 재미없다는 평이 있다면 2016년에 기타의무형자산에서 또 손상차손이 인식될 가능성이 예상될 것이다. 회사의 사업보고서상으로 어떤 게임의 판권 금액이 얼마이고 계약기간이 몇 년인지 같은 비밀정보가 자세히 공시되지는 않기 때문에 정답을 찾는 것은 현실적으로 불가능하다. 단, '사업보고서 Ⅱ. 사업의 내용' 편에서 어떤 게임들을 퍼블리싱하는지에 대한 내용은 확인 가능하다.

〈그림5-8〉 네오위즈게임즈 2015년 사업보고서 II. 사업의 내용 중 5. 경영상 주요계약

Gameflier	2013.11	MMORPG '블레스' 대만 수출 계약
Changyou	2013.12	MMORPG '블레스' 중국 수출 계약
㈜게임온	2014.01	모바일게임 '킹덤오브히어로' 독점 라이센스 계약
㈜위플게임즈	2014.10	온라인게임 '아이언사이트' 퍼블리싱 계약
DMM.com Labo	2014.11	모바일게임 '그라나사 이터널' 일본 수출 계약
IAH게임즈	2014.12	모바일게임 '핑거나이츠', '킹덤오브히어로' 동남아시아(싱가폴, 말레이시아, 필리핀) 수출 계약
㈜농협은행	2014.12	구미동 사옥 본관 매각 계약
바이두모바일게임	2015.01	모바일게임 '핑거나이츠' 중국 수출 계약
㈜게임온	2015.02	모바일게임 '핑거나이츠' 일본 수출 계약
감마니아	2015.03	모바일게임 '핑거나이츠' 대만, 홍콩, 마카오 수출 계약
㈜다음게임	2015.04	온라인게임 '블랙스쿼드' 채널링 계약
크레온	2015.05	온라인게임 '블랙스쿼드' 인도네시아 수출 계약
㈜캠프모바일	2015.07	모바일게임 '피망 뉴맞고' 채널링 계약
True Digital Plus co., Ltd.	2015.10	모바일게임 '핑거나이츠' 태국 퍼블리싱 계약
네이버㈜	2015.11	웹툰IP '마음의 소리' 컨텐츠 사용 계약
㈜엑스엘게임즈	2015.12	네오위즈판교타워 임대차계약

나. 주요 종속회사 (주)게임온의 경영상 주요계약

계약상대방	계약일자	계약내용
㈜웹젠	2011.01	온라인게임 'C9'의 일본 내 운영권 부여 관련 라이센스 계약
㈜카도카와 프로덕션 ㈜스로우카브	2011.01	온라인게임 '로도스도 전기 ONLINE(가칭)' 개발 및 전세계 운영권 부여 관련 라이센스 계약
㈜펄어비스	2012.09	온라인게임 '검은사막'독점 라이선스 계약
㈜Fincon	2013.04	'Hello Hero' 일본 독점 라이선스 계약
㈜네오위즈게임즈	2013.04	㈜네오위즈모바일 주식양도 계약
㈜네오위즈게임즈	2014.01	모바일게임 '킹덤오브히어로' 독점 라이센스 계약
㈜블루홀스튜디오	2014.05	온라인게임 'TERA' 퍼블리싱 계약
㈜네오위즈게임즈	2015.02	모바일게임 '핑거나이츠' 퍼블리싱 계약

〈그림5-8〉을 보면 네오위즈게임즈가 어떤 게임에 대하여 퍼블리싱을 하는지에 대한 정보가 나온다. 게임 유저라면 이들 게임의 명성과 유행에 대한 판단이 가능하겠지만, 그렇지가 않다면 인벤 같은 게임포털이나 앱스토어, 구글플레이 등에서 순위를 확인하는 것이 판단에 도움이 될 것이다.

이와 같이 게임을 퍼블리싱하는 과정에서 자산가치가 손상되는 경우를 살펴봤는데, 이번에는 게임을 정식 론칭하기 전에 게임 개발이 잘못되어 퍼블리셔의 개발자금 투자액(선급금)이 전액 부실화되는 경우를 살펴보자.

〈그림5-9〉는 '뮤오리진'으로 유명한 웹젠의 2015년 연결재무제표 주석사항 중 기타자산 부분이다.

〈그림5-9〉 **웹젠의 기타자산 주석사항**

8. 기타자산
당기말과 전기말 현재 기타자산의 내역은 다음과 같습니다.

(단위:천원)

구 분	당기말		전기말	
	유동	비유동	유동	비유동
선급비용	1,000,413	3,342,814	876,553	2,630,019
손상차손누계액(*1)	-	(2,600,000)	-	-
선급금	1,472,313	-	44,463	73,924
기타의투자자산	-	4,828,524	-	7,726,348
손상차손누계액(*2)	-	(1,313,089)	-	-
부가세대급금	-	-	181,074	-
합 계	2,472,726	4,258,249	1,102,090	10,430,291

(*1) 당기 중 선급비용과 관련된 게임의 상용화 계획이 무산되어 관련 선급비용 2,600백만원을 기타의대손상각비로 인식하였습니다.

선급비용 밑의 칸을 보면 손상차손누계액이라고 되어 있고, (*1)에 설명이 나와 있다. 표를 해석해보면, 이 회사는 개발 관련 선급금을 선급비용으로 표시했는데, 이 중 26억 원을 손상차손으로 한 번에 손실 처리했다. 그 이유는 '게임의 상용화 계획 무산'이라고 되어 있다. 즉 게임이 세상에 나오기도 전에 투자금을 회수하지 못하게 된 상황으로 해석된다. 멀쩡한 생돈만 날리게 된 셈이므로 회사 입장에서는 안타깝기 그지없지만, 투자자의 관점에서 봤을 때는 여러 생각이 들게 된다.

첫 번째, 퍼블리셔의 수익 배분 비율이 개발사보다 높아서 게임이 흥행하면 많은 수익을 낼 수 있지만, 투자 실패로 돈을 날릴 가능성 또한 높기 때문에 위험 부담이 있는 사업이라는 것이다. 즉 게임 개발이 실패할 가능성도 있고, 개발되고 퍼블리싱까지 했는데 흥행에 실패할 가능성도 모두 가지고 있다는 것이다.

두 번째, '회사가 정말 26억 원을 게임 개발 회사에 투자했다가 무산화되어 손상 처리했을까?' 하는 생각도 해볼 수 있다. 물론 이는 회사 내부의 정보를 알지 못하기 때문에 팩트는 아니다. 그냥 투자자 입장에서 생각해낼 수 있는 의심 중의 하나일 것이다. 선급금이라는 것이 세금계산서가 오고가는 거래가 아니고 계약과 입금 과정 후에 재무제표에 기재하는 계정과목이기 때문에, 소위 비자금을 만들기 좋은 성격의 자금이 될 수 있다. 물론 이 사례가 그렇다는 의미는 아니다. 반복적이지 않고 어쩌다가 발생되는 선급금에 대한 대손충당금은 그렇지 않을 가능성이 클 것이다. 만약 개발 선급금의 손상 처리가 반복적이고 자주 발생된다면, 투자자의 입장에서 그 기업의 투명성에 대해 의심을 해볼 수 있는 하나의 단초는 될 수 있을 것이다.

한편 개발자금을 많이 받지 못하거나 자체적으로 개발해서 자체적으로 퍼블리싱을 하는 개발사의 경우, 불가피하게 개발비를 투입해야 할 것이다. 이 개발비를 어떻게 재무제표에 반영하는가도 중요한 이슈가 된다. 예전 웹 기반 게임 시절에는 게임을 한 편 제작하는 데 오랜 시간과 자금이 투입되었다. 그만큼 대작인 게임들도 많았고 흥행을 하면 게임의 수명주기도 길었다. 충성도 높은 사용자들이 PC방에서 오랜 시간 머무르고 아이템을 구입하는 데에 지출을 아끼지 않았기 때문에 개발비 회수가 가능했다. 따라서 그 시절에는 개발비를 자산으로 인식하는 것이 어색하지 않았다.

그러나 게임 환경이 모바일로 바뀌면서 상황이 달라졌다. 게임 한 편 제작하는 시간과 게임 수명주기가 모두 짧아졌다. 게임 환경이 모바일로 바뀌면서 예전처럼 충성도 높은 고객들이 오랜 기간 게임을 하며 돈을 지출할 가능성이 많이 낮아졌다. 소수의 일부 게임만 대박이 날 뿐 다수의 게임들은 곧 잊힌다. 즉 개발비 회수에 대한 확실성이 예전보다 많이 떨어진다. 이제는 개발비를 자산으로 처리하는 것이 부담스러운 시절이 된 것이다. 개발비를 자산으로 인식하다가 자산으로서의 가치가 떨어지면, 즉 앞으로 그 게임에서 돈을 벌 가능성이 낮아지면 역시 자산가치를 손상 처리해야 한다. 〈그림5-7〉을 보면 네오위즈게임즈는 개발비 약 15억 원에서 12억 원을 손상 처리했음을 알 수 있다.

엔씨소프트, 컴투스, NHN엔터테인먼트, 더블유게임즈, 웹젠 등 시가총액 5,000억 원 이상의 큰 게임 기업들의 재무제표를 보면 개발비를 아예 자산으로 인식하지 않고 전액 당기비용으로 처리한다. 만약 게임 기업 중에 큰 금액을 개발비 자산으로 인식하는 기업이 있다면, 그 기업의 회계처리가 일반적이지 않다고 판단하면 될 것이다.

3. 좋은 게임 기업을 찾아라

투자자에게 좋은 게임 기업의 정의는 역시 단순하다. 매출 증가 및 영업이익 증가 등, 성장성과 높은 이익률을 갖춘 기업이 좋은 게임 기업이라는 것에 이의를 달 사람은 없을 것이다.

그러면 이런 기업들을 어떻게 찾아내야 할까? 이에 대해 몇 가지 키워드를 제시하려고 한다.

개발과 퍼블리싱 능력 모두를 보유하고 있는가?

매출이 증가하려면 일단 좋은 게임을 개발해야 한다. 좋은 게임을 개발만 하고 퍼블리싱은 다른 업체에 맡기면 수익 배분 비율이 너무 적다. 따라서 개발과 퍼블리싱을 다 같이 할 줄 아는 기업이 좋다. 여기서 그치지 않고 자체 플랫폼까지 갖춰서 서비스를 한다면 수익 배분 비율이 더 오르니 더더욱 금상첨화일 것이다.

개발은 회사 내의 개발스튜디오 또는 회사가 보유한 개발 전문 종속기업에서 수행하는 경우가 많다. 게임 기업은 여러 개발스튜디오를 차려 놓고 다양한 프로젝트를 동시에 진행한다. 게임을 개발하는 족족 흥행하여 큰 돈을 번다면 금상첨화지만 성공 확률 자체가 대단히 낮기 때문에 여러 개발스튜디오를 갖춰 놓고 많은 게임들을 만든다. 또한 능력 있는 개발회사를 인수하여 계열사로 보유하는 경우도 많다. 일단 많은 개발자들과 개발스튜디오, 계열사 등을 확보해놔야 성공 확률도 높아질 것이다.

회사 내에 몇 개의 개발스튜디오가 있는지에 대한 정보는 확인하기 어렵지만 몇 개의 개발 계열사를 보유하고 있는지는 사업보고서에서 확인 가능하다.

〈그림5-10〉은 컴투스의 2015년 사업보고서에서 'IX. 계열회사 등에 관한 사항' 화면이다.

〈그림5-10〉 **컴투스의 2015년 사업보고서 중 IX. 계열회사 등에 관한 사항**

IX. 계열회사 등에 관한 사항

가. 계열회사의 현황

구 분	회사명	사업부문
주권상장 국내법인	(주)게임빌	모바일게임 개발 및 서비스
주권비상장 해외법인	GAMEVIL USA Inc.	모바일게임 서비스
주권비상장 해외법인	GAMEVIL JAPAN Inc.	모바일게임 서비스
주권비상장 해외법인	GAMEVIL CHINA Inc.	모바일게임 서비스
주권비상장 해외법인	GAMEVIL Southeast Asia Pte. Ltd.	모바일게임 서비스
주권비상장 해외법인	GAMEVIL Europe GmbH	모바일게임 서비스
주권비상장 국내법인	(주)게임빌엔	모바일게임 개발
주권비상장 국내법인	(주)나인휠스	모바일게임 개발
주권비상장 국내법인	(주)게임빌에버	모바일게임 개발
주권비상장 국내법인	(주)와플소프트	모바일게임 개발
주권상장 국내법인	(주)컴투스	모바일게임 개발 및 서비스
주권비상장 해외법인	Beijing Raymobile	모바일게임 개발 및 서비스
주권비상장 해외법인	Com2uS JAPAN	모바일게임 개발 및 서비스
주권비상장 해외법인	Com2uS USA	모바일게임 개발 및 서비스

〈그림5-10〉을 보면 회사는 14개의 계열사를 두고 있으며, 퍼블리싱 5개, 개발사 4개, 개발 및 퍼블리싱 5개로 추정된다. 이렇게 되면 개발 능력이 있는 회사는 컴투스를 포함해 모두 10개 회사가 된다.

각 회사마다 몇 개의 개발스튜디오가 존재하는지는 모르지만 성공 확률을 높이기 위해 많은 개발자와 개발사를 보유했을 것으로 추정되는 대목이다. 또한 좋은 작품을 개발하기만 하면 퍼블리싱은 자동적으로 할 수 있는 구조로도 이해된다.

이에 반해 작은 게임 개발사들은 계열회사의 숫자가 상대적으로 적다.

〈그림5-11〉 드래곤플라이의 2015년 사업보고서 중 IX. 계열회사 등에 관한 사항

IX. 계열회사 등에 관한 사항

1. 타법인출자 현황
(기준일 :   2015년 12월 31일   )

법인명	최초취득일자	출자목적	최초취득금액	기초잔액		
				수량	지분율	장부가액
AP스튜디오	2007.08.02	사업제휴	800	700	70%	-
미디어웹(주)	2008.01.06	사업제휴	500	6	1.7%	500
컴퍼니케이파트너스[주3]	2009.08.28	사업강화	2,500	-	50%	1,995
합 계				706	0	2,495

〈그림5-11〉에서 보는 것처럼 이 기업의 경우, 개발과 관련된 계열회사가 실질적으로 1개밖에 없다. 회사 내의 개발스튜디오가 커서 굳이 계열사로 개발회사를 갖추지 않았을 수 있다. 이럴 때 또 한 가지 확인해야 할 부

분은 바로 직원수 정보이다.

사업보고서의 'Ⅷ. 임원 및 직원 등에 관한 사항'을 보면 임원 및 직원에 대한 현황 정보가 나온다. 2015년말 드래곤플라이의 직원수는 151명으로, 컴투스 699명 대비 약 22% 수준이다.

단, 게임 산업 특성상 핵심인력 소수가 대박 게임을 만들어내는 경우가 많기 때문에 분명 계열회사 정보와 인원수 정보가 중요하지 않을 수 있음을 덧붙인다. 규모가 작은 데브시스터즈나 선데이토즈도 각각 국민게임인 '쿠키런'과 '애니팡' 한 게임으로 큰돈을 벌어들였고 이후에 외형을 키웠기 때문이다. 그러나 이들 기업의 특성은 2~3년 반짝 실적을 내고 그 이후에 대박 게임을 못 만들어내면서 성장이 꺾이거나 적자에 빠졌다는 것이다.

외부 정보이용자 입장에서 그 기업의 핵심인재가 몇 명인지, 게임스튜디오 개수가 몇 개인지에 대한 정보 획득과 파악이 불가능하므로 이렇게 사업보고서를 통해 정보를 확인하는 것이 투자자가 할 수 있는 유일한 방법이다. 아무래도 개발스튜디오, 개발종속기업, 개발인력이 적은 것보다는 많은 편이 성공 확률을 높일 수 있는 방법일 것이다. 그런 가정 하에 이런 정보를 확인해보면 좋을 것 같다.

규모가 더 작은 게임 기업 중에 퍼블리싱은 안 하고 개발만 하는 경우도 있다. 퍼블리싱은 게임에 대한 선투자, 광고, 유통, 운영까지 하려면 자금이 많이 필요하고 서비스를 운영할 수 있는 기술적, 인적 인프라를 충분히 갖춰놓아야 하므로 규모가 제법 되어야 한다. 그런데 신생 게임 기업 같은 경우에는 그런 여력이 안 되다 보니 주로 개발한 게임 한두 개로 성장하다가 정체 상태에 빠지는 경우가 많다.

〈그림5-12〉 썸에이지의 2016년 3분기보고서 중 Ⅱ. 사업의 내용

다. 판매 경로

(1) 판매조직
당사는 게임 개발사로서 사내에 판매조직은 따로 있지 않지만, 퍼블리셔 업체인 네시삼십삼분㈜와의 협업으로 마케팅, 홍보, 판매를 하고 있습니다. 당사와 퍼블리셔와는 론칭 이전부터 기자 간담회, 사전 예약 서비스, 뉴스 홍보 기사등을 통해 마케팅을 하며, 론칭 후에는 네이버, 다음 등의 포털 등을 통한 광고, TV, CM 등을 통한 마케팅 등을 집행을 하였습니다.

(2) 판매경로
당사가 개발한 영웅 for Kakao의 매출은 퍼블리싱업체인 네시삼십삼분㈜를 통해 구글 등에 발생하고 있으며, 총 매출액에서 구글스토어, 애플앱스토어 등에 지급하는 판매수수료, 카카오 플렛폼 수수료 및 각종 제 비용 공제 후, 네시삼십삼분(주)와 계약한 비율대로 매출을 인식하고 있습니다.

(3) 판매전략
동사 제품의 판매는 퍼블리싱업체에서 진행하고 있으므로 동사의 판매전략은 존재하지 않으며, 퍼블리싱업체의 판매전략은 영업기밀상 파악하기 어려운 점이 있습니다. 동사는 향후 업계에서 영향력이 있고, 인지도가 높은 퍼블리싱업체와의 지속적인 계약을 통해 매출 증가를 계획하고 있습니다.

〈그림5-12〉는 기업인수목적회사(SPAC)를 통해 상장한 썸에이지의 사업보고서 'Ⅱ. 사업의 내용' 편에서 '매출에 관한 사항'이다.

판매조직이 없고, 개발만 하며 퍼블리셔 업체에 전적으로 맡기고 있음을 알 수 있다. 이 기업의 경우 게임 하나로 2년간 이익을 내고 바로 적자에 빠졌다. 퍼블리싱 능력이 없기 때문에 다른 개발사가 개발한 게임을 유통시켜서 수익을 낼 수도 없고, 오로지 다음 게임을 빨리 개발하여 퍼블리싱 업체에 맡겨 성공하기만 손꼽아 기다려야 할 것이다.

이렇듯 많은 인력과 종속기업을 갖추고 개발과 퍼블리싱을 모두 하고

있는지 확인하는 것이 매출 증가 가능성을 판단하는 데 중요한 요인이 될 것이다. 게임이 나와서 성공할지 실패할지는 오로지 시장에서 승부가 나는 것이기 때문에 예측 불가능하지만, 성공 가능한 게임을 만들고 퍼블리싱할 수 있는 능력이 있는지 여부를 가리는 데 이런 사업보고서의 정보들이 판단에 많은 도움을 줄 수 있을 것이다.

탄탄한 라인업을 갖추었는가?

앞서 살펴본 대로 규모가 큰 기업일수록 많은 인력과 개발스튜디오 그리고 개발사들을 보유하고 결국 많은 게임들을 만들어 동시다발적으로 돈을 버는 전략으로 갈 것이다. 그리고 이 역시 사업보고서에서 확인 가능하다.

〈그림5-13〉 **컴투스 2015년 사업보고서 II. 사업의 내용 중 주요 제품 및 서비스**

품목	제품명	내용
모바일게임	아이모	- 휴대폰용 최초 실시간 모바일 네트워크 게임
	컴투스프로야구 시리즈	- KBO 라이센스 및 선수 카드시스템 도입으로 현실감 넘치는 3D 리얼 야구게임
	9innings 시리즈	- MLB 라이센스 및 선수 카드시스템 도입으로 현실감 넘치는 리얼 야구게임
	Homerun Battle	- 네트워크 대전이 가능한 스마트폰 전용 야구게임
	이노티아연대기 시리즈	- 스마트폰용 정통 RPG
	Slice it!	- 다양한 도형을 똑같은 비율로 자르는 스마트폰전용 퍼즐게임
	Tower Defense: Lost Earth	- 화려한 그래픽과 볼륨감있는 콘텐츠로 구성된 디펜스게임
	타이니팜	- 당사 최초의 모바일 SNG (Social Network Game), 농장 경영 게임
	Derby Days	- 명마 육성 SNG (Social Network Game)
	골프스타	- 사실적인 그래픽과 다양한 스킬, 각종 물리 법칙까지 구현된 리얼리티 골프게임
	낚시의 신	- 고품질 3D 그래픽의 리얼 낚시 게임
	서머너즈 워	- 풀 3D그래픽의 방대한 몬스터 컬렉션을 육성할 수 있는 RPG게임
	원더택틱스	- 전략적인 포메이션을 특징으로 다양한 영웅을 육성할 수 있는 RPG 게임
	기타	- 쿵푸펫, 히어로즈워, 타이니팜, 몽키배틀 등

익히 들어봤던 게임들이 컴투스의 라인업으로 포진되어 회사 수익 창출에 기여하고 있음을 알 수 있다. 회사는 개발과 퍼블리싱 모든 능력을 갖

추고 있기 때문에 위의 인기있는 게임들 모두 개발 및 퍼블리싱을 했을 것으로 추정된다. 만약 퍼블리싱을 다른 곳에 맡겼다면 그에 대한 정보를 사업보고서에서 보여주게 될 것이다.

컴투스 사업보고서에는 그런 내용이 없지만, 개발과 퍼블리싱이 분리된 기업의 경우 아래의 그림처럼 사업보고서 'Ⅱ. 사업의 내용 중 경영상의 주요계약'에서 찾아보면 된다.

〈그림5-14〉 드래곤플라이 2015년 사업보고서 Ⅱ. 사업의 내용 중 경영상의 주요계약

지역	게임	퍼블리셔	계약만료	로열티 취득
한국	「스페셜포스」	네오위즈(피망)	2017. 07. 14	
태국		True Digital Plus	2018. 10. 12	
대만		Wayi	2016. 10. 23	
한국	「스페셜포스2」	넷마블게임즈	2018. 08. 10	
중국		세기천성	2016. 04. 25	
일본		NHN PlayArt	2017. 07. 11	
유럽 외		Game Forge	2016. 08. 20	
필리핀		Level UP Inc.	2018. 12. 01	
싱가폴		Asiasoft Online Pte., Ltd.	2018. 12. 01	
말레이시아		CIB Net Staion Sdn, Bhd;	2018. 12. 01	
태국		True Digital Plus	2018. 06. 03	매출액 일정부분
		PT. NETMARBLE GAMES	2018. 12. 09	

회사가 개발한 주요게임이 네오위즈나 넷마블게임즈 등을 통해 유통되고 전체 매출액 중 일정부분을 수익으로 인식하고 있음을 확인할 수 있다.

〈그림5-15〉 인벤 웹사이트에서 확인된 '스페셜포스2'의 게임 정보

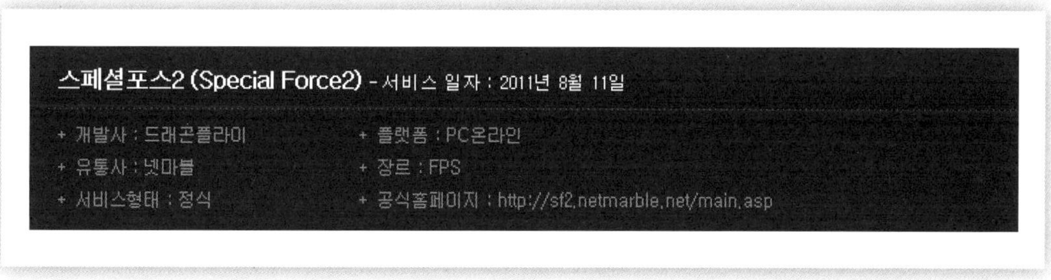

```
스페셜포스2 (Special Force2) - 서비스 일자 : 2011년 8월 11일
+ 개발사 : 드래곤플라이      + 플랫폼 : PC온라인
+ 유통사 : 넷마블            + 장르 : FPS
+ 서비스형태 : 정식          + 공식홈페이지 : http://sf2.netmarble.net/main.asp
```

〈그림5-2〉에서 소개했던 인벤 웹사이트를 통해 확인하는 방법을 써도 결론은 같다.

〈그림5-14〉의 사업보고서상 '스페셜포스2'의 퍼블리셔는 넷마블게임즈로 나오고, 이는 〈그림5-15〉처럼 인벤에서도 확인 가능하다.

드래곤플라이 주주 입장에서는 회사가 개발 및 퍼블리싱 모두 했다면 더 많은 수익 창출이 가능했을 텐데 그렇지 못함이 아쉬울 수 있는 대목이다. 반대로 네오위즈게임즈 주주 입장에서는 다양한 게임을 퍼블리싱하면서 수익을 창출하고 있으니 개발사를 많이 가지고 있지 않아도 퍼블리싱 능력만 있으면 수익 창출에 유리하다는 것을 알 수 있다.

대부분의 게임회사들이 개발사로 출발했다가 하나의 게임으로 큰돈을 벌면 개발과 퍼블리싱을 모두 하는 쪽으로 확장한다. 직접 개발해서 성공하지 못하는 경우를 대비하여 우수한 개발사에 개발자금을 지급하고 좋은 게임을 만들어왔을 때 수익을 나누는 사업모델이 안정적이고 성장에도 도움이 되기 때문일 것이다.

자체 플랫폼을 보유했는가?

카카오 기반의 소셜게임은 카카오친구를 초대해서 같이 게임을 하고 서로 순위를 매기거나 하트(♥)를 보내는 기능이 있어서 게임이 재미만 있으면 짧은 시간에 게임 유저를 빨리 불리는 데 큰 기여를 했다. 예전에 인터넷상에서 게임을 할 때에는 이런 기능이 없었기 때문에 한게임(NHN엔터테인먼트), 피망(네오위즈게임즈) 같은 사이트에서 회원가입 후 게임을 했고, 그때는 그 방법이 지극히 당연했다. 그러나 이제는 모바일게임이 대세가 되다보니 이런 사이트보다는 스마트폰으로 앱스토어나 구글플레이에서 게임을 다운로드 받고, 카카오 환경에서 게임하는 것이 사용자 입장에서 친숙하다.

하지만 게임사 입장에서는 카카오에 지급하는 수수료가 적잖은 부담이다. 〈그림5-1〉 모바일 게임업계의 수익 배분 구조에서 살펴봤듯이, 카카오에게 지급해야 하는 수수료만 21% 정도로 알려져 있기 때문에 적은 비용이 아니다. 특히 FPS(1인칭 총싸움게임)나 RPG(역할 수행게임) 같은 경우에는 소셜게임 성격이 강하지 않고 호불호도 분명해서 소셜게임처럼 카카오 기반으로 하는 것이 반드시 필요하지 않을 수도 있다.

카카오의 높은 수수료율과 소셜게임이 아닌 경우에는, 굳이 카카오에서 게임을 안 해도 된다는 인식 등 여러 이유로 인해 요즘 모바일게임사들은 서서히 탈(脫) 카카오를 하고 있다.

가장 대표적인 기업이 2014년에 자체 플랫폼인 '하이브(hive)'를 출범했던 컴투스, 게임빌이다.

특히 〈그림5-16〉 사업보고서 본문에 나와 있듯이 자체 플랫폼은 글로벌 게임 유저들을 한데 묶는 데 강력한 도구로 사용될 수 있기 때문에 기업의

〈그림5-16〉 컴투스 2015년 사업보고서 II. 사업의 내용 중 1. 사업의 개요

```
【대표이사 등의 확인】
I. 회사의 개요
   1. 회사의 개요
   2. 회사의 연혁
   3. 자본금 변동사항
   4. 주식의 총수 등
   5. 의결권 현황
   6. 배당에 관한 사항 등
II. 사업의 내용
III. 재무에 관한 사항
   1. 요약재무정보
   2. 연결재무제표
   3. 연결재무제표 주석
   4. 재무제표
   5. 재무제표 주석
   6. 기타 재무에 관한 사항
IV. 감사인의 감사의견 등
V. 이사의 경영진단 및 분석의견
VI. 이사회 등 회사의 기관에 관한
   1. 이사회에 관한 사항
   2. 감사제도에 관한 사항
   3. 주주의 의결권 행사에 관한
VII. 주주에 관한 사항
```

6) 글로벌 모바일게임 서비스 플랫폼 구축 : 컴투스·게임빌 통합 플랫폼 '하이브'
글로벌 경쟁이 심화되고 있는 모바일게임 시장 환경에서 전세계 유저들을 통합 관리할 수 있는 플랫폼의 중요성이 커지고 있습니다. 이에 컴투스와 게임빌은 독자적인 글로벌 모바일게임 서비스 플랫폼인 '하이브'를 개발하였습니다.

'하이브'는 컴투스와 게임빌의 게임을 즐기는 글로벌 유저들이 한 울타리에 모여 유기적으로 활동할 수 있도록 구현되었습니다. 한국어를 비롯하여 영어, 일본어, 중국어 간체, 번체 등 5개 언어를 기본으로 게임에 따라 10개 이상의 언어로 서비스를 제공하고 있으며, 로그인, 소셜, 커뮤니티 등 멤버십 기능은 물론 보안, 통계 업데이트 등의 시스템관리, 배너, 공지, 푸시, 고객문의 등 게임 운영과 마케팅 기능을 제공하고 있습니다.

서머너즈 워, 낚시의 신, 소울시커, 사커스피리츠 등의 게임이 '하이브'를 통해 글로벌 시장에 출시되었고 좋은 성과를 거두고 있습니다. 이에 당사는 '하이브'를 글로벌 모바일 게임 서비스 플랫폼으로 지속 성장시켜 나갈 예정이며, 특히 당사와 게임빌 간 방대한 유저 풀을 기반으로 양사 공동 크로스 프로모션을 진행하여 게임들의 글로벌 진출 성공 확률을 높여 나갈 것입니다.

성장 측면에서도 매우 중요하다. 외국인들이 카카오를 쓰지 않기 때문에 카카오 기반으로 게임을 하면 해외 쪽으로 성장하는 데 제약이 있지만, 자체 플랫폼만 잘 갖춰놓는다면 해외 매출 확대가 가능하기 때문이다.

카카오 기반의 소셜게임이 주수익모델인 '애니팡'의 선데이토즈 같은 경우에는 사업보고서상 수출이 4%, '쿠키런'의 데브시스터즈 같은 경우에는 23% 수준이다. '애니팡'이나 '쿠키런' 같이 전국민 게임을 만들어서 큰 매출을 일으키는 것도 물론 의미가 있지만, 기업이 더 성장을 하기 위해서는 결국 수출이 답이라는 것은 어느 사업에서나 마찬가지일 것이다.

결국 게임업계가 수출을 늘리려면 많은 사람들을 불러 모을 수 있는 플랫폼이 반드시 필요하다. 단, 전 세계의 많은 게임 유저들에게 플랫폼을

알리고 안정화시키는 데에는 많은 비용과 시간이 걸릴 것이다. 2014년에 자체 플랫폼을 출범한 컴투스의 경우 손익계산서만 살펴봐도 이런 추정이 가능하다.

〈표5-2〉 컴투스 2014년~2015년 요약 손익 정보

(단위: 천 원)

	2015년	2014년	증감	증감률
매출	433,532,038	234,687,858	198,844,180	85%
매출원가	44,344,651	29,987,142	14,357,509	48%
매출총이익	389,187,387	204,700,716	184,486,670	90%
판매비와 관리비	223,261,469	103,490,266	119,771,203	116%
영업이익	165,925,917	101,210,449	64,715,468	64%
판매비와 관리비/매출액	51%	44%		
영업이익률	38%	43%		

매출액은 급성장했는데, 영업이익은 매출액만큼 성장하지 못했다. 손익계산서상에서 눈에 띄는 것은 2015년의 판매비와관리비가 2014년에 비해 116%나 늘어났다는 것이고, 매출액에서 차지하는 비중이 44%에서 51%로 급증했다는 것이 영업이익의 급성장을 잠시 늦춘 주된 원인이다.

그러면 어느 항목에서 비용 증가가 컸는지 영업손익의 주석사항을 통해 확인해보자.

분석방법은 기존과 동일하다. 판매비와관리비에서 수치가 큰 계정과목들만 뽑아서 매출액과 비교해보면 그 원인 파악이 가능할 것이다.

〈표5-3〉을 보면 판매비와관리비에서 가장 중요한 계정과목은 지급수수료, 판매촉진비, 광고선전비로 구성되어 있고, 매출액보다 증감률이 더 큰 계정과목은 판매촉진비와 광고선전비임을 알 수 있다. 그리고 가장 큰 비용인 지급수수료 역시 증가는 했지만 매출액 증가율보다 약간 낮다.

〈표5-3〉 컴투스 2014년~2015년 주요 판매비와관리비 분석

(단위: 천 원)

	2015년	2014년	증감	증감률
지급수수료	130,026,818	72,023,969	58,002,849	81%
판매촉진비	45,525,706	8,283,686	37,242,020	450%
광고선전비	27,293,524	9,310,596	17,982,928	193%
매출	433,532,038	234,687,858	198,844,180	85%
지급수수료/매출	30%	31%		
판매촉진비/매출	11%	4%		
광고선전비/매출	6%	4%		

지급수수료는 애플, 구글, 카카오 등에 대한 수수료, 각종 법률 및 회계 자문수수료, 결재 관련 PG사 및 카드사 등 수수료로 이루어질 것으로 추정된다. 정확한 내용이 사업보고서에 공시되지 않으므로 추정만 가능한데, 지급수수료가 매출액에서 차지하는 비중이 31%에서 30%로 소폭 감소했다. 전년도와 비교하여 큰 차이는 아니지만 플랫폼 론칭으로 카카오 등에 대한 수수료가 서서히 줄어들기 시작한 것으로 추정할 수 있다. 이 비율은 2016년 3분기까지 큰 변동은 없다.

〈표5-3〉을 보면 전년도에 비해 판매촉진비와 광고선전비가 큰 폭으로 증가했다. 자체 플랫폼 '하이브'가 2014년 6월에 출범하여 글로벌 서비스가 진행되면서 고객 확보를 위한 마케팅 관련 비용의 증가로 해석된다. 이로 인해 컴투스는 매출액은 급증했지만 영업이익은 매출액 성장만큼 급증하지는 못했을 것이다.

투자자의 관점에서는 과거는 이미 흘러간 것이고 앞으로 언제쯤 판매촉진비와 광고선전비의 증가세가 둔화되어 다시 영업이익 증가 추세로 돌아설 것인가가 중요하다. 컴투스에 관심이 있거나 주주인 경우라면 반드시 3개월마다 공시되는 정기보고서를 통해 이 부분을 확인해야 할 것이다. 판매촉진비와 광고선전비는 초기부터 과감하게 투자해서 유저들에게 강력한 인상을 심어주고 선점해야 하므로 당분간은 돈이 많이 들어갈 것이다. 그러나 어느 수준까지 올라가서는 결국 이런 금액 지출도 둔화되거나 감소되는 순간이 올 것이다. 이미 개발, 퍼블리싱 능력이 검증된 회사이므로 플랫폼 관련 초기 지출만 감소되기 시작한다면 컴투스는 다시 높은 기업가치를 지닌 기업이 될 가능성이 클 것으로 예상된다.

지적재산권(IP)을 가진 회사인가?

요즘 모바일게임 광고가 눈에 많이 띈다. 유명 연예인들이 광고모델로 나오고 그래픽 또한 게임 광고답게 매우 화려하기 때문일 것이다. 지상파와 케이블 가릴 것 없이 광고 노출 빈도도 많아졌다. 산업 전반적으로 침체에 빠져 있지만 게임업계만 유일하게 호황이라는 생각이 들 정도다.

예전부터 경기가 안 좋으면 '놀자주'(게임, 엔터테인먼트, 카지노 관련 주식 등)가 특히 주목을 받고는 했는데, 그런 점도 무시할 수는 없을 것 같다. 경제 상황이 안 좋아서 쌓이는 스트레스는 어떻게 해서든 풀어야 하니 관련 기업의 실적이 오히려 더 좋아질 수 있다는 논리이다.

이런 여러 게임 광고들 중 유독 '리니지Ⅱ 레볼루션' 관련 광고가 매우 인상적이었다. 오랜 광고기간도 있었고 노출 빈도 또한 매우 빈번했는데, '드디어 엔씨소프트가 움직이는구나!' 하는 반가운 마음이 들었었다. 개인적으로 엔씨소프트는 컴투스와 함께 계속 지켜봐야 하는 게임 기업이라고 생각을 해서 2016년에 강의 다닐 때마다 계속 언급을 해왔다. 엔씨소프트를 재무수치상 성장이 멈춰 있는 그냥 안정성만 높은 기업으로 판단할 수도 있겠지만, 저자는 'IP(지적재산권)'를 통한 퀀텀점프(Quantum Jump)가 가능한 기업이라고 생각한다.

IP(Intellectual Property)는 쉽게 설명하면 원작 게임의 지적재산권을 말한다. 게임 안에는 플롯(구성), 캐릭터, 스토리 등이 존재하며 이에 대한 저작권은 당연히 원작 게임회사가 보유하고 있다. 이 지적재산권은 수치로 측정 가능하지 않기 때문에 재무제표의 무형자산 같은 곳에는 표시되지 않지만 게임을 개발한 기업이라면 누구나 갖고 있다고 볼 수 있다.

예전부터 게임을 해왔던 독자들이라면 '리니지'는 분명 엔씨소프트의 게임인데, 왜 넷마블게임즈에서 광고를 하는지 의심을 했을 수 있을 것이다. 또한 넷마블게임즈에서 게임을 내놨는데, 왜 저자는 엔씨소프트 얘기를 하는가 하는 생각이 들 수도 있겠다.

'리니지' 게임에 대한 IP는 분명 엔씨소프트에게 있다. 엔씨소프트가 게임의 주인이므로 당연히 다른 게임사에게 IP를 빌려줄 수 있는 자유도 있다. 물론 엔씨소프트가 직접 '리니지' 모바일게임을 만들어도 되지만, 본인들보다 더 모바일게임을 잘 만드는 기업에게 빌려주는 편이 나을 수도 있다. 직접 모바일게임을 만들어서 대박이 나면 좋겠지만 실패할 확률도 있기 때문에 많은 개발비용과 시간을 투입하는 데 고민이 될 수도 있다. 이런 저런 이유로 엔씨소프트는 넷마블게임즈에게 IP를 빌려줬다. 자세한 계약내용은 확인 불가능하지만 사실 관계는 역시 사업보고서에서 확인 가능하다.

<그림5-17> 엔씨소프트 2015년 사업보고서 Ⅱ. 사업의 내용 중 회사의 현황

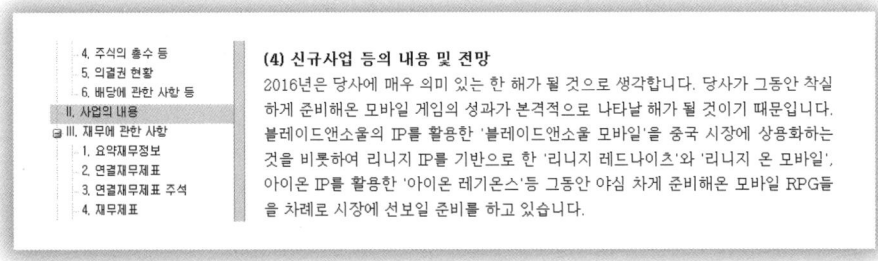

사업보고서를 유심히 보는 투자자라면 정체되어 보이는 엔씨소프트에 <그림5-17>에서 처럼 새바람이 일겠다는 기대를 하기에 충분했을 것이다. 직접 누구에게 IP를 빌려줬는지에 대한 내용은 나오지 않지만 IP를 기반으로 여러 게임이 나올 것이라고 이미 예고가 되어 있었다.

넷마블게임즈처럼 IP를 빌려오는 기업은 인터넷 웹 기반의 게임을 그대로 모바일로 옮겨도 된다. 아니면 게임의 플롯(구성)과 캐릭터, 스토리 등 일부만 담아도 될 것이다. 어떤 형태이든 간에 게임 개발이 완료되고 본격적으로 수익이 발생되면 그 다음에는 넷마블게임즈와 엔씨소프트가 정해진 비율에 따라 수익 배분을 할 것이다. 넷마블게임즈가 물론 많은 수익 배분을 받겠지만, 엔씨소프트 입장에서는 위험과 비용 부담 없이 수익만 가져갈 수 있기 때문에 손해 볼 것이 없다. 비용 발생은 없는데 매출만 발생되는 구조이므로 게임이 대박나면 이익률이 기하급수적으로 커질 수도 있다.

이렇게 IP를 대여해주고 게임이 대박나서 IP를 소유한 게임 기업의 실적이 급격히 좋아진 사례는 매우 많다. 가장 대표적인 사례가 '뮤오리진'으로 유명한 웹젠이다.

〈그림5-18〉 웹젠 2013년 ~ 2015년 연결손익계산서

연결 포괄손익계산서
제 16 기 2015.01.01 부터 2015.12.31 까지
제 15 기 2014.01.01 부터 2014.12.31 까지
제 14 기 2013.01.01 부터 2013.12.31 까지

(단위 : 원)

	제 16 기	제 15 기	제 14 기
I.영업수익(매출액)	242,221,913,144	73,471,918,866	72,078,794,179
(1)영업수익 (주12,33)	241,993,643,678	73,307,025,025	72,008,642,897
(2)기타영업수익 (주12,27)	228,269,466	164,893,841	70,151,282
II.영업비용 (주12,26)	167,502,405,897	59,245,400,193	69,304,563,930
III.영업이익(손실)	74,719,507,247	14,226,518,673	2,774,230,249

웹젠은 2000년대 초에 '뮤(MU)'라는 다중접속역할수행게임(MMORPG, Massive Multiplayer Online Role Playing Game)을 제작하여 대히트를 쳤던 국

내의 대표적인 게임회사이다. 그 이후로 웹젠은 모바일 시대로 넘어오면서 큰 히트작 없이 운영되고 있었는데, 〈그림5-18〉에서 보는 것처럼 2015년에 큰 성장을 이루어냈다. 2014년에 비해 매출액이 230%, 영업이익이 425% 급증했고, 주가 역시 이에 비례하여 약 10개월간 무려 8배 가까이 상승했었다. 이 회사의 성장 동력 역시 IP였다.

웹젠은 '뮤(MU)' IP를 중국 등 여러 기업에 사용하도록 허가했고, 중국 기업들이 그 IP를 활용하여 웹게임과 모바일게임을 만들었는데, 중국에서 소위 대박이 난 것이다. 그리고 웹젠은 아무런 비용 지불이나 위험 부담 없이 그들이 버는 매출액의 일정 부분을 가져가게 되니 당연히 실적이 좋아질 수밖에 없다. 물론 IP를 빌려준다고 다 대박이 난다는 보장은 없고, 빌려간 게임업체에서 재밌게 만들어 게임 유저들의 마음을 사로잡아야만 대박이 날 수 있다는 불확실성은 존재하지만, IP를 빌려주는 입장에서는 잘 되면 좋고 안 되도 손해 볼 일은 없다. 그리고 웹젠처럼 하나의 IP를 여러 군데에 빌려주면 조금 더 성공 확률은 높을 테니 활용범위가 매우 넓다는 장점이 있다.

결국 〈그림5-19〉에서 보듯 중국 게임사들과 맺은 IP 계약 중 '대천사지검(大天使之劍)'과 '전민기적(全民奇迹)'이라는 게임이 중국에서 대박이 났다. 웹젠은 오히려 중국에서 '전민기적'을 역수입해 한국에서 게임을 퍼블

〈그림5-19〉 웹젠 2015년 사업보고서 Ⅱ. 사업의 내용 중 6. 경영상 주요 계약 등

■ '대천사지검(WEB MU)' 37 WAN과 IP사용 허가 및 웹게임 개발/운영허가 계약 체결의 건	1. 계약내용 : 'MU' IP 사용 허가 및 웹게임 개발/운영 허가 2. 계약조건 : 계약상대방과의 영업비밀 보호협약에 따라 공개하지 아니함 3. 계약상대방 : ZY, 37WAN (중국등) 4. 계약체결일 : 2014년 5월
■ '전민기적(모바일)' MU IP사용 허가 및 모바일게임 개발/운영허가계약 체결의 건	1. 계약내용 : 'MU' IP 사용 허가 및 모바일게임 개발/ 운영 허가 2. 계약조건 : 계약상대방과의 영업비밀 보호협약에 따라 공개하지 아니함 3. 계약상대방 : Shanghai Kaiying Network Technology Ltd(중국) 4. 계약체결일 : 2014년 8월

리싱하는 형태로 또 하나의 수익모델을 만들어냈고, 그것이 바로 '뮤오리진'이다. '뮤오리진'은 그 이후에 해외로도 수출해서 웹젠의 수익 창출에 계속 기여하고 있다.

그밖에 '크로스파이어'로 유명한 스마일게이트, '열혈전기'의 위메이드 등 여러 기업들이 IP를 활용하여 높은 수익을 창출해왔다.

IP를 활용해 제2의 도약을 하는 기업들을 보며 한 가지 놓치지 말아야 할 부분이 있다. 바로 게임 환경이 웹에서 모바일로 넘어가면서 옛날에 한참 잘나가던 게임업체들이 우리들의 관심 밖으로 멀어졌지만 절대 그래서는 안 된다는 것이다. 왜냐하면 옛날 게임으로 더 큰 수익을 창출해내는 기업들이 계속 생겨나고 있기 때문이다. 이런 점에서 저자가 엔씨소프트에 관심을 갖지 않을 수 없었던 것이다.

〈그림5-20〉 엔씨소프트 2015년 사업보고서 II. 사업의 내용 중 4. 매출에 관한 사항

(단위 : 백만원)

사업부문	매출유형	품목		제19기	제18기	제17기
온라인 게임	인터넷	리니지	국 내	303,280	253,249	274,092
			해 외	9,596	9,879	13,795
			합 계	312,876	263,128	287,887
		리니지II	국 내	31,631	30,892	24,735
			해 외	31,321	28,587	32,396
			합 계	62,952	59,479	57,131
		아이온	국 내	62,065	79,202	68,793
			해 외	11,653	15,243	26,980
			합 계	73,718	94,445	95,773
		블레이드앤소울	국 내	72,253	71,573	68,847
			해 외	41,614	11,129	-
			합 계	113,867	82,701	68,847
		길드워2	국 내	-	-	-
			해 외	100,527	85,634	123,317
			합 계	100,527	85,634	123,317

〈그림5-20〉에서 보는 것처럼 엔씨소프트는 여전히 과거부터 구축해온 여러 게임 라인업으로 안정적인 수익을 창출하고 있다. 엔씨소프트의 게임 특징은 유료라는 것과 충성도 높은 고객들이 오랜 기간 게임을 하면서 아이템을 구입하는 데 돈을 아끼지 않는다는 것이다. 물론 게임중독 등 여러 사회적인 문제들도 많았지만 투자자 관점에서는 현금흐름이 꾸준한 좋은 기업으로 평할 수 있을 것이다.

'리니지Ⅱ' 같은 경우에는, 출시된 지 13년이 지났지만 여전히 630억 원에 가까운 수익을 창출하고 있는데, 이 게임의 IP를 활용하여 '리니지2레볼루션'이 나왔으니 게임만 흥행한다면 엔씨소프트는 가만히 앉아서 돈을 벌게 된다.

사실 엔씨소프트는 〈표5-4〉에서 보듯, 이미 많은 수익을 내고 지속적으

〈표5-4〉 엔씨소프트 2013년~2015년 요약 손익 정보 및 영업활동현금흐름

(단위: 원)

	2015년	2014년	2013년
매출	838,297,603,134	838,718,199,693	756,655,650,601
영업이익	237,466,377,634	278,188,111,023	205,235,211,161
당기순이익	166,350,442,469	227,519,296,162	158,695,768,295
영업이익률	28.3%	33.2%	27.1%
순이익률	19.8%	27.1%	21.0%
영업활동 현금흐름	241,337,233,887	263,580,917,054	236,187,663,553

로 현금을 벌어들이고 있지만 큰 성장세는 없는 상황이었다.

예전에 출시된 히트작들이 계속 사랑 받으면서 회사의 손익에 기여를 하니 남들이 부러워하는 회사임에는 분명하지만, 회사 입장에서는 모바일 게임 시장이 급성장하는 데 반해 자사만 성장이 없어서 항상 마음 한구석에 부담이 있었을 것이다. 그런 이유인지 엔씨소프트는 다른 기업들에 비해 인적자원 및 R&D에 항상 큰 투자를 해왔다. 그리고 이런 지출로 인해 이익률은 게임회사 치고 생각보다 높지 않다.

〈표5-5〉 엔씨소프트의 2015년 인건비 및 경상개발비 정보

(단위: 억 원, %)

주요 비용	금액	총 비용 대비	매출액 대비
인건비	2,619	44%	31%
경상개발비	1,001	12%	12%
합계	3,620	56%	43%

엔씨소프트의 2015년 연결재무제표 주석사항을 보면 1년간 지출한 인건비와 경상개발비가 영업비용(매출원가 및 판매비와관리비)의 56%, 매출액 대비 43%를 차지할 정도이다. 참고로 컴투스가 인건비 295억 원, 경상개발비 108억 원을 지출했는데, 이들 금액의 합계는 영업비용의 15%, 매출액의 9% 정도 된다. 수치상 크기나 비중만 놓고 봐도 엔씨소프트가 미래를 위한 투자를 정말 많이 하고 있다는 느낌이 들 정도이다.

사업보고서의 'Ⅷ. 임원 및 직원 등에 관한 사항'에서 '1. 임원 및 직원의 현황' 편을 살펴보면 〈그림5-21〉과 같이 직원수, 근속연수, 급여 등에

〈그림5-21〉 엔씨소프트 2015년 사업보고서 중 임원 및 직원의 현황

직원 현황
(기준일 : 2015년 12월 31일) (단위 : 천원)

사업부문	성별	직원 수				합 계	평 균 근속연수	연간급여 총 액	1인평균 급여액	비고
		기간의 정함이 없는 근로자		기간제 근로자						
		전체	(단시간 근로자)	전체	(단시간 근로자)					
관리사무직	남	478	-	26	-	504	5.1	-	-	-
관리사무직	여	320	-	53	-	373	4.6	-	-	-
연구개발	남	1,059	-	31	-	1,090	5.6	-	-	-
연구개발	여	305	-	28	-	333	5.1	-	-	-
합 계		2,162	-	138	-	2,300	5.2	152,045,188	66,107	-

대한 정보가 나온다.

　인적자원이 특히 중요한 산업에 대한 분석을 할 때 살펴봐야 하는 표이다. 소수의 핵심인재가 회사 전체를 이끌어가는 경우도 많지만 인력에 대한 투자는 분명 중요한 요소이기 때문이다. 2,300명의 직원이 평균 5년 정도 근무했고, 평균급여는 약 6,600만 원 정도이다. 컴투스의 같은 표를 찾아보면 699명의 직원이 평균 3년 정도 근무했고, 평균급여는 약 5,600만 원이다.

　최근 3년 동안 사업보고서의 같은 표를 가지고 정리를 해보면, 엔씨소프트는 매년 약 100명씩 직원수를 늘려왔다. 경상개발비 또한 2015년에 2013년 대비 50% 이상 늘린 1,001억 원을 투입했으니, 이런 수치들을 종합해보면 엔씨소프트가 얼마나 고민이 깊었고 과감한 투자를 하면서 승부수를 띄우고 있는지에 대한 정보로 이해할 만하다. 다른 산업도 마찬가지지만 특히 게임 및 제약, 바이오 기업 등 인적자원이 중요한 고부가가치 산업은

사업보고서의 이런 부분이 기업을 이해하는 데 중요한 요소가 될 수 있다.

그밖에 엔씨소프트의 사업보고서 중 'Ⅶ. 주주에 관한 사항'편을 보면 넷마블게임즈와 소위 피를 섞은 관계임을 알 수 있다. 넷마블게임즈가 엔씨소프트의 3대주주로 주식 8.89%를 보유하고 있는 것으로 나온다. 그리고 넷마블게임즈의 감사보고서 주석사항을 보면 주주 구성에 엔씨소프트가 넷마블게임즈의 4대주주로 9.8%를 보유하고 있다. 상호 지분을 보유하고 전략적 협력관계로 계속 시너지를 낼 것으로 기대된다. 엔씨소프트는 수많은 IP를 보유하고 있고 넷마블게임즈는 국내 최대의 모바일게임회사이니 충분히 윈-윈 할 수 있는 관계가 될 것으로 예상되는 것이다.

또한 엔씨소프트는 무차입상태로 재무상태 또한 매우 우수하다.

자산금액이 2조 원이 넘는 큰 회사이지만 〈그림5-22〉와 같이 같은 범주끼리 묶어보면 재무상태표가 의외로 간단한다. 금융자산과 부동산자산이

〈그림5-22〉 **엔씨소프트 2015년 사업보고서 중 연결재무제표 자산 요약**

(단위: 억원)	금액	비중	
현금, 단기금융상품	5,543	25%	
넷마블 주식 (*)	3,822	17%	금융자산이 총자산의 67%
채권, 기타금융자산	5,113	23%	
관계기업주식	354	2%	
투자부동산, 유형자산(토,건)	4,419	20%	
기타자산	2,941	13%	
자산총계	22,192	100%	

전체 자산의 87%를 차지할 정도로 최고의 안정성과 높은 가치를 자랑한다.

넷마블 주식이 유가증권시장에 상장되면 가치가 더 크게 올라갈 것으로 예상되고, 강남과 판교에 있는 엔씨소프트의 부동산 공정가치 또한 재무제표 수치보다는 클 것으로 추정된다. 이는 투자부동산 주석사항만 살펴봐도 충분히 짐작이 간다.

〈그림5-23〉 엔씨소프트 2015년 연결재무제표 주석사항 중 투자부동산

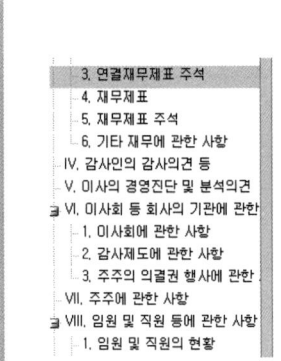

〈그림5-23〉을 보면 재무제표상 토지금액보다 외부에서 감정평가 받은 공정가치가 약 1,000억 원 정도 높은 것으로 확인된다. 유형자산의 공정가치는 공시지가 및 매매사례가액 등 여러 외부 정보를 확인해봐야 하는 데 반해, 투자부동산은 한국채택국제회계기준에 따라 이렇게 매년 주석사항에 공정가치가 공시된다.

정리해보면 엔씨소프트는 금융자산과 부동산자산이 매우 많고, 넷마블게임즈 주식과 부동산자산 등이 실제 재무제표 가치보다 더 큰 공정가치를 가지고 있을 것으로 보인다. 즉 엔씨소프트는 이미 부자기업이고 돈도 잘 벌고 있는 기업이다. 문제는 몇 년째 실적이 정체되어 있었다는 것인데, 이 정체가 앞에서 살펴본 IP를 통해 한 단계 재도약이 가능하다는 것이다. 그리고 강력한 시너지를 창출해낼 수 있는 넷마블게임즈가 옆에 있다는 것도 확인했다. 리니지 관련 모바일게임이 출시되었고, 앞으로 더 많은 IP를 활용한 모바일게임이 나올 것으로 예상된다. 투자자 입장이라면 게임 유저들의 반응과 분기, 반기 실적 등을 지켜보면서 실적 개선 가능성을 계속 모니터링해야 할 것이다.

PART 6

카지노 산업

내국인 카지노, 워터파크 완공 후 집객효과로 추가 성장할 것인가?
외국인 카지노, 관광객 증가가 중요하지는 않다. 문제는 VIP마케팅!

1. 강원랜드의 매출 분석

　강원랜드는 성장 기업이 아니다. 순수 내국인 전용 카지노인 관계로 성장 자체가 여의치 않다. 더 많은 내국인들이 큰 돈보따리를 들고 가서 크게 잃어주지 않는 이상 큰 폭의 성장은 어려울 것이다. 그렇다고 많은 외국인들이 강원랜드에 와서 도박을 하는 것도 아니다. 외국인 관광객들은 서울이나 주요 도시에 위치한 파라다이스나 세븐럭(GKL 운영)에 가서 편하게 도박을 하지 굳이 양양공항에서 차로 2시간 넘게 걸리는 강원랜드까지 올 이유가 없다. 강원랜드에서 도박을 하는 외국인은 최고의 설질(雪質)을 자랑하는 스키장에 스키 타러 온 여행객일 것으로 추정되고, 실제 스키 시즌에 강원랜드에는 외국인 관광객이 많은 편이다.
　강원랜드의 주식에 투자를 하기 위해서는 입장객수에 대한 통계부터 우선 분석되어야 한다.
　강원랜드에 입장하려면 신분증을 제시하고 입장권을 구입한다. 따라서 강원랜드 전산시스템에는 1년간 내국인, 외국인 입장객에 대한 정보가 저장될 것이고, 이에 대한 통계치도 가지고 있을 것이다. 그러나 안타깝게도 사업보고서의 'Ⅱ. 사업의 내용'편에 이 정보는 공개되지 않는다.

하지만 사업보고서에 내용이 없다고 구하지 못하는 정보는 아니다. 인터넷이 발달된 요즘 세상은 검색만 잘해도 정보의 목마름을 충분히 해결할 수 있다. 바로 관광지식정보시스템(www.tour.go.kr)이라는 사이트에 접속하면 입국 및 출국 관광통계, 주요관광지점 입장객 통계 등의 정보를 무료로 얻을 수 있다. 이 정보들을 잘 활용하면 리조트업, 여행업, 항공업에 대한 분석을 할 때 도움을 얻을 수 있으며, 강원랜드 역시 여기서 입장객수 확인이 가능하다.

〈표6-1〉은 관광지식정보시스템에서 다운로드 받은 강원랜드 입장객수 통계자료를 활용하여 연평균성장률과 외국인 비중까지 계산한 표이다. 외국인 입장객수는 연평균 7%씩 성장하고 있지만 2014년부터 37,000명 선

〈표6-1〉 강원랜드 입장객수와 외국인 비중(2011년~2015년)

(단위: 명)

입장객수	2011년	2012년	2013년	2014년	2015년	CAGR
외국인	28,973	24,122	34,602	37,486	37,488	7%
내국인	2,954,484	3,000,389	3,034,660	2,976,772	3,088,443	1%
합계	2,983,457	3,024,511	3,069,262	3,014,258	3,125,931	1%
외국인 비중	1%	1%	1%	1%	1%	

(출처: 관광지식정보시스템)

으로 유지되고 있고, 전체 입장객수에서 차지하는 비중은 1%로 매우 낮다. 내국인 관광객수 역시 연평균 1% 성장으로 큰 폭의 증가 없이 300만 명 내외에서 머물고 있다.

'통신 기업 매출액=ARPU(1인당 평균매출액)×가입자수'라는 공식을 강원랜드에 대입한다면, 가입자수는 입장객수가 될 것이고 ARPU는 한 명이 잃고 가는 돈으로 계산된다. 즉 강원랜드의 매출액이 증가하기 위해서는 입장객수에 큰 변화가 없는 상황이니 ARPU가 증가되어야 한다는 단순한 결론에 도달한다. 강원랜드의 ARPU가 어떻게 하면 증가할 수 있을 것인가에 대하여 초점을 맞추는 것이 무엇보다 중요하다.

강원랜드의 매출액은 고객이 잃은 돈에서 벌어간 돈을 뺀 순액으로 계산된다. 강원랜드 개장시간(아침 10시부터 익일 아침 6시) 동안 입장한 고객들이 50억 원어치의 게임 칩(chips)을 교환했다고 가정해보자. 슬롯머신에서 잭팟(jackpot)이 1억 원 터지고, 테이블게임에서 고객(Player)이 승리(Win)하여 5억 원의 돈을 가져갔다. 그리고 고객들이 게임을 끝내고 남은 칩을 다시 현금으로 4억 원 환전해갔다면, 강원랜드의 하루 매출액은 50억 원 - 1억 원 - 5억 원 - 4억 원 = 40억 원이 된다. 강원랜드에 온 기념으로 칩을 집에 가져가거나 잃어버렸다고 해서 그 칩을 매출액에 가감시키지는 않는다. 칩에 대한 관리가 어렵고 고객 소지품도 검사할 수 없기 때문에 강원랜드에 들어온 돈에서 고객이 벌어간 돈과 환전해간 돈 등을 차감하는 식으로 매출액을 계산하는 것이다.

도박장에서의 승리 확률과 잭팟 확률은 매우 낮음에도 불구하고 매년 300만 명 가까운 사람들이 강원랜드를 찾고 있기 때문에 매출이 항상 안정적으로 발생될 수밖에 없는 구조이다. 그러니 증권가에서도 죄악주로 분류되는 카지노주는 "불황에도 강하다"라는 식의 보고서가 나오곤 한다. 독자들께서는 강원랜드를 재미 또는 기념으로만 방문할 뿐, 돈을 벌 수 있는 장소보다는 괜찮은 투자처로만 생각하길 바란다.

〈그림6-1〉은 연결재무제표 주석사항에서 영업부문 공시 내용을 캡처한 자료이다.

〈그림6-1〉 **강원랜드 연결재무제표 주석사항 중 영업부문 공시 내용**

5. 영업부문

연결실체는 단일 보고부문으로 관리 및 보고를 하고 있으므로 영업부문의 당기손익은 연결실체의 당기손익과 동일합니다. 사업을 통한 매출은 모두 국내에서 이루어지고 있으며, 당기 및 전기 중 각 서비스구분에 따른 매출금액은 다음과 같습니다.

(단위:천원)

구분	당기 매출액	당기 비율	전기 매출액	전기 비율
카지노	1,556,114,613	95.2%	1,418,672,980	94.8%
호텔	26,373,904	1.6%	24,379,616	1.6%
콘도	23,944,568	1.5%	23,978,378	1.6%
골프장	4,255,206	0.3%	4,105,494	0.3%
스키장	20,288,405	1.2%	21,154,844	1.4%
기타	2,740,143	0.2%	4,250,129	0.3%
합계	1,633,716,839	100.0%	1,496,541,441	100.0%

강원랜드의 으리으리한 호텔과 콘도, 스키장을 보고 경험했던 독자라면 〈그림6-1〉의 표를 보고 당황했을지도 모르겠다. 강원랜드 전체 매출액에서 이들이 차지하는 비중이 5% 내외로 매우 작기 때문이다. '덩칫값을 못 한다'고 생각할 수도 있고, '카지노에서 번 돈으로 으리으리하게 지었겠

다'라고 생각하는 독자도 있을 것이다. 투자자 관점에서 강원랜드를 분석한다면 카지노에 집중하면 된다. 호텔이나 콘도 같은 부문의 매출액이 강원랜드 대세에 영향을 주지 않기 때문에 과감하게 생략해도 된다.

증설 전 vs 증설 후

먼저 연도별 카지노 매출액과 〈표6-1〉의 입장객수 정보를 가지고 입장객당 평균매출액을 산출해보자.

〈표6-2〉 강원랜드 카지노 매출액과 입장객당 평균매출액 (2011년~2015년)

	2011년	2012년	2013년	2014년	2015년	CAGR
1. 카지노 매출액 (백만 원)	1,191,822	1,213,057	1,277,296	1,418,673	1,556,115	7%
2. 입장객수(명)	2,983,457	3,024,511	3,069,262	3,014,258	3,125,931	1%
3. ARPU(1/2) (원)	399,538	401,010	416,193	470,694	497,797	6%
4. 면적(㎡)	7,322	7,322	12,793	12,793	12,793	
비고		증설 허가		2014. 3Q ~ 증설 효과 테이블 132대→200대(52%) 슬롯머신 960대→ 1,360대(42%)		

〈표6-2〉에서 ARPU라고 표시한 칸을 보면 2013년까지 40만 원 내외에 머물던 1인당 평균매출액이 갑자기 47만 원 이상으로 급등한 것을 알 수 있다. 입장객수는 완만하게 증가하지만, 1인당 잃고 가는 돈이 갑자기 늘

었다. 그 덕분에 강원랜드의 2014년 매출액도 2013년 대비 크게 증가하였다. 비고란을 보면 그 이유에 대한 설명을 붙여놨다.

강원랜드는 정부로부터 2012년도에 증설 허가를 받았다. 그리고 2013년에 증설이 되어 면적이 7,322㎡에서 12,793㎡로 75% 가량 늘어났음을 알 수 있다. 그러나 실질적인 증설 효과는 2014년 3분기부터 보였다. 강원랜드 전(前)대표이사가 지방선거에 출마함으로 인해 공석이 되면서 증설과 관련된 여러 의사결정과 결재사항들이 뒤로 밀렸다는 뉴스가 있었기 때문에 이 영향을 받았다.

중요한 것은 테이블과 슬롯머신이 각각 52%, 42% 증설되면서 1인당 매출액이 본격적으로 증가했다는 것이다. 입장객수는 큰 변동이 없는데 증설했다고 왜 사람들이 더 돈을 많이 잃을까? 그 이유는 의외로 간단하다. 증설 전과 후에 강원랜드를 다녀왔던 투자자라면 설명을 하지 않아도 이해할 수 있을 것이다.

간단하게 그림으로 설명하면 〈그림6-2〉와 같다.

증설 전에는 하나의 게임테이블에 수십 명의 플레이어들이 게임을 했

〈그림6-2〉 **카지노 객장 증설 전, 후의 게임 모습**

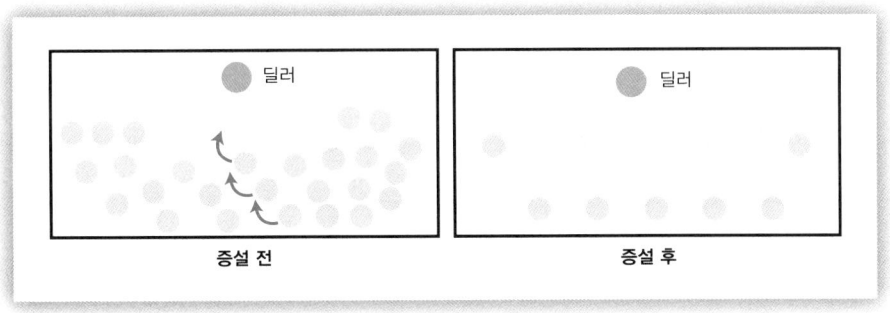

다. 그림처럼 플레이어들이 몇 겹씩 둘러쌓였다면 맨 뒤의 사람까지 칩을 다 걸어야 게임이 가능했다. 그리고 승패가 정해지고 난 후 각각의 플레이어들의 칩을 일일이 다 정산해야 했다. 이런 식으로 게임이 진행되니 당연히 게임을 한 번 해도 시간이 오래 걸리고 뒤에 서서 게임을 하는 사람들은 오래 게임을 하기 어려웠다. 즉 회전율도 길고, 플레이어들의 참가 또한 적극적이지 않다 보니 1인당 잃고 가는 돈이 크지 않았다.

그런데 테이블을 52% 가까이 증설하니 당연히 플레이어들이 느긋하게 테이블에 앉아서 게임을 즐길 수 있게 되어 속도도 빨라지고 플레이어들도 게임에 집중하게 되었다. 한번 자리에 앉아서 재미있는 놀이를 하게 되니 자리에서 일어나기도 싫고 오래 머무르게 된다. 가랑비에 옷 젖듯이 플레이어들의 칩이 하나하나 줄어든 만큼 회사의 매출은 좋아질 수밖에 없다.

이렇게 증설은 강원랜드 실적 개선에 크게 기여했다. 그렇다고 또 다시 대규모 증설을 하기는 어려울 듯하다. 강원랜드 매출액의 많은 부분을 세금과 기금으로 정부가 가져가기 때문에 증설에 호의적일 수는 있지만, 도박으로 인한 폐해 또한 만만치 않아 추가 증설을 기대하기는 어렵다.

입장객수는 증가할 수 있을까?

추가적인 증설이 어렵다는 전제 하에 1인당 잃고 가는 돈 또한 무한정 계속 커질 것이라고 기대하기는 쉽지 않다. 매출이 증가하려면 1인당 평균 매출액이 증가하거나 입장객수가 증가되어야 하는데 전자가 크게 증가하는 것을 기대하기 어렵다면, 이제 유일한 성장 가능 방법은 입장객수의 증가이다. 그러나 이미 살펴본 대로 1년 평균입장객수가 300만 명 내외에 머물러 있고 외국인 입장객수는 미미하다 보니 기대하기는 쉽지 않다. 그런

와중에 한 가지 반가운 소식이 있다.

'Ⅱ. 사업의 내용'편에서 '향후 추진하려는 사업'을 키워드로 검색하면 〈그림6-3〉과 같은 내용을 찾아볼 수 있다. 강원랜드의 숙원사업이었던 워터파크 개장이 임박한 것이다.

〈그림 6-3〉 **강원랜드 사업보고서 Ⅱ. 사업의 내용 중 향후 추진하려는 사업 내용**

---

(2) 진행경과
 - 12. 2. 28 제108차 이사회 워터월드 조성사업 승인 (투자비 : 1,672억원)
 - 15. 9. 23 제138차 이사회 워터월드 조성사업 사업계획 변경(안) 승인
    (총투자비 변동없음)

(3) 사업계획 변경 주요내용
 - 매립토 사면에 위치한 실내워터파크를 평지로 이동시켜 공사의 용이성을 확보하고, 시설배치, 고객동선 개선 등 장기적으로 안정적인 워터파크 영업환경 구축
 - 지역의 기후적 특성을 종합적으로 고려하여, 연간 안정적인 영업환경을 구축하기 위해 실내/외 워터파크 면적비율 조정(30:70 → 50:50)
 - 교통혼잡성이 높은 강원랜드호텔 인근 사면에 위치했던 실내워터파크를 폭포주차장으로 이동하여, 워터파크 진.출입로를 단일화함으로써 교통혼잡을 최소화 하고 고객편의성을 개선하고자 함
 - 강원랜드 워터파크 만의 고급스럽고 차별화된 친환경 힐링워터파크로 계획

(4) 향후계획
 - 2018년 하계 전면 오픈

처음 워터파크 도입 계획이 발표되었을 때, 실외 워터파크 면적 비율이 70%로 너무 높아서 현실적이지 못하다는 비판이 많았다. 강원랜드 지역

은 10월만 되어도 춥고, 4월까지도 눈이 오기 때문에 실외에서 수영할 수 있는 기간이 길지 않다. 강원랜드에 부속되어 있는 골프장 역시 이런 날씨 탓에 개장기간이 매우 짧을 정도이다. 그런데 2015년 사업보고서를 보면 70%였던 실외 면적이 50%까지 낮춰지고, 실내 워터파크 면적이 넓어진다고 공시되었다.

〈그림6-1〉에서 보면 강원랜드는 카지노, 호텔, 콘도, 골프장, 스키장으로 구성되어 있다. 어른들이 와서 놀 수 있는 장소는 다양하게 구성되어 있으나 봄에서 가을 사이에 온가족이 와서 놀 수 있는 아이템이 없는 것이 가장 큰 단점이었다. 물론 스키장이나 산 주변에 마련되어 있는 산책코스와 일부 놀이시설이 있기는 하지만, 온가족을 강원도 정선으로 불러 모으기에는 역부족이다.

용평리조트, 알펜시아리조트, 휘닉스파크 등 강원도의 유명 스키장에는 모두 워터파크가 있기 때문에 비(非)스키 시즌에도 관광객이 몰리는데, 강원랜드는 그렇지 않다. 오로지 도박을 즐기려는 성인 관광객만 많을 뿐이다. 강원랜드도 도박장 같은 안 좋은 이미지를 벗기 위해 '하이원 리조트'라는 명칭을 쓰고 '아시아 최고의 사계절 가족형 종합리조트'를 비전으로 제시했으나 워터파크가 없다는 것이 항상 걸림돌이었는데, 드디어 그 걸림돌이 해소될 날이 멀지 않게 된 것이다.

〈표6-3〉은 관광지식정보시스템에서 뽑은 2015년 강원도의 주요 워터파크 입장객수 정보이다. 전체 입장객수가 강원랜드 입장객수의 35%에 달할 정도로 수요가 많다. 강원랜드에 새 워터파크가 개장되면 기존에 강원도 내의 다른 워터파크를 이용하는 고객층 외에 그동안 강원랜드를 가족 휴양지나 여행지로 결정하지 못했던 많은 가족 구성원들이 다녀갈 것으로

〈표6-3〉 2015년 강원도 주요 워터파크 입장객수

강원도 주요 워터파크	2015년 입장객(명)
휘닉스파크	271,207
알펜시아리조트	185,066
용평리조트	165,143
설악워터피아	475,987
합계	1,097,403

(출처: 관광지식정보시스템)

기대된다. 2018년을 기점으로 강원랜드의 매출액이 다시 한 번 증가할 수 있을 것이라 기대할 수 있는 이유가 바로 여기에 있다.

2. 강원랜드의 비용구조

오른쪽 〈표6-4〉는 강원랜드의 연결재무제표 주석사항에서 비용의 성격별 공시 주석과 손익계산서상 매출액을 하나의 표로 정리한 것이다. 각 비용이 매출액에서 차지하는 비중을 계산하고, 전기 대비 증감을 비교하면 비용구조가 한눈에 들어온다.

가장 중요한 비중을 차지하는 비용에 짙은 색으로 표시하였다. 고정비 성격인 급여, 퇴직급여, 복리후생비 및 감가상각비, 무형자산상각비가 전체 매출액에서 23%를 차지한다. 그리고 관광개발진흥기금, 폐광지역개발기금, 개별소비세가 매출액의 25%를 차지한다. 기본적인 고정비와 각종 기금과 세금이 벌써 매출액의 50% 가까이 차지할 정도로 중요하다. 또한 비용구조가 매우 단순하게 되어 있다는 것도 알 수 있다.

각종기금과 세금은 관련 법령에 따라 납부해야 하는데 산식이 정해져 있다. 법령에 근거하여 계산해보면, 매년 매출액의 25%에 해당하는 금액

〈표6-4〉 강원랜드 연결재무제표 주석사항 중 각종 비용 및 매출액

(단위: 천 원)

구 분	2015년 금액	2015년 매출액 대비	2014년 금액	2014년 매출액 대비	증감	증감률
급여, 퇴직급여, 복리후생비	299,998,771	18%	292,097,039	20%	7,901,732	3%
감가상각비, 무형자산상각비	74,162,583	5%	75,632,337	5%	-1,469,754	-2%
관광개발기금	155,574,527	10%	141,660,157	9%	13,914,370	10%
폐광지역개발기금	161,703,584	10%	143,360,253	10%	18,343,331	13%
용역비	77,831,916	5%	74,021,877	5%	3,810,039	5%
광고선전비, 행사비	15,636,443	1%	19,470,097	1%	-3,833,654	-20%
개별소비세	77,242,790	5%	70,044,082	5%	7,198,708	10%
재료비, 소모품비	64,504,101	4%	58,104,764	4%	6,399,337	11%
수도광열비	24,355,224	1%	26,711,446	2%	-2,356,222	-9%
지급수수료	19,821,039	1%	20,572,432	1%	-750,793	-4%
세금과공과	16,722,469	1%	15,336,953	1%	1,385,516	9%
기타비용	50,762,389	3%	46,357,951	3%	4,404,438	10%
합 계	1,038,316,436	64%	983,369,388	66%	54,947,048	6%
매출액	1,633,716,839		1,496,541,441		137,175,398	9%

정도가 이렇게 세 가지 기금과 세금으로 빠져 나가고 있다. 제조업에 비유한다면 매출액에 비례하는 변동비 성격인 원재료비와 유사한 성격이다. 변동비 성격이 매출액의 25%로 크지 않은데, 매년 매출액에 비례해 납부해야 하므로 회사의 영업이익이 개선되려면 고정비를 크게 줄이지 않는 이상 고객이 더 많은 돈을 잃어서 1인당 평균매출액이 올라가든가 방문객수가 늘어나든가 하는 것 외에는 방법이 없다. 만약 기금률이나 세율이 오른다면 매출액에 비례하여 비용이 증가하므로 강원랜드에는 악재로 작용할 것이다.

〈표6-4〉에서 보듯이 강원랜드는 매출액의 65% 내외의 금액을 영업비용에 쓰고 있다. 외부 정보이용자 입장에서 많고 적음에 대해 논하기는 어렵겠지만, 국정감사에서 방만한 경영으로 자주 지적되어 왔기 때문에 이익률에 대한 아쉬움이 좀 남는다. 특히 손익계산서에서 영업이익 아랫단을 찾아보면 강원랜드가 지분 투자한 리조트 기업들에 대해 손상차손을 인식하고, 228억 원의 기부금을 내는 모습이 나온다. 이런 수백 억 원의 손실이나 영업외비용만 줄인다면 주주에게 지급하는 배당금도 많이 늘릴 수 있을 텐데 투자자 관점에서 아쉬움을 금할 수 없다.

<표6-5> 강원랜드 연결재무제표 주석사항 중 종속기업과 관계기업

(단위: 백만 원)

법인명	최초취득일자	출자목적	투자금액	지분율	장부가액	당기순손익
블랙밸리C.C.	2004.08.02	폐광대체산업지원	15,000	16.55	14,921	46
문경레저타운	2005.09.26	폐광대체산업지원	18,000	27.27	17,448	788
동강시스타	2007.04.20	폐광대체산업지원	46,300	24.11	-	-7,471
대천리조트	2008.12.30	폐광대체산업지원	29,000	28.57	-	-2,710
바리오화순	2012.12.14	폐광대체산업지원	20,000	30.54	20,000	122
하이원엔터테인먼트	2009.01.02	폐광대체산업지원	64,665	100	13,526	-3,703
하이원상동테마파크	2009.10.31	폐광대체산업지원	42,458	100	36,056	-684
하이원추추파크	2010.01.22	폐광대체산업지원	74,964	99.6	65,800	-4,039
태백관광 개발공사	2012.07.31	전환사채전환	15,000	9.23	-	-19,193
합 계			325,387		167,751	-36,844

<표6-5>는 연결재무제표 주석사항에서 종속기업과 관계기업에 대한 정보를 정리한 표이다. 하이원엔터테인먼트, 하이원상동테마파크, 하이원추추파크는 강원랜드의 종속기업으로서 연결재무제표에 포함되어 작성되었고, 그외 기업들은 관계기업으로 표시되어 영업이익 아랫단에 투자기업증권 관련 손익으로 인식된다. <표6-5>에 대해 간단하게 설명한다면, 강원랜

드가 여러 리조트와 종속기업에 3,253억 8,700만 원을 투자했는데, 거의 모든 회사들이 적자를 면치 못해서 투자한 돈의 절반 가까이 잃고 남은 주식가치가 약 1,677억 5,100만 원이라는 것이다. 동강시스타나 대천리조트에 각각 463억 원과 290억 원을 투자했지만, 강원랜드 재무제표에는 주식가치를 모두 0원으로 기록할 정도로 가치가 없는 상황이다.

물론 강원랜드의 기업가치를 심각하게 훼손할 만한 수준은 아니므로 투자자 관점에서 그렇게 주의 깊게 봐야할 대목은 아니다. 그러나 강원랜드 도박장에서 1년에 벌어들이는 돈이 1조 5,000억 원이 넘으니 폐광대체산업지원 명목과 기부금 명목으로 강원랜드에 손을 벌리는 곳이 너무 많은 것은 아닌가 하는 생각은 지우기가 어렵다. 그것만 아니라면 투자처로서는 더없이 좋은 기업일 것이다.

3. 강원랜드의 자산구조

〈그림6-4〉 강원랜드의 자산구조

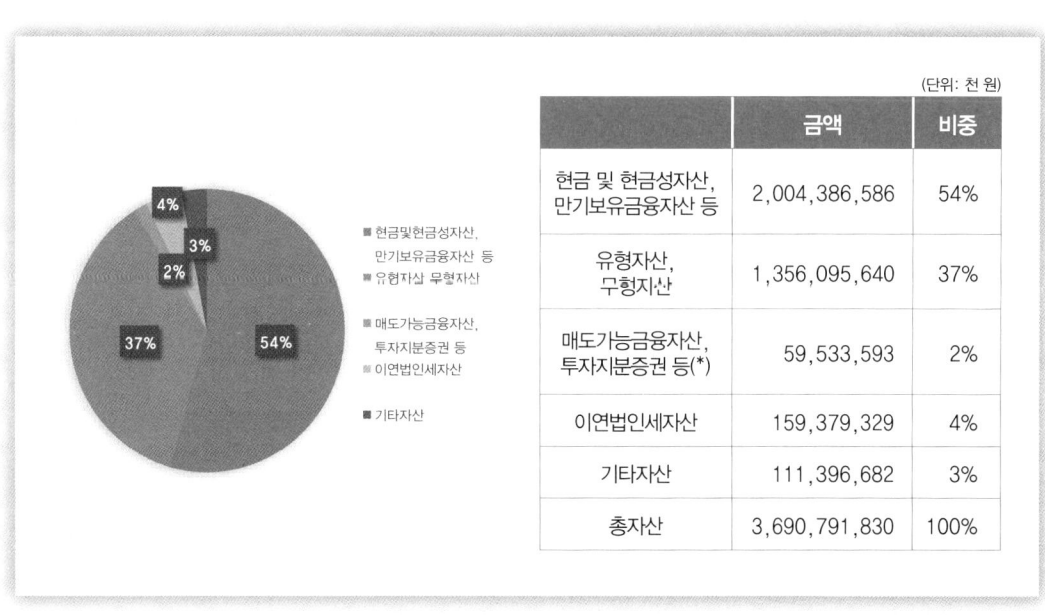

(단위: 천 원)

	금액	비중
현금 및 현금성자산, 만기보유금융자산 등	2,004,386,586	54%
유형자산, 무형자산	1,356,095,640	37%
매도가능금융자산, 투자지분증권 등(*)	59,533,593	2%
이연법인세자산	159,379,329	4%
기타자산	111,396,682	3%
총자산	3,690,791,830	100%

강원랜드의 자산구조는 매우 간단하다. 〈그림6-4〉에서 보는 것처럼 가진 것은 돈과 부동산밖에 없다고 표현해도 될 정도로 전체 자산의 91%나 차지한다. 현금성자산은 모두 안전한 예금, 적금 등에만 투자하고 있고 2조 원이나 되니 당연히 차입금이 필요 없다. 회사는 무차입 기업으로 부채는 살펴볼 필요도 없을 정도로 매우 간단하고 중요하지 않다.

유·무형자산의 장부가액이 1조 3,560억 원 정도 되는데, 리조트사업을 위해 강원도 정선에 지어놓은 상황이니 실질적으로 매각가치는 측정하기 어려울 것이다. 즉 토지, 건물 금액이 크다고 해서 부동산 가치가 높다고 말하기는 어려울 것이라는 의미다.

매도가능금융자산과 투자지분증권에 595억 원 정도 있는데, 거의 신경 안 써도 될 것이다. 〈표6-5〉에서 본 것처럼 대부분 피투자기업들에 투자한 투자원금보다 줄어들거나 0인 상태이므로 투자자 관점에서 자산가치가 없다고 봐도 무방할 것이다.

4. 박회계사의 강원랜드 투자이야기

강원랜드는 시가총액이 8~9조 원에서 형성되는데, 이 중 현금성자산만 2조 원이니 기업의 수익가치와 배당수익 등을 고려해서 투자하면 된다. 강원랜드는 저자가 매우 좋아하는 투자대상인데, 이런 기업은 높은 성장을 기대하기 어렵기 때문에 주식시장의 소음(noise)으로 인해 주가가 기업가치와 상관없이 비정상적으로 많이 떨어질 때를 잘 활용하여 매수시점을 잡아야 한다.

〈그림6-5〉 **강원랜드 주가흐름표(2014.09 ~ 2016.03)**

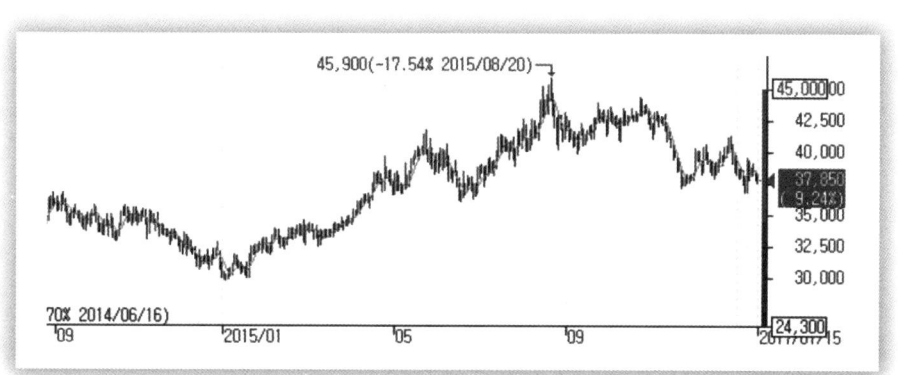

〈그림6-5〉는 2014년 9월부터 약 1년 반 동안 강원랜드의 주가흐름을 보여주는 일봉차트이다. 2015년 1월 전까지 주가가 많이 내려오는 때가 있었다. 그 당시에 중국 정부가 중국인의 해외 카지노 출입에 대한 단속을 강화할 것이라는 뉴스가 계속 나왔던 터라 카지노주에 대한 투자심리가 매우 위축되었다. 거기에 배당락(배당 기준일이 경과하여 배당금을 받을 권리가 없어지는 것)일까지 겹치면서 2015년 1월 첫 거래일의 주가는 29,800원까지 떨어지게 되었다.

29,800원이면 시가총액 6조 원대로 현금성자산 2조 원을 제외하면 4조 원짜리로 계산이 된다. 매년 5,000억 원 내외의 현금을 벌어들이며 주당 850원의 배당금을 지급하니 주가가 싸다고 평가할 수 있었다. 무엇보다도 〈표6-2〉(188페이지)와 같이 증설로 인한 실적 개선이 확실시 되는 2015년이었기 때문에 연초의 주가 급락은 절호의 매수 기회였다.

30,000원 밑으로 떨어진 가격은 다시 볼 수 없겠다는 심정으로 29,800원에 매수를 시작했던 기억이 있다. 〈표6-1〉(185페이지)에서 살펴봤듯이, 중국인 카지노 단속이 강원랜드에 미칠 영향은 거의 없다는 것을 수치상으로 확인했고, 테이블 52%, 슬롯머신 42%가 증설되어 매출액 증가가 기대되는 상황이었다. 주가가 실적과 반대로 가는 상황만큼 주식을 사기에 좋은 기회도 없다. 강원랜드는 과거에도 레저세 도입, 새만금 내국인 카지노 건설 등의 소음이 발생할 때 많은 매수 기회를 주었다. 정책적으로 결정되는 사항인 만큼 투자자 입장에서 예상이 가능하지는 않지만, 이런 이슈로 인해 주가가 급락할 때는 매수를 검토해야 한다. 왜냐하면 강원랜드는 성장 기업이 아니기 때문에 쌀 때 사서 적정가치 때 매도해야 하는데, 그 싸지는 시기가 바로 소음으로 인한 주가 급락뿐이었다.

5. 외국인 전용 카지노의 매출 분석

우리나라의 외국인 전용 카지노 대표 상장기업인 GKL과 파라다이스는 중국인의 해외 카지노 출입에 대한 단속 강화 시점부터 주가가 계속 내리막길이다. 여기에 더해 중국 공안이 두 기업의 해외 마케팅 직원을 체포하는 일까지 벌어지면서 투심은 더욱 악화되었다. 그리고 이는 곧 실적으로 증명되었다.

〈표6-6〉 GKL과 파라다이스의 매출액과 영업이익(2014년, 2015년)

(단위: 원)

GKL	2015년	2014년	증감	증감률
매출액	505,663,483,168	540,680,448,121	-35,016,964,953	-6%
영업이익	118,377,541,057	147,762,332,982	-29,384,791,925	-20%
영업이익률	23.40%	27.30%	-3.90%	

파라다이스	2015년	2014년	증감	증감률
매출액	615,357,060,781	676,154,686,588	-60,797,625,807	-9%
영업이익	58,321,728,935	79,047,838,732	-20,726,109,797	-26%
영업이익률	9.50%	11.70%	-2.20%	

〈표6-6〉에서 보듯이 GKL과 파라다이스 모두 매출액과 영업이익이 급감했다. 외국인 전용 카지노이므로 외국인 출입객수가 줄면서 매출에 큰 영향을 받을 수밖에 없다. 최근에 한국을 방문하는 외국인 방문객의 절대다수는 중국인이므로 이에 대한 통계정보가 이 기업들을 분석하는 데 매우 중요하다. 그리고 이 정보는 GKL 사업보고서의 'Ⅱ. 사업의 내용'편에 아주 자세히 나와 있다.

먼저 외국인 전용 카지노에 대한 분석에 앞서 한 가지 편견부터 버려야 한다. 즉 외국인 관광객이 증가하면 외국인 전용 카지노의 매출액도 증가할 것이라는 기대이다.

〈표6-7〉 외국인 관광객 대비 카지노 이용객의 비율 (2011년~2015년)

(단위: 명)

연도	외국인 관광객(A)	카지노 이용객(B)	외국인 관광객 대비 점유율(B/A)
2011	9,750,000	2,100,698	21.4%
2012	11,140,000	2,383,587	21.4%
2013	12,175,550	2,707,315	22.2%
2014	14,201,516	2,961,833	20.9%
2015	13,231,651	2,613,620	19.8%
CAGR	8%	6%	

〈표6-7〉에서 보는 것처럼 최근 5년간 외국인 관광객은 연평균 8% 증가했는데, 카지노 이용객은 연평균 6% 증가하는 데 그쳤다. 그리고 2014년에는 외국인 관광객이 전년도에 비해 200만 명 이상 급증했는데, 외국인 카지노 입장객수는 25만 명 다녀가는 데 그칠 정도로 외국인 관광객 대비 카지노 이용객 점유율은 감소 추세에 있다. 관광객수가 증가하면서 카지노 이용객도 늘어나긴 했지만, 비례해서 늘어날 것으로 기대하기는 어렵다는 얘기이다.

'P(판매가격)×Q(판매량)=매출액'이라는 공식에 대입해보면 Q(이용객수)의 증가는 크게 기대하기 어렵다. 그렇다면 P(잃고 가는 돈)의 증가는 가능할까? 외국인 카지노 기업 입장에서 P가 늘어나기 위해서는 관광객들이 놀러 와서 잃고 가는 푼돈보다는 VIP고객이 들어와서 큰돈을 잃고 가는 게 더 반가울 것이다. 표현이 다소 거칠 수 있지만, 온전히 투자자의 관점에서 설명하는 바이니 독자들께서 너그러이 이해할 것이라 믿는다.

이런 관점에서 GKL과 파라다이스를 비교해보자.

〈표6-8〉 2015년 GKL과 파라다이스 매출액, 입장객, 1인당 수익 비교

구분	위치	매출액 (백만 원)	입장객 (명)	1인당 수익(원)	면적 (㎡)	면적당 매출액(원)
세븐럭 (GKL)	서울 코엑스	215,276	470,735	457,319	6,093.57	35,328,387
	서울 힐튼	196,215	919,799	213,324	2,811.94	69,779,227
	부산 롯데	85,156	210,276	404,973	2,554.50	33,335,682
	소계	496,647	1,600,810	310,247	11,460.01	43,337,397
파라다이스	서울 워커힐	355,591	572,917	620,668	3,970.97	89,547,642
	제주 그랜드	49,501	45,703	1,083,102	2,756.76	17,956,224
	인천	95,158	48,526	1,960,969	1,703.57	55,857,992
	부산	73,163	90,098	812,038	2,283.50	32,039,851
	제주 롯데	36,748	33,461	1,098,234	1,205.41	30,485,893
	소계	610,161	790,705	771,667	11,920.21	51,187,102

〈표6-8〉은 GKL과 파라다이스의 2015년 매출액, 입장객, 면적 등의 정보가 공시된 파라다이스 사업보고서 'Ⅱ. 사업의 내용'편을 엑셀에 복사하여 계산한 표가 된다. 각 객장별 매출액, 입장객수, 면적 등에 대한 정보가 자세하게 공시되어 있기 때문에 1인당 매출액, 면적당 매출액 같은 수치를 계산할 수 있다.

입장객수는 GKL이 파라다이스보다 두 배 이상 많은 데 반해, 1인당 매출액은 파라다이스의 모든 객장이 GKL보다 높다. 이 수치만 놓고 봐도 GKL은 관광객 위주의 마케팅(Mass Marketing) 비중이, 파라다이스는 VIP 마케팅 비중이 더 높을 것이라는 추정이 가능하다.

관광 목적이라면 카지노에 와서 잃고 가는 돈이 크지 않겠지만, 순수 도박을 위해 방한하는 여행객이라면 1인당 매출액이 클 것이다. 입장객수가 가장 많은 세븐럭(GKL) 힐튼호텔 같은 경우에는 1인당 매출액이 213,324원밖에 안 되는 데 반해, 워커힐을 제외하고 입장객수가 10만 명도 안 되는 파라다이스의 객장들은 1인당 매출액이 100만 원 내외나 될 정도이니 양사 간의 차이가 분명하다는 것을 확인할 수 있다. 특히 입장객수 48,526명밖에 안 되는 인천 파라다이스 같은 경우에는 1인당 잃고 가는 돈이 200만 원에 육박할 정도로 수익성이 가장 좋다. 개장을 앞둔 파라다이스 영종도 복합 리조트가 기대를 받을 만한 이유이기도 하다.

그 다음으로 체크해봐야 하는 정보는 어느 국적의 외국인이 많이 들어오는가에 대한 것이다. 이 역시 파라다이스의 'Ⅱ. 사업의 내용'편에서 확인이 가능하다.

〈그림6-6〉 GKL과 파라다이스 외국인 국적 비교(2011년~2015년)

GKL	2011년	2012년	2013년	2014년	2015년
입장객수	1,428,096	1,516,682	1,617,669	1,570,608	1,600,810
일본인	47.0%	41.3%	34.0%	29.0%	24.6%
중국인	22.7%	27.4%	32.6%	40.4%	44.1%
기타	30.3%	31.3%	33.4%	30.6%	31.3%

파라다이스	2011년	2012년	2013년	2014년	2015년
입장객수	537,700	661,283	733,290	1,053,340	790,705
일본인	22.6%	15.4%	16.3%	11.9%	12.3%
중국인	59.8%	70.5%	68.8%	76.6%	73.7%
기타	17.5%	14.1%	14.8%	11.6%	14.0%

〈그림6-6〉은 GKL과 파라다이스의 입장객수 정보를 보여준다. 전체 입장객 중 국적별로 차지하는 비중을 살펴보면, 역시 중국인의 비중이 매우 높다는 것을 알 수 있다. GKL의 경우 2013년까지 일본인 입장객수가 많았으나 엔저가 계속되고 중국인 여행객들이 급증하면서 2014년부터는 중국인 입장객수가 크게 증가했다. 파라다이스는 예전부터 중국인 입장객수 비중이 높았고, 역시 2014년부터 그 비중이 더 늘어났다. 결국 양사 모두 중국인 입장객이 절대적인 비중을 차지하기 때문에 중국 정부의 해외 카지노 출입에 대한 단속 강화, 각 기업의 해외 마케팅 직원 체포, 사드(THAAD) 문제 등은 실적 악화와 주가 폭락으로 이어질 수밖에 없을 것이다. 그리고 그 충격은 GKL보다 VIP 매출 비중이 큰 파라다이스가 더 클 것으로 추정된다.

엎친 데 덮친 격으로 중국 정부는 2016년 10월에 중국인 방한 관광객

20% 감소 정책을 발표했다. 중국에 대한 매출 의존도가 높은 화장품, 면세점을 비롯하여 외국인 카지노 기업의 타격이 예상된다. 이제 외국인 카지노를 비롯한 중국 관련주는 거의 바닥까지 내려온 듯한 분위기이다. 내리막길은 언젠가 멈출 것이다. 그리고 다시 오르막을 향해 갈 것이다. 악화일로인 중국과의 관계가 다시 좋아지는 분위기로 돌아선다면, 이들 기업의 주가와 실적은 크게 반등할 것이다. 떨어졌다고 포기하기보다는 많이 떨어졌으니 관심 있게 지켜보는 것도 좋은 투자방법이 될 것이다.

한편 파라다이스의 2016년 3분기까지의 실적을 보면 매출과 영업이익이 급격하게 감소되는 면은 보이지 않았다. 오히려 2015년보다 실적이 나아졌다.

〈표6-9〉 파라다이스의 매출 및 영업이익 실적(2014년~2016년 3분기)

(단위: 원)

	2016년 3분기	2015년 3분기	2015년	2014년
매출액	521,213,229,173	437,160,865,361	615,357,060,781	676,154,686,588
영업이익(손실)	59,044,157,031	47,308,326,774	58,321,728,935	79,047,838,732

그 이유에 대해 분기보고서상 'Ⅱ. 사업의 내용' 편을 들여다보면 회사 영업 환경의 큰 변화를 확인할 수 있다.

〈그림6-7〉 파라다이스 2016년 3분기보고서 II. 사업의 내용 중 회사의 현황

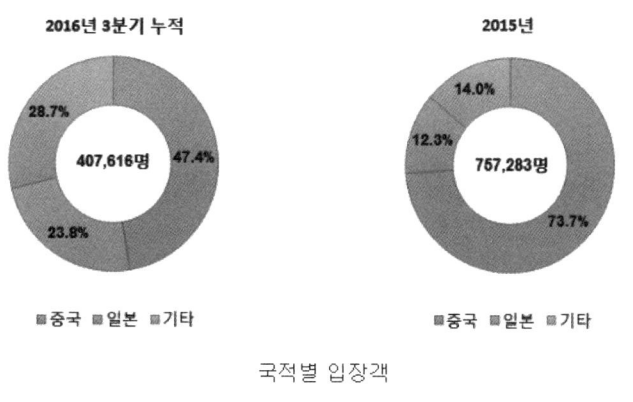

〈그림6-7〉을 보면 중국인 입장객의 감소가 예상됨에 따라 회사는 기타 지역의 입장객수 유치에 적극 노력했음을 알 수 있다. 2015년에 비해 입장객 비율이 크게 변화했다. 중국인 감소는 눈에 띄게 늘었는데, 이 부분을 기타 지역에서 메운 것으로 보인다. 회사는 분기보고서에 기타 국적을 주로 교포 및 기타 아시아인이라고 표시했다.

회사의 적극적인 영업활동으로 기타 지역의 입장객을 유치해서 실적을 유지하는 것은 매우 바람직한 일이다. 중국인에 대한 의존도를 벗어나도 계속 성장할 수 있다는 면을 보여줘도 좋을 것이다. 그러나 아직은 아닌 것 같다는 것이, 〈그림6-8〉 'II. 사업의 내용 중 회사의 현황'을 들여다 보

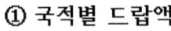 〈그림6-8〉 파라다이스 2016년 3분기보고서 Ⅱ. 사업의 내용 중 회사의 현황

① 국적별 드랍액
연결기준 당사 소프트 드랍액(테이블에 부착된 웹패드에 입력하는 방식으로 산출)은 2016년 3분기 누적으로 VIP 고객이 88.3%, Mass 고객이 11.7% 차지하고 있습니다. 국적별로 보면, 중국인 VIP 고객이 49.3%, 일본인 VIP 고객 25.4%, 기타 국적 VIP 고객 13.6%, 나머지 일반 Mass 고객이 11.7% 순입니다.

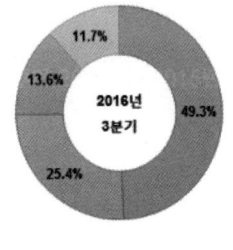 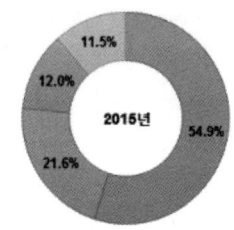
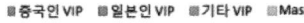

면 나온다.

'Ⅱ. 사업의 내용 중 회사의 현황'을 보면 〈그림6-7〉 같이 입장객수 정보도 나오는데, 〈그림6-8〉처럼 국적별 드랍액에 대한 정보도 확인 가능하다. 드랍액은 카지노 용어인데, 입장객이 게임을 위해 칩을 구매하는 금액을 말한다. 당연히 드랍액이 많으면 많을수록 회사 실적에 기여를 할 것이다.

그런데 〈그림6-8〉을 보면 여전히 중국인 VIP고객들의 드랍액이 절대적으로 높다. 〈그림6-7〉처럼 중국인 입장객 비중이 크게 감소했지만, 그들의 씀씀이는 여전히 크다는 것을 확인할 수 있다. 즉, 기타 지역에서 오는 입장객수가 많이 늘어나긴 했지만 여전히 중국인 VIP에 대한 매출 의존도가 높다는 것을 알 수 있다.

이렇게 외국인 전용 카지노 기업의 사업보고서는 많은 정보를 우리에게 제공한다. 내국인 입장에서 세븐럭이나 파라다이스에 출입할 방법은 없지만, 사업보고서만 잘 들여다봐도 영업 분위기를 느낄 수 있을 만큼 정보가 풍부하다. 〈표6-8〉, 〈그림6-6〉, 〈그림6-7〉, 〈그림6-8〉 등만 살펴봐도 대부분 분석할 수 있다고 해도 과언이 아니다. 외국인 전용 카지노에 관심 있는 투자자라면 이처럼 'Ⅱ.사업의 내용' 편을 주기적으로 모니터링하기 바란다.

PART 7
항공 산업
(FSC vs LCC)

FSC와 LCC, 차원이 다른 재무구조와 손익구조

유가와 탑승객수를 체크하라!

우리나라 주식시장에 상장되어 있는 항공사는 FSC(Full Service Carrier)로 분류되는 대한항공과 아시아나항공, LCC(Low Cost Carrier)로 분류되는 제주항공, 티웨이홀딩스가 있다.

저가항공사로 불리는 LCC는 기내서비스를 최소화하고 동일 기종 항공기를 운항하면서 관리비를 절약하는 방식으로 기존의 대형 항공사인 FSC에 비해 항공운임을 낮게 책정하는 것이 가능해졌다. 실제로 저가항공사 비행기를 타고 해외여행을 나가면 기내식을 제공받지 못하고 승객이 직접 사서 먹어야 한다. 그리고 FSC와 비교하여 서비스에 대한 풍족함도 없다. 하지만 항공운임이 싸기 때문에 그 정도 불편함은 감수하는 게 맞다고 생각한다.

여행 경험과 용어에 대한 정의로 충분히 FSC와 LCC에 대한 구분이 가능할 것이다. 투자자의 관점에서 이들 기업의 사업보고서를 비교해보면 서로간의 차이점은 생각보다 많다. 그리고 그 차이점으로 인해 회사의 손익구조와 재무구조도 많이 다르다는 것을 알게 된다.

저유가로 인해 해외여행객이 계속 늘어나는 중이다. 즉 Q(여객자수)의 증가와 원재료(항공유)의 감소로 항공사들의 실적이 많이 개선되어 왔다. 계속 이런 추세가 지속된다면 산업 전반적으로는 괜찮을 것으로 예상된다. 그렇다면 FSC와 LCC 중 어디가 더 기회가 있을지 사업보고서 분석을 통해 판단하기 바란다.

1. 시장점유율 비교

〈그림7-1〉 제주항공 2015년 사업보고서 중 Ⅱ. 사업의 내용

[국내선 탑승객 시장점유율]

항공사	2015년 탑승객	2015년 MS	2014년 탑승객	2014년 MS	2013년 탑승객	2013년 MS
제주항공	4,195,186	15.0%	3,398,380	13.8%	2,867,111	12.8%
기타 LCC	11,097,323	39.7%	9,092,763	36.9%	7,909,884	35.4%
대한항공	7,431,897	26.6%	6,891,634	28.0%	6,960,631	31.1%
아시아나항공	5,255,729	18.8%	5,264,761	21.4%	4,615,744	20.6%
계	27,980,135	100.0%	24,647,538	100.0%	22,353,370	100.0%

*출처: 국토교통부 항공시장동향(2016.01, 2015.01)

〈그림7-1〉과 같이 제주항공의 사업보고서를 보면 국내선 탑승객 시장점유율(MS, Market Share)이 공시되어 있다. 합계를 보면 2014년은 2013년에 비해 약 230만 명 증가한 2,465만 명이 비행기를 탔고, 2015년은 2014년에

비해 약 330만 명 증가한 약 2,798만 명이 비행기를 탔다. 이렇게 매년 탑승객 숫자가 급증하고 있다. 유가가 싸지고 저가항공 편수가 증가하면서 발생된 현상으로 추정된다. 저가항공의 평일 낮 시간 서울 - 제주 간 노선 요금이 서울 - 부산 간 KTX 요금보다 싼 경우도 있기 때문에 바닷바람 쐬러 부산 가던 사람들이 이제는 제주도로 향하는 것으로 보인다. 이는 통계로도 확인 가능하다.

〈표7-1〉 제주도 관광객 입도 현황 (2014년~2016년)

(단위: 명)

	2016년	2015년	2014년
내국인	12,252,712	11,040,135	8,945,601
외국인	3,598,689	2,624,260	3,328,316
합계	15,851,401	13,664,395	12,273,917

〈표7-1〉과 같이 제주특별자치도 관광협회에서 집계하는 관광객 통계를 보면 2015년은 2014년 대비 약 139만 명(+11%), 2016년은 2015년 대비 약 219만 명(+16%)이 증가했다. 덕분에 제주특별차지도의 렌터카, 숙박, 관광시설 등을 비롯한 대부분의 업종에서 호황을 누리고 있다.

〈그림7-1〉에서 탑승객수를 LCC와 FSC로 나누어 계산해보면, 제주항공과 기타 LCC의 2015년 시장점유율은 54.7%, FSC는 45.4%로 LCC가 더 높다. 제주항공과 기타 LCC의 시장점유율은 점점 올라가고 탑승객도 증가하는데, FSC는 반대로 가고 있다. FSC 입장에서는 국제선에 비해 거리

도 짧고 운임도 저렴하기 때문에 돈 안 되는 국내선에서 탑승객이 감소하는 것이 대수롭지 않을 수 있다. 그러나 대한항공의 사업보고서를 보면 2015년 전체 매출액 11조 5,448억 원 중 국내선 매출액이 약 17%인 1조 9,882억 원에 해당된다. 대수롭지 않다고 단정 짓기에는 매출 규모가 큰 편이다. 더욱이 대한항공은 국내선 뿐만 아니라 국제선 탑승객 시장점유율도 감소하고 있다.

〈그림7-2〉와 같이 대한항공의 사업보고서를 보면 대한항공과 아시아나항공의 국제여객 수송 점유율이 계속 하락하고 있는 데 반해, 기타로 분류

〈그림7-2〉 대한항공 2015년 사업보고서 중 Ⅱ. 사업의 내용

구 분		국제여객 수송점유율	국제화물 수송점유율
대한항공	2013년	27.0%	32.4%
	2014년	24.4%	33.2%
	2015년	24.3%	34.1%
아시아나	2013년	22.8%	18.6%
	2014년	21.3%	19.7%
	2015년	20.0%	17.5%
기타 국내항공사	2013년	11.1%	0.7%
	2014년	12.9%	0.8%
	2015년	16.3%	1.3%
기타 해외항공사	2013년	39.1%	48.3%
	2014년	41.4%	46.2%
	2015년	39.3%	47.2%

된 국내항공사는 계속 성장하고 있다. 유럽, 미주 등 중장거리 노선은 여전히 대한항공과 아시아나항공이 건재하지만, 동남아시아 및 남태평양 등 거리가 짧은 노선은 LCC가 FSC의 시장점유율을 많이 잠식했기 때문으로 판단된다. 이런 탑승객 통계는 FSC와 LCC의 손익계산서에서도 확인이 된다.

2. 실적 추이 비교

　FSC와 LCC 각각 업계 1위인 대한항공과 제주항공의 매출액 추이를 〈그림7-3〉과 같이 그래프로 보면 차이가 명확하다. 대한항공은 금액단위가 10조 원대, 제주항공원은 수천억 원대라 차이는 있지만, 추이가 정반대의 모

〈그림7-3〉 대한항공 및 제주항공 2012년~2015년 매출 추이

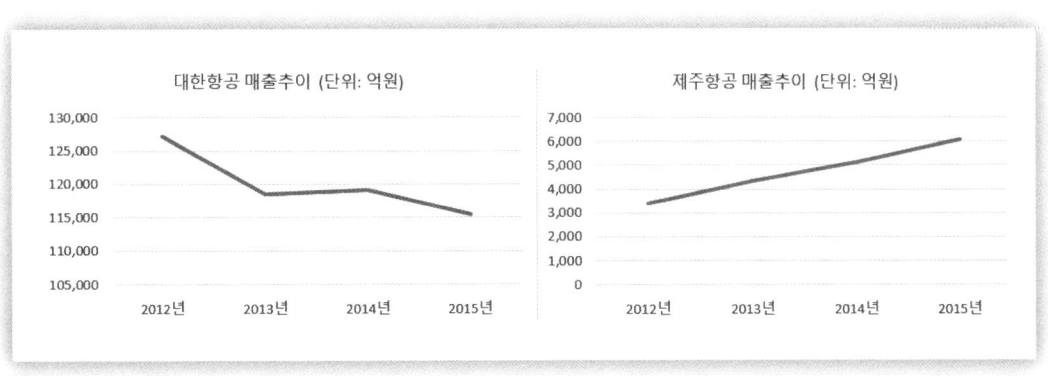

습을 보인다는 게 중요하다. 대한항공은 매출액이 점점 줄어들고 있는 데 반해 제주항공은 매출액이 급격히 증가하고 있다. 수치로 표현해보면 〈표 7-2〉와 같이 대한항공은 연평균 3% 매출 감소, 제주항공은 21% 매출 증가 중에 있다.

〈표7-2〉 대한항공 및 제주항공의 2012년~2015년 실적 추이

(단위: 억 원)

대한항공	2012년	2013년	2014년	2015년	CAGR
매출	127,196	118,487	119,097	115,448	-3%
영업이익	3,186	-196	3,950	8,831	40%
순이익	2,564	-3,836	-4,578	-5,629	
영업이익률	2.5%	-0.2%	3.3%	7.6%	

제주항공	2012년	2013년	2014년	2015년	CAGR
매출액	3,412	4,341	5,106	6,081	21%
영업이익	22	170	295	514	186%
순이익	53	197	320	472	107%
영업이익률	0.6%	3.9%	5.8%	8.5%	

대한항공은 매출액 감소를 겪고 있지만 영업이익은 연평균 40% 증가했고, 영업이익률도 단숨에 7.6%까지 뛰어올랐다. 이에 반해 제주항공은 매출액 증가보다 더 큰 영업이익 증가를 보이고, 영업이익률도 대한항공보

다 높은 8.5%를 기록 중이다. 양사 모두 이익이 성장하고 있는데, 여러 이유가 있겠지만 역시 유가가 실적 개선에 한몫 했을 것으로 추정할 수 있다. 대한항공과 제주항공의 손익계산서상 매출액과 비용의 성격별 분류 주석에서 유류비만 뽑아서 〈표7-3〉과 같이 비교해보면 바로 답이 나온다.

〈표7-3〉 대한항공 및 제주항공의 2013년~2015년 매출액과 연료유류비 비교

(단위: 천 원)

대한항공	2013년	2014년	2015년	CAGR
매출액	11,848,707,841	11,909,748,648	11,544,831,301	-1%
연료유류비	4,336,957,613	4,018,838,531	2,667,105,608	-22%
연료비 비중	37%	34%	23%	-21%

제주항공	2013년	2014년	2015년	CAGR
매출액	434,146,480	510,636,287	608,058,585	18%
연료유류비	151,388,844	166,167,324	143,219,935	-3%
연료비 비중	35%	33%	24%	-18%

약간의 차이는 있지만 양사 모두 매출액에서 연료유류비가 차지하는 비중이 크게 줄어들고 있음을 확인할 수 있다. 2년 전만 해도 대한항공과 제주항공의 연료유류비가 매출액에서 차지하는 비중이 37%, 35%에 달했으나 최근에는 23%, 24%에 불과하니 〈표7-2〉처럼 이익이 급증하는 것은 당연할 것이다.

회사의 항공유 평균원가 역시 사업보고서에서 확인 가능하다. 다음은 대한항공과 제주항공의 사업보고서에 공시된 최근 3년간 항공유 원가 정보이다.

〈그림7-4〉 대한항공 사업보고서 Ⅱ. 사업의 내용 중 주요 원재료 등의 가격변동 추이

(단위 : US Cents / US Gallon)

구분		2015년	2014년	2013년
항공유	국내	169.85	287.13	301.69
	해외	174.93	289.71	307.83

〈그림7-5〉 제주항공 사업보고서 Ⅱ. 사업의 내용 중 주요 원재료 등의 가격변동 추이

(단위: US Cents / US Gallon)

구분		2015년 (제11기)	2014년 (제10기)	2013년 (제9기)
항공유	국내	148.76	279.45	309.45
	해외	199.00	293.86	323.86

대한항공과 제주항공의 항공유 가격 변동 추이를 보면 손익이 크게 개선될 수밖에 없는 상황임을 알 수 있다. 2013년에 비해 대한항공은 평균 43%, 제주항공은 52%(국내), 39%(해외)씩 항공유가 많이 싸졌다. 항공사가 유가 하락의 수혜주로 꼽히는 이유도 여기서 찾을 수 있겠다.

한편 유류비가 매출액에서 차지하는 비중은 양사 간에 큰 차이가 없지만, 그 외 비용구조는 FSC와 LCC 간의 특성 차이로 인해 완전 다르다. 그 차이에서 기회와 위기를 판단해보기 바란다.

3. 손익구조 비교

　FSC는 기본적으로 비행기를 사와서 운항하는 구조이다. 비행기를 사오기 때문에 비행기에 대한 소유권 또한 항공사에 있다. 그에 반해 LCC는 비행기를 빌려와서 운항하는 구조이다. 비행기를 빌려오기 때문에 비행기에 대한 소유권은 없고, 임차료만 지불한다.

　단 FSC의 기업 외형이 아무리 크다고 해도 비행기를 회사 돈으로 한 번에 척척 사오지는 못한다. 하늘을 나는 7성급 호텔로 알려진 A380의 대당 가격만 4,000억 원이 넘는 것으로 알려져 있다. 대한항공에서 10대만 사와도 4조 원인데 그만한 자금 여유가 없다 보니, 결국 은행에서 돈을 빌리거나 할부(리스)로 사올 수밖에 없다.

　이에 반해 LCC는 비행기를 빌려오는 구조이므로 목돈이 들어가지 않는다. 비행기 임차료, 인건비, 기타 영업비용 이상의 매출만 발생시키면 이익을 낼 수 있는 구조이다. 그러나 FSC는 여러 영업비용 외에 리스 및 차입금 관련 이자비용도 만만치 않기 때문에 이익을 내기가 쉽지 않은 구조이다. 이렇게 대략 양사 간의 차이를 이해하고 본격적으로 손익구조를 비교해보자.

〈표7-4〉는 각 회사들의 비용의 성격별 분류 주석에 나오는 주요 영업비용(매출원가, 판매비와관리비)을 매출액으로 나누어 작성한 표이다. 매출액에서 중요하게 차지하는 비용이 무엇인지 분석하기 위한 것인데, 연료유류비만 공통적으로 비중이 다 높고 그 다음부터는 차이가 많다는 것을 알 수 있다.

〈표7-4〉 **대한항공 및 제주항공 영업비용 / 매출 비교**

(단위: 천 원)

대한항공 영업비용 구조			제주항공 영업비용 구조		
비용계정	금액	비용/매출	비용계정	금액	비용/매출
연료유류비	2,667,105,608	23%	연료유류비	143,219,935	24%
인건비	2,091,038,504	18%	공항관련비	100,583,360	17%
상각비 (감가, 무형)	1,650,924,845	14%	임차료	84,903,717	14%
공항관련비	1,024,197,703	9%	종업원급여	80,005,778	13%
판매수수료	298,034,218	3%	정비비	67,378,609	11%
임차료	229,363,586	2%	상각비 (감가, 무형)	9,749,087	2%
기타	2,701,078,556	23%	기타	70,808,319	12%

대한항공은 연료유류비 다음으로 인건비, 상각비, 공항관련비 순이다. 전 세계를 누비는 국적 항공사답게 인건비 비중이 크다. 그 다음으로 중요한 비용은 바로 감가상각비이다. 감가상각비 비중이 큰 이유는 앞서 설명한 대로 비행기에 대한 소유권이 대한항공에 있기 때문이다. 즉 유형자산으로 분류되는 항공기 취득원가만 2015년말 현재 16조 원이 넘으니 감가상각비가 클 수밖에 없을 것이다. 이에 반해 제주항공의 감가상각비는 매출액 대비 2%에 불과하다. 비행기에 대한 소유권이 없는, 즉 항공기 유형자산이 없기 때문에 감가상각비가 크지가 않다. 대신 항공기를 빌려오는 구조이므로 제주항공은 항공기에 대한 임차료가 매우 높다. 매출액 대비 14%를 차지하고 있다.

또한 정비비가 매출액 대비 11%로 매우 중요한 부분을 차지한다. 정비비는 실질적으로 현금이 유출되는 비용은 아니다. 제주항공이 비행기를 임차하는 기간이 만료되고 다시 돌려줄 때 발생할 비용을 미리 인식하는 것이다. 예를 들어 임차기간이 10년이고, 10년 후에 비행기를 깨끗이 정비하고 돌려줘야 하는데, 약 10억 원의 비용이 발생할 것이라고 추정된다고 가정해보자. 10억 원의 비용은 분명 비행기 임차만료 때인 10년 후에 현금으로 유출될 것이다. 그런데 회계에서 수익과 비용은 항상 같은 기간에 대응시키라고 했다(수익비용대응의 원칙). 즉 현금지출은 10년 후에 되겠지만, 손익계산서에 비용인식은 10년 후가 아닌 10년 동안 골고루 해야 한다는 것이다. 왜냐하면 10년간 비행기를 임차하면서 수익이 발생하기 때문에 그 기간 동안 비용도 나누어 인식하는 것이다.

회사는 임차기간 동안 비현금성 비용인 정비비를 비용으로 인식하고, 같은 금액을 재무상태표에 정비충당부채로 올려놓는다. 그리고 10년 후에 비행기를 정비하면서 현금이 빠져 나갈 때는 손익계산서에 정비비를 인식하지 않고, 재무상태표에 달려 있는 정비충당부채가 빠져 나가면서 현금이 감소된다. 10년 후에 비행기 임차계약기간이 끝나면 더 이상 그 비행기에서 수익이 발생되지 않기 때문에 비용도 인식하지 못한다. 따라서 정비 관련 현금지출을 손익계산서상 비용으로 인식하는 게 아니라 미리 인식했던 충당부채를 없애는 것이다.

정리하면, FSC는 비행기에 대한 감가상각비가 큰 반면, LCC는 임차료 및 정비비가 큰 편이다. LCC의 임차료와 정비비가 매출액의 25%를 차지하니 오히려 FSC의 감가상각비 비중 14%보다 높아서 불리한 것 아닌가 하는 생각이 들 수도 있다. 비용 부담이 크니 차라리 비행기를 사오는 것이 더 나은 전략이 될 수도 있을 것 같다. 제주항공도 그런 생각이 들었는지 서서히 항공기를 구매하는 방식을 통해 정비비와 임차료를 절감하겠다는 입장을 내놓은 바 있다.

4. 운용리스 vs 금융리스

제주항공은 비행기를 빌려 쓰는 구조이다. 빌리는 기간 동안 임차료를 지급하고 계약이 만료되면 깨끗이 정비해서 되돌려준다. 이에 반해 대한항공은 비행기를 사오는 구조이다. 단 모든 비행기를 사오지는 않는다. 대한항공도 항공기를 빌려 쓰는 구조를 일부 이용한다. 그런데 양사 간 빌려 쓰는 방식은 차이점이 있다. 결론부터 얘기하자면 대한항공은 금융리스, 제주항공은 운용리스 방식이다.

용어가 어려워 보이지만, 개념은 매우 간단하다. 자동차를 렌트해서 타다가 36개월 뒤에 돌려주는 방식은 운용리스다. '바디프랜드' 안마의자를 이용하다가 39개월 뒤에 회사에 반납하지 않고 소유권이 나에게 넘어오는 방식은 금융리스다. 금융리스는 할부와 개념이 비슷하다. 재화를 구입하고 싶은데 한번에 목돈을 낼 수 없으니 할부로 나누어 내고, 할부기간이 끝나면 나에게 소유권이 넘어오는 것으로 생각하면 된다. 조금 더 전문적

〈그림7-6〉 **금융리스와 운용리스의 차이**

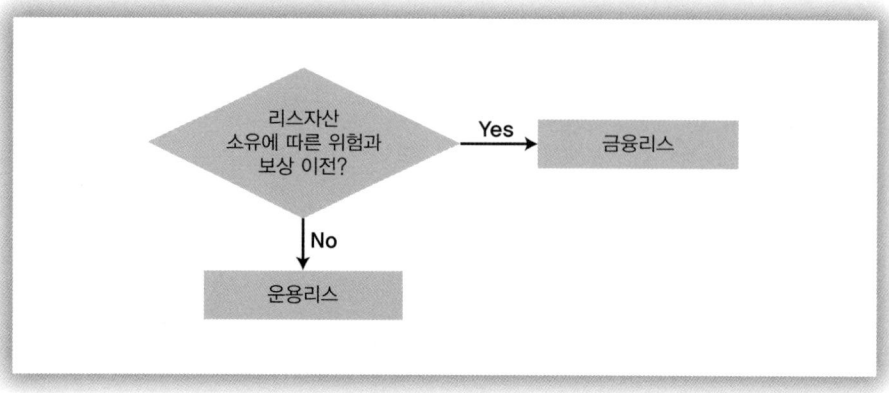

인 표현으로 차이를 설명한다면 〈그림7-6〉과 같다.

　금융리스와 운용리스는 결국 소유에 따른 위험과 보상이 이전되는가가 중요한 판단 요소가 된다. 대한항공은 'Yes' 이므로 금융리스로 분류하고, 비록 할부로 구입중인 비행기지만 소유권은 대한항공으로 이전된 것으로 보아 유형자산으로 분류한다. 'No'인 제주항공은 운용리스로 분류하고 항공기를 유형자산으로 인식하지 않고 매월 임차료만 지급한다. 제주항공에 비행기를 빌려준 항공기 리스업체가 그 항공기의 소유권을 갖고 있으므로 그 업체가 유형자산으로 인식하고 감가상각을 한다.

　렌탈업도 마찬가지이다. 자동차 렌탈을 전문적으로 하는 기업은 자동차의 소유권을 갖고 있으므로 많은 렌탈용 자동차들을 유형자산으로 분류한다. 반면 대부분의 소유권이 고객에게 넘어가는 안마의자 제조회사 바디프랜드의 경우, 유형자산 금액과 감가상각비가 매우 적다. PART 8. 자동차 렌탈 산업 부분에서 자동차 렌탈을 전문적으로 하는 상장기업 AJ렌터카와 레드캡투어 사례를 보면서 개념 정리를 다시 하겠다.

대한항공과 제주항공의 입장에서 금융리스와 운용리스를 각각 어떻게 처리하는지 표로 만들어보면 〈표7-5〉와 같이 정리된다.

〈표7-5〉 재무제표상 금융리스와 운용리스의 차이

	금융리스	운용리스
계약기간 종료 후	소유권 이전 또는 염가로 구매	리스회사에 반납
계약기간 동안	리스료(원금 분할납부 + 이자)	월 리스료 납입
리스자산 처리	자산으로 인식	자산 인식 안함
리스부채 처리	원금과 이자비용에 대한 현재가치를 부채로 처리	부채 인식 안함
사례	대한항공 A380 10년 금융리스 계약 리스 개시일: 리스자산과 리스부채 각각 4,000억 원 인식 리스기간 동안 리스자산 – 감가상각(리스기간 이후까지 가능) 리스부채 – 매년 원금과 이자 납부하면서 감소됨. 초기부터 거액의 리스부채가 인식되므로 부채 비율↑	제주항공 보잉737 10년 운용리스 계약 리스 개시일: 자산, 부채 인식 없음 리스기간 동안 매월 리스료 발생 매년 정비충당부채 비용 조금씩 인식 10년 후 정비충당부채 감소되면서 현금(정비 비용) 유출.

금융리스는 계약기간 만료 때 소유권이 이전되거나 계약조건에 따라 염가로 구매할 수 있는 선택권을 가진다. 운용리스는 계약기간이 만료되면 내가 가질 수 없으므로 리스회사에 반납한다. 금융리스 방식은 어차피 소유권이 회사로 넘어오게 되기 때문에 회사는 리스 개시일부터 총액을 동시에 자산(리스자산)과 부채(리스부채)로 각각 인식한다. 회사 소유이므로

리스자산은 회사가 사용하는 기간 동안 감가상각을 시킨다. 리스부채는 서서히 갚아나가야 하는 할부금 개념이다. 즉 매월 일정금액의 원금과 이자가 빠져 나가면서 서서히 감소된다.

대한항공의 재무상태표를 보면 거액의 리스자산이 유형자산에, 거액의 리스부채가 상환스케줄에 따라 유동부채 및 비유동부채에 각각 표시되어 있다.

리스자산은 유형자산 안에 포함되어 있으며 〈그림7-7〉과 같이 유형자산 주석사항에서 금액 확인이 가능하다.

〈그림7-7〉 대한항공 2015년 사업보고서 연결재무제표 주석 중 유형자산

15. 유형자산

(1) 당기말과 전기말 현재 유형자산 장부금액의 구성내역은 다음과 같습니다.

구 분	당기말			
	취득가액	감가상각누계액	손상차손누계액	장부금액
토지(*)	1,957,073,752	-	-	1,957,073,752
토지리스자산(*)	21,460,341	-	-	21,460,341
건물	837,432,279	(318,153,949)	-	519,278,330
구축물	166,284,348	(88,289,718)	-	77,994,630
기계장치	361,094,754	(272,138,176)	-	88,956,578
항공기	6,232,727,346	(4,036,440,034)	(9,300,499)	2,186,986,813
엔진	1,975,212,076	(1,153,325,002)	-	821,887,074
항공기리스자산	10,075,357,495	(2,267,857,974)	-	7,807,499,521
엔진리스자산	2,824,990,797	(863,620,919)	-	1,961,369,878
항공기재	251,099,305	(131,846,646)	-	119,252,659
기타유형자산	520,774,183	(394,150,484)	-	126,623,699
건설중인자산	2,162,319,312	-	-	2,162,319,312
합 계	27,385,825,988	(9,525,822,902)	(9,300,499)	17,850,702,587

유형자산 17조 8,507억 원 중 항공기리스자산과 엔진리스자산의 합이 약 9조 7,689억 원이나 된다. 직접 사온 항공기(2조 1,869억 원), 엔진(8,219억 원)보다 훨씬 더 큰 금액임을 알 수 있다. 이 숫자만 봐도 회사의 일반 장단기차입금보다 리스부채 금액이 더 크겠다는 추정도 가능하고 실제로 재무제표를 봐도 그렇다.

〈표7-6〉 대한항공 2015년 사업보고서 연결재무제표 중 차입금 내역

(단위: 원)

대한항공 2015년 차입금 현황		
	계정과목	금액
유동부채	단기차입금	869,438,288,239
	유동성장기부채	3,926,165,863,518
	유동성금융리스부채	1,234,471,372,847
비유동부채	장기차입금	1,095,489,597,475
	사채	693,001,331,761
	자산유동화차입금	1,181,066,071,280
	채무인수장기차입금	13,030,137,897
	금융리스부채	7,155,363,101,534
	차입금 총계	16,168,025,764,551

〈표7-6〉만 봐도 금융리스부채가 대한항공 전체 차입금에서 차지하는 비중이 50%가 넘는다는 사실을 알 수 있다. 회사 입장에서 은행에서 차입하고 사채를 발행하고 자산유동화(ABS) 등 여러 방법으로 자금을 조달해서 그 자금으로 비행기를 구입할 수 있다. 또한 리스회사를 통해서 금융리스 방식으로 마련하는 것도 가능하다. 회사 내부의 자금조달과 재무상황에 맞게 잘 판단했겠지만 투자자는 그 부분에 대한 정보는 잘 모르고 크게 중요한 부분도 아니다.

재무상태표와 손익계산서가 어떤 형태로 구성되어 있고 손익에 어떻게 영향을 미치는지 정도만 파악하면 될 것이다. 금융리스와 운용리스 방식에 따른 차이점을 살펴봤고 손익에 미치는 영향을 확인했으니, 이젠 FSC와 LCC의 재무구조를 비교해보도록 하겠다.

5. 재무구조 비교

대한항공의 총자산 규모는 24조 원이 넘을 정도로 크다. 재무제표 또한 엄청나게 길게 표시되어 있으므로 분석할 엄두가 나지 않는 투자자들이 있을지도 모르겠다. 그러나 복잡할수록 단순화시키라고 했듯이 재무제표 또한 크게 묶어서 분류하고 분석하면 그렇게 어렵지 않다.

재무상태표에서 큰 금액 위주로 묶어서 보면 〈표7-7〉과 같다. 자산의 75% 이상이 유·무형자산이고, 부채의 75% 가까이 되는 금액이 차입금과

〈표7-7〉 **2015년말 대한항공 주요 자산, 부채 현황**

(단위: 백만 원)

자산 계정과목명	금액	비중
현금, 예금 등	1,079,469	4.50%
유무형자산	18,454,967	76.30%
투자지분증권	692,148	2.90%
기타자산	3,953,767	16.40%
자산 계	24,180,351	100.00%

부채 계정과목명	금액	비중
차입금,사채	7,778,191	35.90%
금융리스부채	8,389,834	38.70%
이연수익	1,746,085	8.10%
퇴직급여부채	1,027,681	4.70%
기타부채	2,739,525	12.60%
부채 계	21,681,316	100.00%

금융리스부채이다. 즉 빌린 돈으로 비행기를 사와서 사업하는 구조라고 봐도 될 만큼 재무제표가 명확하다. 유·무형자산은 〈그림7-7〉에서 확인했 듯이 사오거나 리스한 항공기와 엔진이 대부분을 차지한다. 현금, 예금 등 이 1조 원 넘게 있지만, 차입금, 사채, 금융리스부채가 16조 원 이상이므 로 '내 돈'이라고 표현할 수 없고 '빌린 돈의 일부'라고 봐야할 것이다.

부채에서 차입금, 사채, 금융리스부채 다음으로 많이 잡혀 있는 부채는 바로 '이연(移延)수익'이다. 차입금 등 갚아야 할 돈이 워낙 많기 때문에 이연수익이 큰 숫자는 아니지만, 단일 계정과목으로 1조 7,000억 원이 넘 는 금액이고 항공사에서 중요한 부채로 볼 수 있다.

이연수익은 쉽게 마일리지라고 이해하면 된다. 고객들이 일정 마일리지 이상을 채우면 항공기를 무료로 탈 수 있기 때문에 회사에서는 의무에 해 당된다. 하지만 고객이 마일리지를 행사하면 회사는 부채로 인식된 이연 수익이 감소되고 같은 금액만큼 매출로 인식되므로 좋은 부채라고 표현할 수 있다. 마일리지를 행사하는 고객에게 비행기를 태워주는 의무만 다하 면 매출로 잡히므로 같은 부채라도 차원이 다르다. 문제는 고객들이 계속 마일리지를 행사하지 않고 쌓아가다 보면 회사 입장에서는 적잖은 부담으 로 작용한다는 것이다.

고객에게 항공권 구매금액의 5%를 마일리지로 적립해준다고 가정해보 자. 10만 원짜리 비행기 티켓의 마일리지는 5,000원이다. 회사는 고객으로 부터 10만 원을 수취하지만, 매출로 인식하는 금액은 95,000원뿐이다. 나 머지 5,000원은 고객이 추후에 마일리지를 행사할 때까지 이연된다. 수익 이 뒤로 이연되기 때문에 '이연수익'이라는 명칭을 쓴다. 그런데 항공기 마일리지 특성상 고객들은 일정 마일리지 이상이 될 때까지 행사하지 않고 계속 쌓기만 하기 때문에 회사 입장에서는 부채 비중만 커지고 수익 인식은 계속 미루어지는 문제가 발생된다. 그러다보니 마일리지, 포인트를 지급하는 기업 입장에서는 유효기간을 설정할 수밖에 없다. 그래서 요즘은 마일리지의 유효기간이 정해져 있다.

항공사의 경우에는 10년 정도의 유효기간을 정해두고 쓰지 않으면 소멸시킨다. 소멸되면 더 이상 고객에 대한 의무가 존재하지 않으므로 이연수익을 감소시키고 매출로 인식할 수 있다. 또한 이연수익 감소, 매출 증가를 위해 마일리지를 비행기 타는 것 외에 다른 업체에서도 이용할 수 있게끔 제휴관계를 넓혀 마일리지의 사용을 독려하고 있다. 연말이나 분·반기말에 마일리지, 포인트가 쌓이는 기업들이 전화나 메시지로 포인트 사용을 권장하는 것도 결국은 같은 맥락이다.

이번에는 LCC의 대표주자격인 제주항공의 자산과 부채를 살펴보자. 〈표7-7〉에서 살펴봤던 FSC 대표주자 대한항공과 자산, 부채 구성내역이

〈표7-8〉 **2015년말 제주항공 주요 자산, 부채 현황**

(단위: 천 원)

자산 계정과목명	금액	비중	부채 계정과목명	금액	비중
현금, 예금 등	273,586,750	57%	선수금	110,440,659	45%
유형, 무형자산	52,806,748	11%	차입금	19,718,900	8%
보증금	66,642,027	14%	정비충당부채	44,985,014	18%
기타자산	84,705,436	18%	미지급금	40,273,660	16%
자산계	477,740,961	100%	기타부채	30,504,346	13%
			부채계	245,922,579	100%

많이 다르다.

일단 제주항공은 기업공개(IPO)를 통해 주식시장에 상장한 지 얼마 안 됐고, 공모자금 1,000억 원이 넘는 돈이 들어왔기 때문에 현금, 예금이 많은 편이다. 차입금도 197억 원에 불과하기 때문에 자금의 여유는 충분하고, 영업활동에서 안정적으로 돈을 벌고 있기 때문에 회사는 비행기를 자체적으로 구입하는 계획을 세울 수 있을 것이다.

또한 서울 홍대입구에 호텔을 짓는 데에도 간접 참여하여 항공사업과 시너지를 내겠다는 계획도 세웠고 공시 또한 했었다. 단 시장에서는 중국과의 외교관계 및 호텔 초과 공급, 관광객 감소 등을 우려해서인지 공시와 함께 주가는 본격적인 하향세에 빠졌다. 시장에서는 좋게 보는 것 같지는 않다.

그래도 회사 자산의 50% 이상은 현금으로 차 있다. 회사는 비행기를 소유하는 구조가 아니므로 유형자산 금액은 별로 크지 않다. 대신 임차료가 많은 관계로 보증금 금액이 자산에서 큰 부분을 차지한다. 보증금은 임차기간이 종료되면 돌려받는 돈이므로 당연히 자산의 요건을 충족한다. 이렇게 제주항공 같은 LCC는 FSC와 달리 중요한 자산계정과목이 보증금 정도이다. 부채 쪽 역시 대한항공과 많이 다르다. 일단 선수금 비중이 가장 높다. 그런데 대한항공도 〈표7-7〉의 기타부채에 묶여 있는 선수금이 약 9,000억 원에 달할 정도로 금액이 큰 편이다. 단 1조 원이 넘는 다른 여러 부채들에 비해 작아서 크게 티가 안 날 뿐이다.

고객 입장에서 본다면, 비행기를 타기 전에 항공권 예약은 필수다. 보통 항공권을 구입하고 비행기는 한참 뒤에 탄다. 회사 입장에서는 돈은 미리 받았는데 아직 비행기를 태워줘야 하는 의무는 다 이행하지 못했다. 따라서 이렇게 예약 때 미리 받은 돈을 선수금이라는 부채로 표시한다. 그리고 그 금액만큼 회사의 자산에 현금으로 들어와 있다. 즉 제주항공의 현금, 예금 2,735억 원은 선수금과 공모자금, 여유 현금 등으로 구성되어 있다고 보면 될 것이다. 고객에게 정해진 날짜에 비행기를 태워주면 의무를 다하는 것이므로, 그때에 선수금은 감소되고 매출로 인식된다. 즉 이연수익처럼 좋은 부채의 성격이다.

선수금 다음으로 많은 부채는 앞서 설명한 정비충당부채이다. 비행기 운용리스기간 계약 종료 후 비행기를 반환할 때 정비해야 하는 비용을 미리 부채로 잡아놓은 것이다. 지금 당장 현금유출은 없었지만 앞으로 현금유출이 예상되므로 부채 요건에 해당된다.

6. FSC와 LCC의 손익구조와 재무구조 비교 정리

　FSC는 비행기를 사오거나 금융리스하는 구조이고, LCC는 비행기를 운용리스로 빌려와서 영업하고 있다는 것을 살펴봤다. 비싼 비행기를 사오는 FSC는 거액의 차입금과 리스부채로 인해 재무구조가 좋지 않다. 반면 LCC는 재무구조가 매우 좋다. 단 LCC도 FSC처럼 비행기를 사오거나 금융리스하는 비중을 늘리기 시작한다면, FSC 같이 재무구조가 안 좋아질 수 있을 것이다. 지금 당장 발생할 일은 아니고, LCC 입장에서는 재무구조, 이자부담, 현금흐름 등을 다 고려해서 결정할 것이므로 크게 악화될 가능성은 없을 것으로 예상된다.

　FSC는 이렇게 차입금과 리스부채로 인해 금융비용이 많이 발생된다. 또한 외화 관련 손실도 항상 많기 때문에 영업이익이 발생해도 당기순손실을 면하기가 어렵다.

〈그림7-8〉 대한항공 2013년(52기)~2015년(54기) 손익계산서

(단위 : 원)

	제 54 기	제 53 기	제 52 기
매출	11,544,831,301,113	11,909,748,647,633	11,848,707,841,058
매출원가	9,517,396,914,141	10,389,544,233,389	10,753,625,694,381
매출총이익	2,027,434,386,972	1,520,204,414,244	1,095,082,146,677
판매비와관리비	1,144,346,106,332	1,124,869,072,299	1,114,644,235,732
영업이익(손실)	883,088,280,640	395,335,341,945	(19,562,089,055)
금융수익	56,270,826,080	52,732,344,829	105,830,232,667
금융비용	515,966,951,313	633,123,874,207	526,709,953,777
지분법이익(손실)	17,485,046,270	7,137,755,728	(45,201,769,715)
기타영업외수익	385,914,005,492	536,917,122,291	733,086,549,602
기타영업외비용	1,313,154,335,851	800,692,796,089	717,548,570,854
법인세비용차감전순이익(손실)	(486,363,128,682)	(441,694,105,503)	(470,105,601,132)
법인세수익	(85,493,975,209)	(156,852,506,176)	(112,861,965,700)
계속영업이익(손실)	(400,869,153,473)	(284,841,599,327)	(357,243,635,432)
중단영업손실	(162,098,133,747)	(328,079,855,652)	(26,311,730,152)
당기순이익(손실)	(562,967,287,220)	(612,921,454,979)	(383,555,365,584)

〈그림7-8〉과 같이 대한항공 2015년 사업보고서에 공시된 최근 3년 손익계산서를 보면 중단사업을 제외한 계속사업 기준으로 3년째 당기순손실을 기록하고 있다.

특히 유가 하락으로 인하여 2014년과 2015년의 영업이익이 크게 개선되는 상황에서도 적자를 면치 못하고 있으니 투자자 관점에서는 선뜻 투자하기가 망설여지는 기업일 수밖에 없다. 유가가 상승 반전하고 경기가 더 악화된다면 2년 전과 같이 영업손실도 나올 수 있기 때문이다.

영업이익과 당기순이익 사이의 계정과목을 보면 금융비용과 기타영업

외비용에서 큰 비용들이 발생했고, 이로 인해 매년 당기순손실이 발생되는 것으로 확인된다.

금융비용을 주석사항에서 찾아보면 이자비용이 대부분이고, 기타영업외비용은 외화환산손실과 외환차손이 대부분이다. 금융 관련된 비용과 외화 관련해서 손실이 매년 크게 발생하는 기업이다 보니 이 기업은 영업이익도 중요하지만, 당기순손실이 더 중요한 손익지표가 될 수 있을 것이다.

반면 제주항공의 손익계산서 모습은 대한항공과는 많이 다르다.

〈그림7-9〉 제주항공 2013년(9기)~2015년(11기) 손익계산서

(단위 : 원)

	제 11 기	제 10 기	제 9 기
매출액	608,058,585,059	510,636,286,681	434,146,480,411
매출원가	486,068,423,985	423,317,217,776	372,625,549,290
매출총이익	121,990,161,074	87,319,068,905	61,520,931,121
판매비와관리비	70,580,382,279	57,799,843,052	44,494,914,007
영업이익(손실)	51,409,778,795	29,519,225,853	17,026,017,114
기타수익	17,040,734,158	10,798,602,131	5,788,906,482
기타비용	12,909,973,315	8,407,957,180	5,881,235,310
금융수익	3,613,176,569	3,961,841,219	2,732,839,777
금융비용	6,154,438,312	3,864,700,448	13,377,735
법인세비용차감전순이익(손실)	52,999,277,895	32,007,011,575	19,653,150,328
법인세비용	5,842,107,462		
당기순이익(손실)	47,157,170,433	32,007,011,575	19,653,150,328

제주항공은 영업이익과 당기순이익 간에 큰 차이가 발생하지 않는다. 이 회사도 대한항공처럼 금융비용과 기타비용 금액이 큰 편이기는 하지

만, 영업이익을 훼손할 만큼은 아니다. 그리고 기타수익이 기타비용을 상쇄하고 있고, 금융비용만 2015년에 조금 컸다.

주석사항에서 내용을 살펴보면 역시 외화환산손실과 외환차손이 컸고, 파생상품 관련 평가손실이 발생했다. 대한항공과 제주항공 모두 환위험과 유가 변동에 노출되어 있기 때문에 위험 회피 목적으로 파생상품을 운용하는데, 양사 모두 성과가 그렇게 좋지는 않은 듯하다.

만약 제주항공도 대한항공처럼 비행기를 금융리스하거나 사오는 구조로 간다면, 〈그림7-9〉의 모습은 많이 변할 것으로 예상할 수 있다. 감가상각비가 커질 것이나 그만큼 임차료와 정비비가 감소할 것이므로 영업이익까지 숫자 변화는 크지 않을 것 같다. 단 금융리스나 차입금 증가로 금융비용은 지금보다 많이 증가될 것이다. 그런 구조로 간다면 제주항공도 대한항공처럼 영업이익 아랫단의 금융비용과 기타비용을 살펴보고 당기순이익을 조금 더 중요한 성과지표로 보고 판단해야 할 것이다.

7. 현금흐름 비교

FSC와 LCC 간에 현금흐름도 큰 차이가 발생한다. 현금흐름표를 보기 전에 지금까지 재무와 손익구조만 놓고 판단해봐도 답은 미리 예상 가능할 것이다. FSC는 차입금과 리스부채의 원금과 이자를 갚느라 현금흐름이 좋지 않을 것으로 예상되고, LCC는 FSC보다는 나은 현금흐름을 예상할 수 있다.

제주항공의 현금흐름표를 요약해보면 〈표7-9〉와 같다.

〈표7-9〉 제주항공 2013년(9기)~2015년(11기) 요약 현금흐름표

(단위: 원)

	제 11 기	제 10 기	제 9 기
영업활동으로 인한 현금흐름	72,127,346,453	60,334,252,134	47,443,678,446
영업에서 창출된 현금	77,606,934,899	57,411,309,513	45,509,787,755
이자수취	761,963,070	3,190,078,922	2,312,000,599
이자지급	-56,465,635		-13,377,735
법인세납부(환급)	-6,185,085,881	-267,136,301	-364,732,173
투자활동현금흐름	-152,046,290,943	-4,557,806,750	-49,725,731,458
재무활동현금흐름	127,365,223,000		-6,785,095,260
현금및현금성자산의 순증가(감소)	48,174,593,846	56,778,297,264	-9,077,208,732

　제주항공은 매년 안정적으로 순이익 이상의 영업활동현금흐름을 창출하고 있다. 투자활동현금흐름과 재무활동현금흐름이 2015년에 유독 큰 것은 1회성이다. 2015년에 유상증자로 인해 재무활동에서 현금이 유입되었고, 회사는 이 돈 대부분을 단기금융상품에 넣어두면서 투자활동에서 현금유출이 발생한 것이다. 이 부분만 제외하면 특별한 것은 없다.

　반면 대한항공 현금흐름은 좀 복잡하고 봐야 할 부분이 많다.

〈표7-10〉 **대한항공 2013년(52기)~2015년(54기) 요약 현금흐름표**

(단위: 천 원)

	제 54 기	제 53 기	제 52 기
영업활동으로 인한 현금흐름	2,728,023,077	1,863,563,778	1,949,344,874
영업활동에서 창출된 현금흐름	2,687,419,091	1,788,006,745	1,836,405,531
이자의 수취	46,472,559	40,579,719	33,109,043
배당금의 수취	6,639,475	40,202,319	95,039,218
법인세의환급	-12,508,048	-5,225,005	-15,208,918
투자활동으로 인한 현금흐름	418,728,667	-1,064,948,500	-1,354,764,904
재무활동으로 인한 현금흐름	-2,996,598,896	-1,137,933,484	-927,483,189
현금및현금성자산의 순증감	150,152,848	-339,318,206	-332,903,219

〈표7-10〉을 보면 큰 영업활동현금흐름 유입을 보이고 있는 데 반해, 재무활동의 현금흐름은 큰 금액이 매년 유출되고 있다. 영업활동에서 큰돈을 벌었으니 투자활동에 쓰고 남는 돈은 차입금과 리스부채 갚는 데 쓰니까 이상적으로 보일 수도 있다. 그런데 영업활동으로 인한 현금흐름을 제주항공과 비교해보면 무언가 차이점이 있다.

〈표7-9〉에서 제주항공은 영업활동으로 인한 현금흐름에 이자의 지급이 차감 표시되어 있는 데 반해, 대한항공에는 그 부분이 아예 없다. 사업보

고서에서 대한항공의 현금흐름표를 자세히 찾아보면 그 부분은 영업활동이 아닌 재무활동에서 차감 표시되어 있다. 즉 이자 지급은 차입금과 리스부채 등으로 인해 발생되는 것이므로 영업활동이 아닌 재무활동에서 빼는 것이 맞다는 논리인 듯하다. 그렇다면 이자의 수취는 금융상품에서 발생되는 부분이므로 이 역시 영업활동에서 가산하는 것이 아니라 투자활동에서 가산하는 것이 논리상 맞을 것이다.

그런데 대한항공을 포함한 대부분의 한진그룹 계열사들은 현금흐름을 〈표7-10〉처럼 이자의 수취는 영업활동현금흐름에 가산하고, 이자의 지급은 재무활동에서 차감한다. 영업활동현금흐름을 좋게 만들기 위한 것이 아닌지 의심이 들 정도이다. 대부분의 기업들은 〈표7-9〉의 제주항공과 같은 방식으로 현금흐름표를 만드는데, 일부 기업들은 대한항공 방식의 현금흐름표를 만들기도 한다. 현금흐름표 작성 방식에 대해 한국채택국제회계기준에서 일률적인 작성 방법을 제시하는 것이 아니라 회사 각자 회계정책에 맞게 작성하면 되므로 이렇게 차이가 발생하곤 한다.

대한항공이 내세운 현금흐름 작성 논리도 틀린 얘기는 아니지만, 맞는 얘기도 아니다. 왜냐하면 영업활동현금흐름은 비현금성 및 현금성 수익과 비용이 모두 포함된 당기순이익에서 비현금성비용을 가산하고 비현금성 수익을 차감하는 것부터 시작한다. 이 금액은 영업활동으로 인한 현금흐름 안에 '조정'이라는 계정과목에 들어가 있다. 이자수익과 이자비용 역시 비현금성과 현금성이 모두 포함되어 있기 때문에 일단 전액을 조정사항에서 차감하고 가산한다. 그 다음에 순수하게 현금을 지급한 이자비용을 차감하고, 이자 수취액을 가산하는 식으로 작성을 한다. 이것이 제주항공을 포함한 일반적인 기업들이 작성하는 현금흐름표 방식이다.

그런데 대한항공처럼 현금흐름표를 작성하면 현금성과 비현금성이 모두 포함된 이자비용 3,724억 원은 가산되어 있는데, 현금으로 지출한 이자지급액 3,857억 원은 재무활동에서 차감되어 있어서 영업활동현금흐름 숫자가 크게 보일 우려가 있다. 대한항공도 제주항공과 같은 방식으로 현금흐름표를 만든다면 대한항공의 영업활동현금흐름은 지금보다 약 3,857억 원이 적어져야 한다.

그래도 2조 원이 넘는 영업활동현금흐름을 보였으니 나쁘지는 않아 보인다. 당기순손실이지만 영업활동현금흐름에서 큰 유입이 발생하는 이유 중의 하나는 바로 감가상각비 덕분이다. 회사에서 1년간 발생한 감가상각비만 무려 1조 6,109억 원에 달한다. 이런 자세한 정보는 꼭 대한항공 사업보고서의 현금흐름표에서 확인하기 바란다. 책의 지면관계상 요약 정보만 표로 제공하고 나머지는 설명으로 대신한다는 점을 양해해주길 바란다.

감가상각비는 비용이므로 회사의 이익을 크게 감소시키지만 비현금성 비용인 관계로 현금흐름에는 영향을 주지 않는다. 따라서 영업활동현금흐름 금액은 크게 나올 수밖에 없다. 감가상각비의 대부분은 비행기에 대한 것이고, 비행기값은 재무활동의 차입금 감소와 리스부채 감소 등으로 표현된다. 즉 비행기 감가상각비로 영업활동현금흐름은 크게 잡히지만, 비행기 취득에 대한 것은 투자활동에서 현금차감 표시, 비행기 리스부채와 차입금 상환은 재무활동에서 현금차감 표시로 잡힌다. 이런 이유로 대한항공은 영업, 투자, 재무활동현금흐름이 모두 중요한 기업으로 봐야 한다.

영업활동에서 돈을 잘 번다고 그냥 지나칠 사항은 아니다. 〈표7-10〉에서 보듯이 대한항공은 2년 연속 현금및현금성자산의 순증감이 마이너스(-)이고 2015년만 플러스(+)를 기록했다. 그러나 2015년에는 투자활동현금흐름에 사업부의 매각이라는 이벤트를 통해 현금이 한 번에 1조 9,829억 원이 들어왔기 때문에 가능했다. 사실 이런 일회성 현금유입을 제거하면 3년 연속 현금및현금성자산은 순감소가 맞다. 즉 국내 최대의 항공사업을 하고 있지만 현금흐름은 좋지 않다고 단정 지을 수밖에 없다.

대한항공은 우리나라를 대표하는 국적기이고 사회, 경제적으로 반드시 존재해야 하는 기업임에 분명하다. 그러나 투자자의 관점에서는 투자에 대한 매력을 크게 느끼기 어려운 기업이다. 사업이라는 것은 잉여현금을 거두어야 하고 그래야 기업의 가치도 올라갈 수 있는 것인데, 그런 면에서는 매력이 없다는 의미이다. 대한항공은 손익이 계속 적자를 면치 못하고, 현금창출도 안 되고 있고, 리스부채와 차입금 및 사채가 계속 증가하고 있는 기업이다. 한진해운도 비슷한 모습으로 가다가 결국은 법정관리에 들어갔기 때문에 대한항공 역시 근심 어린 눈으로 지켜볼 수밖에 없는 것 같다.

이에 반해 LCC 대표주자인 제주항공은 투자자의 관점에서 관심 있게 지켜보면 좋은 기업일 것 같다.

재무구조가 안정적이고 국내선 및 국제선 시장점유율 증가로 매출액은 늘고 있고, 손익구조도 매우 좋다. 현금흐름도 계속 잉여현금을 창출하고 있으니 회사의 규모는 대한항공에 비할 바는 못 되지만 알짜 회사로는 불릴 수 있을 것이다.

같은 항공 산업이지만 결국은 비행기를 어떻게 마련해서 영업하느냐에 따라 재무상태표, 손익계산서, 현금흐름표의 모습이 전혀 다르다는 것을 국내 대표 항공사들의 사례를 통해 알 수 있다.

❙ 칼럼 1 ❙

한진해운과 현대상선,
닮은 듯 다른 현금흐름표

　전 세계의 바닷길을 돌며 우리나라 무역의 한 축을 담당했던 거대 기업 한진해운이 법정관리 절차에 들어갔다. 사실 오랜 기간에 걸쳐 손익과 재무 상황이 악화되어 왔기 때문에 시기의 문제였지 결국 언젠가는 터질 것이라는 게 시장의 관측이었다.

　최근 3년간의 손익계산서 주요 수치를 보면 매출액은 계속 감소 추세에 있고, 연속해서 당기순손실을 기록하고 있다. 영업이익이 발생한다고 해도 10배에 달하는 이자비용도 충당할 수 없을 정도였다. 재무상태표를 보면 2015년말 기준으로 현금성자산을 3,169억 원 보유하고 있지만, 갚아야 할 차입금만 5조 6,220억 원에 달할 정도로 재무구조가 좋지 않다. 차입금이 이렇게 많은데 매년 손실을 내고 있으니 회복을 기대하기는 어려워 보인다.

　이런 모습은 현대상선도 크게 다르지 않다. 그런데 양사 간의 재무제표에서 한 가지 차이점이 존재한다. 바로 한진해운은 거액의 영업활동현금흐름이 유입된다는 것이고, 반대로 현대상선은 영업활동현금흐름이 마이너스(-)라는 점이다.

(단위: 백만원)	한진해운	현대상선
영업활동현금흐름	487,973	-156,582
투자활동현금흐름	329,324	177,024
재무활동현금흐름	-1,118,281	-263,652

현대상선의 당기순손실이 6,270억 원 규모로 한진해운 1,877억 원보다 손실액이 더 크기 때문에 영업활동현금흐름이 한진해운보다 안 좋은 것은 예상이 되지만, 한진해운의 큰 영업활동현금흐름 유입은 조금 이해하기 어렵다. 매년 이렇게 영업활동에서 5,000억 원 내외의 돈을 벌어들인다면 차입금을 갚아나가는 것도 어렵지 않고 법정관리까지 가지 않아도 된다는 해석이 가능하기 때문이다.

결론부터 미리 말하면 두 기업의 현금흐름표는 작성방법에서 차이가 있기 때문에 주의해서 봐야 하고 단순 비교를 해서는 안 된다.

다음은 일반적인 현금흐름표 작성방법으로 공시된 삼성전자의 영업활동현금흐름 일부분이다.

(단위: 백만원)	제 47 기	제 46 기	제 45 기
영업활동 현금흐름	40,061,761	36,975,389	46,707,440
영업에서 창출된 현금흐름	43,989,083	41,880,987	52,966,351
당기순이익	19,060,144	23,394,358	30,474,764
조정	29,610,971	22,323,765	23,804,832
영업활동으로 인한 자산부채의 변동	(4,682,032)	(3,837,136)	(1,313,245)
이자의 수취	2,151,741	1,555,373	1,034,074
이자의 지급	(748,256)	(463,740)	(434,857)

영업활동현금흐름은 비현금성 및 현금성 수익과 비용이 모두 포함된 당기순이익에서 비현금성 비용을 가산하고 비현금성 수익을 차감하는 것부터 시작된다. 이 금액은 위 현금흐름표의 '조정'이라는 계정과목에 들어가 있다. 이자수익과 이자비용 역시 비현금성과 현금성이 모두 포함되어 있기 때문에 일단 전액을 조정사항에서 차감하고 가산한다. 그 다음에 순수하게 현금을 지급한 이자비용을 차감하고, 이자 수취액을 가산하는 식으로 작성을 한다. 이게 일반적인 현금흐름표 작성방법이다.

이 일반적인 현금흐름표 작성방법을 곰곰이 생각해보면 한 가지 의문을 제기할 수 있을 것이다. 이자의 수취는 금융상품에 투자했기 때문에 발생하는 것이고, 이자의 지급은 은행에서 차입을 해서 생기는 것이니 각각 투자활동현금흐름과 재무활동현금흐름으로 보내야 하는 것이 타당하지 않느냐인데 사실 맞는 말이다. 그리고 한진해운은 실제로 이렇게 현금흐름표를 만들어서 공시했다. 즉, 이자비용으로 현금 지급된 2,899억 원을 재무활동에 보내고, 이자수익으로 수취한 현금 97억 원은 투자활동에 넣었다. 이 방법으로 작성한다고 해서 회계기준을 위반하는 것은 아니다. 단 영업활동현금흐름에 큰 금액의 현금성 및 비현금성 이자비용이 가산되어 있고, 작은 금액의 이자수익이 차감되어 있는 상태에서 현금성 이자비용과 이자수익만 각각 재무활동과 투자활동으로 보냈기 때문에 영업활동현금흐름이 과대하게 보이는 문제만 있을 뿐이다.

반면 현대상선은 삼성전자와 같은 현금흐름표 작성방법에 따라 작성했다. 만약 현대상선이 한진해운과 같은 방식으로 현금흐름표를 만들었다면 영업활동현금흐름은 플러스(+)54억 원이 되어 부호가 바뀐다. 또한 한진해운이 일반적인 현금흐름표 작성방법으로 만들었다면 영업활동현금흐름은 2,800억 원 정도 감소된다.

한진해운과 현대상선 같은 기업은 영업활동현금흐름도 중요하지만, 재무활동현금흐름에 포함되어 있는 영업활동을 위해 배를 사거나 장기할부로 구입하는 데에 발생한 거액의 차입금에 대한 상환금과 리스금액이 더 중요하다. 업종 특성상 이 금액이 엄청나게 크기 때문에 단순히 영업활동현금흐름만 보는 것보다 전체적인 현금흐름을 보며 기업을 분석하는 게 합리적이다.

한진해운과 현대상선은 같은 업종에 속한 기업이지만 이렇게 재무제표 작성방법이 다르기 때문에 작성 논리를 하나로 통일시켜서 비교해봐야 유의미한 분석이 가능하다. 우리나라 상장기업들에 적용되는 국제회계기준은 세부적인 계산 절차나 회계 처리 방법에 대해 회계 원칙을 벗어나지 않는 범위 내에서 재량권을 많이 허용했기 때문에 이렇게 기업마다 재무제표를 만드는 방식이 다른 경우들이 많다. 결국은 재무제표 정보이용자들이 각 업종의 특성을 이해하고 기업간 재무제표의 차이점들을 서로 비교하면서 분석할 수밖에 없다. 이것이 바로 회계가 어렵지만 공부를 해야 할 수밖에 없는 이유이기도 하다.

매일경제 〈직장인이여 회계하라〉 2016.09.27

| 칼럼 2 |

저유가에 항공료 '뚝'…
어디까지 내릴 수 있나

　신록이 눈부신 봄의 한가운데에 있노라면 가방 싸서 어디론가 훌쩍 떠나고 싶다는 생각이 절로 든다. 여행은 빨리 지나가버릴 것만 같은 찬란한 세상을 조금이라도 아름답게 기억하는 방법 중의 하나가 될 것이다.
　2015년의 통계를 보면 우리나라 국민들은 그 어느 해보다 많이 여행을 떠난 것으로 조사됐고, 그 행렬은 지금도 진행 중에 있다. 한국관광공사에서 발표하는 총출국자수를 보면 2015년은 2014년에 비해 약 22% 증가한 1,790만 명으로 집계되었다. 또한 제주특별자치도관광협회 자료에 따르면 2015년에 제주도를 찾은 내국인 관광객수는 1,100만 명으로 2014년에 비해 무려 23%나 증가했다.
　2015년에 여행객수가 많이 증가된 이유 중의 하나는 바로 '저유가' 때문이다. 전자공시시스템에 공시된 대한항공의 2015년 사업보고서를 보면 항공유의 단위당 원가가 불과 1년 만에 40% 감소한 것으로 나온다. 손익계산서를 보면 유류비가 항공사의 매출액에서 차지하는 비중이 2014년에는 34%였는데, 저유가 덕분에 2015년은 23%밖에 되지 않는다. 이는 다른 항공사에서도 비슷한 추이를 보인다.

이렇게 항공사에서 차지하는 주요 원가가 크게 감소하다 보니 항공권도 많이 싸졌다. 저자는 최근에 제주도 출장을 위해 저비용항공사(LCC)의 인터넷사이트를 본 순간 두 눈을 의심하지 않을 수 없었다. 김포를 출발해 제주도에 도착하는 항공권 가격이 2만 원대부터 시작해서 5만 원 내외로 형성되어 있었다. 서둘러서 좋은 가격에 예약을 한다면 KTX를 타고 부산을 다녀오는 것보다 더 저렴하다. 항공사가 이렇게 항공권 가격을 많이 내려도 충분한 이익을 거둘 수 있을까?

대한항공은 2015년 매출액이 2014년에 비해 3% 감소했지만 영업이익은 124% 증가했고, 제주항공도 영업이익이 74%나 급증했다. 저유가로 인해 항공사의 마진이 넉넉해졌으니 항공권 가격을 놀라울 정도로 내리는 게 가능해진 것이다. 소비자 입장에서 항공사의 영업이익이 급증했으니 항공권 가격을 더 내려도 되지 않을까 생각할 수 있다. 하지만 거액의 항공기를 구입하는 기업 입장에서는 이자비용 부담이 만만치 않기 때문에 쉽지 않다. 하늘을 나는 7성급 호텔이라고 불리는 에어버스 A380의 1대당 가격이 약 4,000억 원이 넘으니 이를 10대만 구입해도 4조 원이다. 대한항공은 자산 24조 원의 약 90%가 부채로 이루어질 정도로 재무구조가 좋지 않고 영업이익 8,800억 원에서 금융비용과 외화환산손실 등을 차감하고 나면 결국 손익계산서는 적자로 기록된다.

항공기를 구입하지 않고 빌려 쓰는 조건으로 사업을 하는 저비용항공사만이 유일하게 흑자를 기록하고 있다. 하지만 저비용항공사는 빌려 쓴 항공기를 추후에 반납할 때 많은 정비비가 발생하기 때문에 항공권 가격을 무한정 내릴 수는 없다. 제주항공의 재무제표를 보면 영업이익의 88%인 450억 원을 추후에 반납해야 하는 항공기 정비를 위한 충당부채로 설정해 놓았다. 유가가 더 하락한다면 항공권 가격도 더 내려갈 수 있겠지만 이런 저런 비용 부담으로 인해 그 폭은 크지 않을 것이다.

유가가 급락해 업황이 나빠진 기업도 많아졌다. 하지만 소비자 입장에서는 아무래도 저유가가 반갑고, 특히 여행객들에게는 더 그럴 것이다. 그동안 가고 싶었던 여행지의 항공권이 비싸서 못 가고 있었다면, 저유가 시절이 가버리기 전에 큰마음 먹고 여행에 한 번 투자해보는 것은 어떨까?

경향신문 〈박동흠의 생활 속 회계이야기〉 2016.04.24

| 칼럼 3 |

기업이 포인트 사용 권하는 이유?
회계상으론 포인트도 부채니까

그야말로 포인트 세상이다. 비행기 티켓, 커피전문점, 제과점, 미용실, 영화관 등 어디서나 소비자에게 포인트를 제공한다. 포인트를 차곡차곡 쌓아서 일정 점수 이상이 되면 현금처럼 쓸 수 있으니 고객 입장에서는 이왕이면 같은 업체를 계속 이용하는 게 좋다.

대기업의 경우 하나의 통합포인트로 영화관, 레스토랑, 홈쇼핑 등 여러 계열사에서 사용할 수 있게 해 고객 입장에서는 그 기업이 사회적 물의를 일으켜 불매운동이 일더라도 이용할 수밖에 없을 정도로 포인트는 이미 우리 생활에 깊숙이 침투한 상황이다. 이런 포인트는 기업이 고객을 단골로 붙들 수 있는 강력한 방법이 되니 우리 회계기준에서도 '고객충성 제도'라고 명명했다.

제품 판매가격의 5%를 포인트로 제공하는 대기업 계열사의 빵집이 있다고 가정해보자. 소비자가 이 빵집에서 2만 원을 내고 케이크를 사가면

1,000점의 포인트를 멤버십카드에 적립해준다.

　기업은 소비자로부터 2만 원을 모두 받았지만, 회계장부에 매출은 1만 9,000원만 인식하고, 소비자에게 지급한 포인트 1,000점은 1,000원의 부채로 잡는다. 이 부채를 가리켜 '이연수익'이라고 한다. 2만 원을 받았지만, 1만 9,000원만 지금의 수익이고, 1,000원은 지금의 수익이 아니라는 얘기다. 1,000원은 미래에 소비자가 포인트로 빵을 구매할 때 기업이 무상으로 지급해야 할 의무다. 따라서 부채가 되는 것이고 그때까지 수익은 뒤로 이연(移延)된다는 의미다. 즉 나중에 소비자가 포인트로 빵을 사는 시점에 비로소 기업의 수익이 된다.

　또 고객이 유효기간까지 포인트를 쓰지 못해 소멸될 때는 빵집이 소비자에게 빵을 지급할 의무 역시 소멸된다. 이때 또한 수익으로 인식된다.

　결론적으로 소비자가 포인트를 쓰거나 포인트의 유효기간이 종료될 때 이연수익이라는 부채가 없어지고, 기업의 수익이 된다.

　소비자 입장에서 포인트는 돈으로 가지고 있지는 않지만 무상으로 빵을 살 수 있는 권리가 있으므로 소중한 자산이다. 기업에서는 돈으로 갚아야 하는 부채가 아니지만 이 포인트로 인해 회계상 부채 비율이 높아지므로 재무적인 부담이 된다.

　대부분의 기업들이 포인트의 유효기간을 설정하고 결산기가 되면 포인트 사용을 독려하는 e메일이나 우편물을 보내는 이유가 바로 여기에 있다. 이 포인트로 증가된 부채를 줄이고 이연된 수익을 실제 수익으로 빨리 바꾸고 싶기 때문이다. 기업의 재무상태표에 표시되는 부채 대부분은 돈으로 갚아야 할 의무이지만, 이 포인트는 행사되는 순간 부채가 감소되고 매출이 증가되니 좋은 부채라고 할 수 있겠다.

이연수익이 가장 많은 곳은 대한항공으로 1조 7,000억 원에 달한다.

소비자는 내가 가지고 있는 포인트가 얼마나 되고 유효기간이 어느 정도 남아있는지 체크해봐야 한다.

소비자에게 포인트는 자산인 것이 분명하지만 이 자산은 결국 오랜 기간 선택의 여지없이 하나의 기업에 충성해 받은 대가이므로 행사하지도 못하고 종료되면 억울할 것이다. 말이 나온 김에 지금 당장 스마트폰의 해당 애플리케이션을 열어 포인트 점수와 유효기간을 확인해보자.

대기업들이 포인트 제도를 만들고, 대다수 신용카드와 제휴를 하다 보니 작은 시골의 읍내조차도 구멍가게, 동네빵집, 미용실이 설 곳이 없어지고 있다. 그 자리를 대기업이 운영하는 편의점, 베이커리, 헤어숍들이 메우고 있다. 따라서 저성장, 조기퇴직 시대에 점점 소상공인이 설 곳은 급격히 줄어들고 가맹점의 비정규직만 양산되고 있다.

이런 불균형과 대기업의 골목상권 잠식을 해소시키기 위해서는 결국 소상공인이 운영하는 점포들도 포인트나 신용카드 연계가 필요하지만 현실적으로 쉽지 않다. 개별 점포들의 힘으로 불가능하다면 정책적으로 업종과 지역에 상관없이 전국의 모든 소상공인의 점포에서 동일하게 적립되고 사용할 수 있는 통합 포인트 같은 제도를 만들어보는 것은 어떨까 하는 정책 제언을 조심스레 해본다.

경향신문 〈박동흠의 생활 속 회계이야기〉 2015.12.06

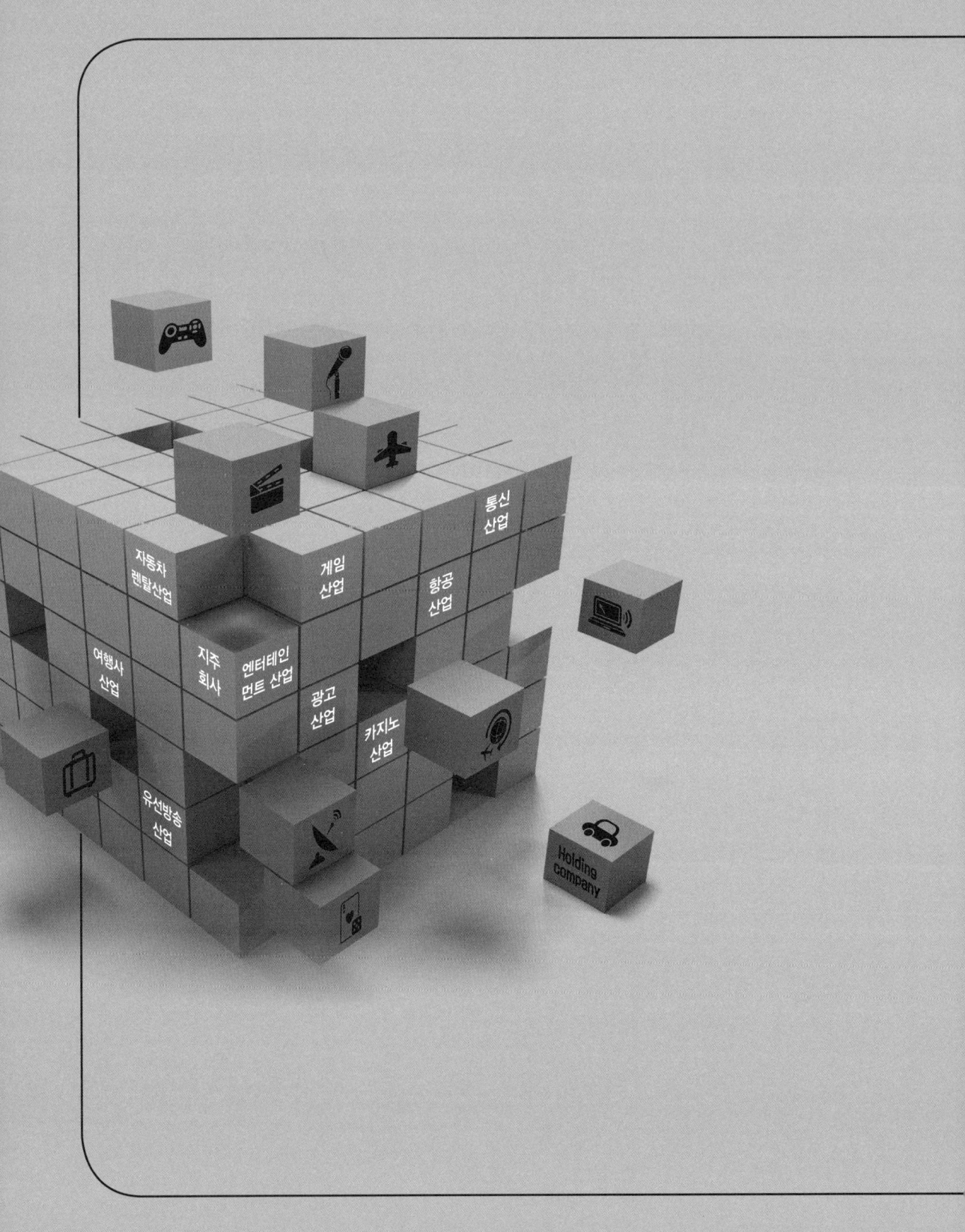

PART 8
자동차 렌탈 산업

렌탈 산업은 과연 돈을 잘 벌고 있을까?!

제주도 같은 휴가지에서 자동차를 렌트하는 것 외에 법인 및 개인이 업무용 또는 가정용으로 사용하기 위해 자동차를 빌리는 경우가 많다. 전자를 단기 렌터카, 후자를 장기 렌터카라고 한다.

휴가지에서 자동차를 빌려주는 사업만 하면 성수기 때만 반짝하기 때문에 렌터카 업체들이 수지를 맞추기가 매우 어렵다. 따라서 이런 장기 렌터카가 회사 입장에서도 안정적이고 손익에도 많은 도움이 될 것이다.

장기간 렌트를 해주는 경우 보통 3년 정도 차를 빌려주고 3년이 경과하면 자동차를 회수한다. 즉 고객에게 자동차의 소유권이 넘어가지 않는 운용리스 구조가 대부분이다. 자동차를 렌트하는 법인이나 개인 입장에서 관리비 및 유류비 절감, 절세 효과 등 여러 장점이 있기 때문에 최근에는 렌트를 선호하고 있다. 특히 경제가 침체되면서 빌려 쓰고 서로 공유하는 것이 트렌드가 되다 보니 업종 자체적으로도 많은 관심을 받고 있다. 과연 트렌드와 관심에 맞게 기업도 성장하는지 살펴보는 것이 관건이다.

1. 자동차 렌탈 사업구조

　렌터카 기업은 자동차를 빌려주는 사업을 하므로 자동차를 많이 갖고 있어야 할 것으로 예상할 수 있다. 그리고 많은 자동차를 보관해야 하므로 넓은 땅도 필요할 것이다. 즉 유형자산(자동차, 주차장 등)이 전체 자산의 대부분을 차지할 것이라는 추정이 가능하다. 수많은 자동차를 구입해야 하므로 자본이 많거나 차입금이 많을 것이라는 생각도 할 수 있다. 독자 대부분이 큰 자동차 렌탈회사의 모습을 직접 보기는 어렵지만, 제주도 같은 휴양지에서 차를 빌릴 때를 생각해보면 주차장과 자동차만 있으면 할 수 있는 사업이라는 표현에 크게 와 닿을 것이다.

〈그림8-1〉 AJ렌터카 사업보고서 2015년 연결재무제표 자산구조

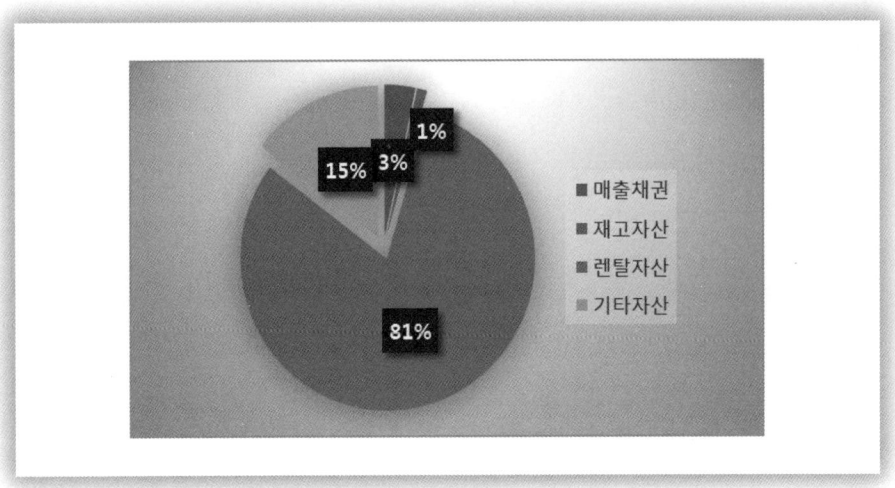

　　AJ렌터카의 연결재무상태표에서 자산구조만 정리해보면 〈그림8-1〉과 같다. 자산규모가 1조 원이 넘는 업계 2위의 큰 상장기업이지만 단순화시키면 렌탈 목적의 자동차 자산이 81%로 단연 압도적이다. 그 다음으로는 중요성이 있는 자산이 매출채권, 재고자산 등이다. 매출채권은 받을 렌탈료, 재고자산은 매각 대상의 렌터카를 의미한다.

　　렌터카 업체는 고객에게 자동차를 빌려주는 사업을 하다가 일정기간이 지나면 자동차를 중고시장에 매각한다. 빌려주는 사업을 하는 기간 동안에 회사가 자동차의 소유권을 갖고 있고 고객은 단순히 빌리기만 하므로 이 자동차의 감가상각은 고객이 아닌 회사가 하게 된다. 즉 회사는 자동차를 유형자산으로 분류한다. 고객에게 빌려주는 기간이 끝나면 렌터카 회사는 자동차를 반납 받는다. 단기 렌터카라면 회수한 자동차를 깨끗이 정비해서 고객들에게 다시 빌려주겠지만, 장기 렌터카라면 다른 고객에게

〈그림8-2〉 AJ렌터카 사업보고서 2015년 연결재무제표 주석사항 중 유형자산

(2) 유형자산의 변동내역

(단위: 천원)

당기	토지	건물 및 구축물	렌탈자산 (자동차)	렌탈자산 (네비게이션)	기타유형자산	건설중인자산	합계
기초 장부금액	22,113,602	2,823,768	733,280,657	988,283	612,636	12,933,634	772,752,580
취득	17,984,423	12,465,940	388,953,309	1,095,192	798,361	3,798,427	425,095,652
평가(*)	–	–	(444,440)	–	–	–	(444,440)
대체	9,925,934	2,909,764	(96,468,677)	–	(5,765)	(12,928,298)	(96,567,041)
처분	(1,216,732)	(294,326)	–	(1,121)	(610)	–	(1,512,789)
감가상각비	–	(188,647)	(206,256,281)	(1,055,375)	(426,106)	–	(207,926,410)
환율변동효과	–	–	(995,578)	–	7,827	–	(987,751)
기말 장부금액	48,807,227	17,716,500	818,068,990	1,026,978	986,342	3,803,763	890,409,800
취득원가	48,807,227	18,433,049	1,162,660,992	7,988,988	6,019,588	3,803,763	1,247,713,608
감가상각누계액	–	(716,549)	(344,592,002)	(6,962,010)	(5,033,246)	–	(357,303,808)

(*) 대여사업차량의 전손으로 인한 손상차손 금액은 444,440천원입니다.
(3) 당기 중 렌탈자산 중 재고자산으로 대체된 유형자산의 장부금액은 96,469백만원 (전기: 103,140백만원) 입니다.

다시 장기간 빌려줄 수는 없을 것이다. 렌터카 회사는 반납 받은 자동차들을 다시 렌트하지 않고 중고자동차시장에 매각한다. 시장에 판매해야 하는 자산이므로 이는 유형자산이 아닌 재고자산의 성격을 갖는다. 그리고 실제로 기업들도 유형자산에 분류되어 있는 렌탈자산을 재고자산으로 재분류한다.

〈그림8-2〉 유형자산의 주석사항에서 렌탈자산(자동차)을 보면 대체에 964억 6,900만 원이 감소된 것으로 나온다. 그리고 문장(3)을 보면 렌탈자산 중 재고자산으로 대체되었다고 표현되어 있다. 즉 유형자산에 있던 렌탈자산(자동차) 중 일부는 렌탈기간이 종료되었고 중고자동차시장에 팔아야 하는 자산으로 성격이 바뀌었으므로, 유형자산에 있던 금액을 재고자

⟨그림8-3⟩ AJ렌터카 사업보고서 2015년 연결재무제표 주석사항 중 재고자산

13. 재고자산

(1) 재고자산의 내역

(단위: 천원)

구 분	당기말	전기말
중고차	10,924,335	10,908,818
소매상품	227,785	152,290
합 계	11,152,120	11,061,108

(2) 당기 중 매출원가로 비용 인식한 재고자산의 원가는 206,145백만원(전기 : 161,920백만원)입니다.

산으로 옮겼다고 이해하면 되겠다.

⟨그림8-3⟩의 재고자산의 주석사항을 보면 중고차가 10,924,335,000원으로 되어 있다. 이 금액 대부분이 유형자산에서 대체되었고, 연중에 중고자동차시장에 판매한 금액을 제외한 나머지 금액이 기말에 이만큼 남아있다고 이해하면 될 것이다.

결국 회사는 자동차를 렌트하는 사업과 판매하는 사업을 영위하고 있고 모두 중요하다는 추정이 가능하며 이 역시 ⟨그림8-4⟩ 영업부문정보 주석사항을 통해 확인 가능하다.

〈그림8-4〉 AJ렌터카 사업보고서 2015년 연결재무제표 주석사항 중 영업부문 정보

6. 영업부문 정보

(1) 연결회사는 단일 영업부문을 영위하고 있으며, 영업부문별 정보를 공시하지 아니합니다.

(2) 당기와 전기 매출의 상세내역은 다음과 같습니다.

(단위: 천원)

구 분	당기	전기
렌탈수익	382,549,269	356,395,155
중고차판매수익	231,828,307	192,679,686
기타매출액	17,768,306	20,940,390
합 계	632,145,882	570,015,231

회사가 자동차 1대를 사와서 발생하는 수익의 원천을 보면 전반부에는 렌탈로 61%의 수익을 창출하고, 후반부에는 중고차 판매로 37%의 수익을 발생시킨다고 볼 수 있을 것이다.

그렇다면 과연 회사는 괜찮은 성과를 내고 있을까?

2. 자동차 렌탈 기업의 손익

〈표8-1〉 AJ렌터카 2012년~2015년 요약 손익 정보

(단위: 천 원)

	2012년	2013년	2014년	2015년	CAGR
영업수익	401,375,627	475,737,139	570,015,231	632,145,882	16%
영업비용	354,372,845	431,204,743	526,281,153	591,889,351	19%
영업이익	47,002,783	44,532,396	43,734,078	40,256,531	-5%
당기순이익	17,327,889	18,008,835	19,037,051	17,141,928	0%
영업이익률	12%	9%	8%	6%	
순이익률	4%	4%	3%	3%	

경제가 어려워지는 상황에서 효율적이고 합리적인 소비를 지향하는 사회로 변모하면서 빌려 쓰고 공유하는 소비가 크게 늘어날 것이라는 사회적 예상에 맞게 실제 매출액도 크게 성장했다. 〈표8-1〉을 보면 매출액은 연평균 16%씩 성장했고, 불과 4년 만에 매출액이 50% 이상 커졌다. 그러나 희한하게도 영업이익은 계속 줄어들고 있다. 영업이익률도 계속 낮아지면서 6%까지 내려왔으니 외형은 성장했지만 내실은 좋지 못했다는 평을 내릴 수 있을 것이다. 왜 이렇게 손익이 악화되었을까?

영업비용 주석사항에서 가장 큰 금액을 차지하는 비용 성격을 찾아서 분석하면 바로 답이 나온다. 이 회사의 경우 감가상각비와 중고차판매원가가 전체 비용에서 각각 35.1%, 34.8%로 거의 대부분을 차지한다. 그 외에 차량유지비, 보험료 등 자동차 관련 비용이 많이 발생하는데, 감가상각비와 중고차판매원가가 거의 압도적이라 이 비용들만 잘 분석해도 해답을 찾을 수 있다.

〈그림8-4〉에서 살펴봤던 영업부문정보 주석사항에서 렌탈수익과 감가상각비를 비교해보자.

〈표8-2〉 AJ렌터카 2012년~2015년 감가상각비와 렌탈수익 간 비교

(단위: 천 원)

	2012년	2013년	2014년	2015년	CAGR
1.감가상각비	160,303,354	179,688,921	196,781,592	207,926,409	9%
2.렌탈수익	285,176,646	318,747,158	356,395,155	382,549,269	10%
비중(1/2)	56%	56%	55%	54%	

감가상각비는 렌탈수익 대비 매년 55% 선에서 유지되는 모습이다. 2012년, 2013년에 비해 소폭 줄어들기는 했지만 큰 편은 아니고, 렌탈수익과 감가상각비의 연평균성장률도 거의 비슷하다. 왜 회사의 영업이익과 영업이익률이 감소 추세인지 그 원인을 찾는 데 있어 일단 감가상각비는 답이 아니다.

이번에는 영업부문정보 주석사항에서 중고차판매수익과 중고차판매원가를 비교해보자.

〈표8-3〉 AJ렌터카 2012년 ~ 2015년 중고차 판매이익 분석

(단위: 천 원)

	2012년	2013년	2014년	2015년	CAGR
중고차판매수익	97,965,389	133,304,902	192,679,686	231,828,307	33%
중고차판매원가	63,057,885	102,589,440	161,920,077	206,145,425	48%
중고차판매이익	34,907,504	30,715,462	30,759,609	25,682,882	-10%
판매이익률	36%	23%	16%	11%	

〈표8-3〉과 같이 4년치 사업보고서에서 중고차판매수익과 중고차판매원가 정보를 각각 영업부문정보 주석사항과 영업비용 주석사항에서 찾아 정리해서 계산해보면 답이 바로 확인된다.

렌탈수익이 증가하면서 중고차판매수익도 연평균 33%씩 증가하고 있지만 어찌된 일인지 판매원가가 더 크게 증가되어 결국 판매이익은 급감해버렸다. 예전에는 중고차를 팔면 36% 정도의 마진이 생겼는데, 이젠

10%도 위협받고 있다. 렌트나 쏘카(SOCAR) 같은 공유경제가 대중화되면서 중고차의 인기가 떨어지는 것이 아닌가 하는 생각도 들고, 대기업도 뛰어들 만큼 자동차 중고시장이 커지고 경쟁이 심화되면서 자동차판매가격(P)이 하락했을 것으로 추정된다. 이는 AJ렌터카 사업보고서 'Ⅱ. 사업의 내용 중 시장점유율 추이 정보'를 보면 짐작이 가는 대목이다.

〈그림8-5〉 AJ렌터카 2015년 사업보고서 Ⅱ. 사업의 내용 중 시장점유율 추이

[시장점유율 추이]

당기 말 기준 당사의 시장점유율은 2위 이며 지난 5개년도의 시장점유율 추이는 아래와 같습니다.

[과거 5개년도 시장점유율 추이]

구분	2011년 대수(대)	2011년 점유율	2012년 대수(대)	2012년 점유율	2013년 대수(대)	2013년 점유율	2014년 대수(대)	2014년 점유율	2015년 말 대수(대)	2015년 말 점유율
AJ렌터카	40,767	14.12%	46,741	14.37%	50,200	13.50%	58,300	12.70%	66,519	12.24%
롯데렌탈	61,191	21.20%	72,861	22.40%	91,668	24.65%	122,220	26.63%	137,677	25.32%
현대캐피탈	28,747	9.96%	32,024	9.84%	36,832	9.90%	41,688	9.08%	50,412	9.27%
SK네트웍스	12,639	4.38%	15,944	4.90%	22,446	6.04%	32,023	7.17%	48,201	8.88%
레드캡투어	10,981	3.80%	11,322	3.48%	13,236	3.56%	15,350	3.34%	18,211	3.35%
기타업체	134,309	46.53%	146,442	45.01%	157,474	42.35%	188,547	41.08%	222,557	40.94%
합 계	288,634	100.00%	325,334	100.00%	371,856	100.00%	459,028	100.00%	543,657	100.00%

(출처 : 전국자동차대여사업조합연합회)

〈그림8-5〉를 보면 렌터카 대수가 2011년 대비 5년 만에 2배 가까이 증가되었다. 3년 타고 중고시장으로 나오는 매물도 비례해서 2배 가까이 늘었을 것이다. 기존에 중고차시장으로 나오는 차량 외에 렌터카까지 2배가 늘어 가세했으니 시장이 많이 커질 수밖에 없다.

어찌되었든 답은 명확해졌다. 중고차판매이익 감소로 인해 결국 회사의

영업이익이 계속 줄어들고 있다.

만약 회사가 렌탈수익 관련 이익을 좋게 하려고 감가상각비를 적게 잡아서 중고차판매이익이 감소하지 않았을까 하는 의구심이 들 수도 있다. 즉 회사가 감가상각비와 중고차판매원가와 관련해 결산을 할 때 숫자를 어떻게 결정하는가에 따라, 중고차판매손익이 늘어날 수도 있고 줄어들 수도 있다는 얘기다.

회사는 렌탈을 위해 구입한 차량가격에서 잔존가치를 제외한 금액만큼 감가상각을 하고, 남은 잔존가치를 재고자산으로 대체한 후에 그 금액을 중고차판매원가로 해서 판매한다. 예를 들어 렌터카회사가 현대자동차에서 2,000만 원을 주고 소나타를 사왔다. 3년간 렌탈수익이 발생하는 동안 감가상각을 매년 500만 원씩 해서 총 1,500만 원을 감가상각한다. 즉 중고시장에 팔릴 것으로 기대되는 가격의 원가 추정치인 500만 원은 자동차의 잔존가치로 재고자산으로 대체된다.

그런데 중고자동차시장에서 소나타를 700만 원에 판다면 회사의 중고차판매이익은 200만 원이 될 것이다. 만약 회사가 자동차를 렌탈하는 기간 동안 이익을 좋게 하고, 중고차로 판매할 때는 이익을 줄이기 위해서 자동차의 잔존가치를 늘리는 방법을 택한다고 가정해보자. 즉 감가상각비를 매년 450만 원씩 해서 총 1,350만 원만 감가상각을 한다. 그러면 자동차의 잔존가치는 650만 원이 되므로 중고차판매이익은 50만 원으로 줄어든다. 이렇게 자동차의 잔존가치를 어떻게 결정하는가에 따라 감가상각비 금액도 달라지고 중고차판매이익도 변한다.

한국채택국제회계기준은 유형자산의 잔존가치에 대하여 적어도 매 회계연도말에 재검토하라고 요구한다. 즉 잔존가치 조작을 막기 위해 매 회계연도말에 적정가치인지 검토하라는 것이다. 따라서 이렇게 손익이 조작될 가능성은 높지 않다. 그리고 렌터카 회사 같은 경우에는 감가상각한 후에 결론적으로 자동차를 중고시장에 팔기 때문에 감가상각비를 늘리든 줄이든 어차피 조삼모사(朝三暮四)다. 감가상각비를 150만 원 줄여서 그만큼 이익이 늘어나고 중고차판매이익이 50만 원이 되면 총이익이 200만 원이므로, 감가상각비를 줄이기 전의 중고차판매이익 200만 원과 같기 때문이다.

3. 자동차 렌탈 기업의 현금흐름

〈표8-1〉에서 봤던 것처럼 AJ렌터카의 매출은 증가하고 있고 이익은 줄고 있지만 영업이익과 당기순이익을 내고 있어서 다행으로 생각할 수 있다. 하지만 현금흐름표를 보는 순간 혼란에 빠질 수 있을 것 같다.

〈표8-4〉 AJ렌터카 2013년~2015년 요약 현금흐름표

(단위: 원)

	2015년	2014년	2013년
영업활동으로 인한 현금흐름	-53,176,047,737	-70,541,354,413	-53,648,506,036
투자활동현금흐름	-40,024,274,562	-8,896,071,009	-4,075,113,759
재무활동현금흐름	114,543,360,701	80,490,301,492	52,748,630,409
현금의 증가	21,348,993,530	1,051,446,779	-4,972,498,994

〈표8-4〉에서 보듯 영업활동으로 인한 현금흐름이 마이너스(-)다. 즉 렌터카 및 중고차판매 등 고유 영업활동에서 돈을 못 벌었다는 의미이다. 〈표8-1〉의 손익계산서를 보면 분명히 영업이익과 당기순이익이 나고 있는 흑자 기업인데 막상 현금흐름을 보면 영업활동에서 돈을 벌지 못한다.

다른 기업들도 그럴까? 비상장기업이지만 업계1위인 롯데렌탈의 2015년 요약 손익과 요약 현금흐름을 살펴보면 〈표8-5〉와 같다.

〈표8-5〉 롯데렌탈 2013년~2015년 요약 손익계산서 및 요약 현금흐름표

(단위: 원)

과목	2015년	2014년	2013년
영업수익	1,287,674,530,364	1,070,153,098,514	885,210,394,448
영업비용	1,193,396,241,689	980,131,891,150	788,191,737,498
영업이익	94,278,288,675	90,021,207,364	97,018,656,950
당기순이익	15,786,868,204	35,824,108,971	32,327,640,489
영업이익률	7%	8%	11%

과목	2015년	2014년	2013년
영업활동으로 인한 현금흐름	-149,908,081,522	-346,328,781,480	-346,866,181,542
투자활동으로 인한 현금흐름	-47,828,309,856	-35,343,215,947	-39,463,647,579
재무활동으로 인한 현금흐름	361,102,854,483	359,309,490,191	390,294,942,056

롯데렌터카 브랜드를 갖고 있는 롯데렌탈의 경우 AJ렌터카와 똑같은 재무제표의 모습을 갖고 있다. 영업수익은 매년 증가, 영업이익 및 영업이익

률 감소, 그리고 영업활동현금흐름 역시 마이너스(-)의 모습을 띠고 있다. 외형적으로 성장하고 있지만, 이익이 줄고 있고 현금흐름이 좋지 않다는 공통점을 그대로 보여준다.

이번에는 시장점유율 5위이지만 렌터카사업을 영위하고 있는 상장기업인 레드캡투어를 살펴보자. 레드캡투어의 경우 회사명으로는 여행사를 연상시키지만 렌터카사업이 더 중요한 비중을 차지한다.

〈그림8-6〉 레드캡투어 사업보고서 2015년 연결재무제표 주석사항 중 영업부문 정보

(2) 당기와 전기 중 부문당기손익은 다음과 같습니다.
① 당기

(단위:백만원)

구 분	렌터카사업부문	여행사업부문	합 계
보고부문 영업수익	168,586	37,176	205,762
보고부문 영업이익	13,563	9,472	23,035
법인세비용차감전순이익	8,678	9,573	18,251
당기순이익	6,592	7,243	13,835

〈그림8-6〉처럼 레드캡투어의 영업부문 주석사항을 찾아보면 여행사업부문의 영업수익은 전체 영업수익에서 차지하는 비중이 18%에 불과하고, 렌터카사업부문이 82%를 차지하고 있다.

영업이익을 영업수익으로 나눈 영업이익률을 계산해보면 회사 전체 영업이익률은 11%이지만 여행사업부문은 25%, 렌터카사업부문은 8%로 계산된다. 즉 여행사업부문의 매출액이 크지는 않지만 영업이익률이 높기 때문에 회사의 이익에 기여를 하고 있다. 이번에는 〈표8-5〉처럼 레드캡투어의 3년간 요약 손익계산서와 요약 현금흐름을 정리해보면 〈표8-6〉과 같다.

〈표8-6〉 레드캡투어 2013년~2015년 요약 손익계산서 및 요약 현금흐름표

(단위: 원)

과목	2015년	2014년	2013년
영업수익	205,761,799,869	193,722,056,853	176,273,368,738
영업비용	182,727,159,154	167,205,968,047	152,206,532,449
영업이익	23,034,640,715	26,516,088,806	24,066,836,289
당기순이익	13,834,933,902	16,885,949,819	15,853,756,812
영업이익률	11%	14%	14%

과목	2015년	2014년	2013년
영업활동 현금흐름	117,777,737,881	122,365,850,854	115,132,584,775
투자활동 현금흐름	-164,994,359,657	-165,930,000,112	-129,906,771,548
재무활동 현금흐름	55,539,090,611	44,264,217,986	10,553,923,560

역시 영업수익은 매년 증가 추세인데, 영업이익과 영업이익률은 2015년부터 감소하기 시작했다. 그래도 영업이익률이 10%가 넘으니까 AJ렌터카나 롯데렌탈보다는 낫다는 판단을 할 수 있겠다. 〈표8-5〉처럼 영업부문에서 렌터카사업부문만 떼어 영업수익, 영업비용, 영업이익률을 정리해보면 〈표8-7〉과 같다.

〈표8-7〉 레드캡투어 렌터카사업부문 2013년~2015년 요약 손익계산서

(단위: 백만 원)

과목	2015년	2014년	2013년
영업수익	168,586	155,023	141,511
영업이익	13,563	16,091	15,982
당기순이익	8,678	8,694	9,436
영업이익률	8%	10%	11%

AJ렌터카, 롯데렌탈과 모습이 완전 똑같다고 해도 과언이 아니다. 매출액 증가, 영업이익 및 영업이익률 감소, 그리고 영업이익률 10% 미만의 모습을 보인다. 렌터카사업이 다 비슷한 손익 상황이라고 결론 내릴 수 있을 듯하다. 그나마 레드캡투어는 여행사업에서 높은 영업이익을 유지하기 때문에 다른 렌터카 회사보다는 낫다고 판단할 수 있을 것 같다.

결국 3개 회사 다 비슷한 손익 모습을 보였는데, 현금흐름에서는 AJ렌터카와 롯데렌탈은 영업활동현금흐름 마이너스(-), 레드캡투어만 플러스(+)의 모습을 보였다. 이 차이는 왜 발생하는 걸까?

결론적으로 말하자면 우리가 항공 산업에서 대한항공의 현금흐름표가 다른 기업들과 작성 방식이 다르다고 했듯이, 레드캡투어도 AJ렌터카, 롯데렌탈 등과 다른 현금흐름표 작성 방식을 보인다.

렌탈 기업들은 자동차를 구입해와서 고객에게 렌탈하는 기간 동안 유형자산으로 분류한다고 했다. 회사가 유형자산인 자동차를 구입해올 때 발생하는 현금흐름은 투자활동현금흐름으로 분류하는 것이 일반적이다. 레드캡투어도 그렇게 현금흐름표를 만든다.

그러나 롯데렌탈, AJ렌터카, 현대캐피탈, SK네트웍스 등 업계 1~4위 기업들은 자동차를 구입해올 때 발생하는 현금흐름을 투자활동이 아닌 영업활동으로 분류한다. 렌탈업은 자동차를 〈그림8-2〉처럼 재무상태표상 유형자산으로 분류하지만 회사 고유의 영업활동인 렌탈에 사용되다가 재고자산으로 대체되어 판매되므로 렌탈 산업에서 렌탈자산의 취득 관련 현금흐름은 영업활동으로 분류하는 게 일반적이다. 레드캡투어만 예외적이라고 보면 될 것이다.

AJ렌터카의 영업활동현금흐름 관련 주석사항을 찾아보면 다음과 같다.

〈그림8-7〉 AJ렌터카 사업보고서 2015년 연결재무제표 주석사항 중 현금흐름표

영업활동으로 인한 자산부채의 변동		
매출채권의 증감	470,250	(6,930,782)
금융리스채권의 증감	-	(29,888)
기타채권의 증감	(3,455,235)	(2,094,844)
기타자산의 증감	(2,583,073)	(2,907,664)
재고자산의 증감	96,376,075	102,262,762
렌탈자산의 증감	(390,043,550)	(383,002,828)
매입채무의 증감	14,142,880	(11,499,110)
기타채무의 증감	(2,808,012)	13,742,292
기타유동부채의 증감	5,341,494	1,850,398
소 계	(282,559,170)	(288,609,664)

렌탈자산의 증감을 보면 2015년에 약 3,900억 원, 2014년에 약 3,830억 원의 자동차를 구입한 것으로 확인된다. 현금흐름은 영업활동에 잡히고,

재무상태표에는 유형자산에 가산되었다. 결국 자동차를 사와서 렌탈서비스를 제공하고 중고시장에 판매하는 전체 영업활동 사이클을 고려했을 때, 돈을 벌지 못하는 사업이라는 결론에 도달할 수밖에 없을 것이다. 회사는 그렇기 때문에 〈표8-4〉처럼 재무활동현금흐름이 계속 늘어나고 있다. 재무활동현금흐름에서 자금유입은 모두 은행차입금으로 이루어져 있다. 회사의 재무상태표에서 부채 쪽을 분석해보면 〈표8-8〉과 같다.

〈표8-8〉 AJ렌터카 차입금, 부채 및 차입금 비율, 부채 비율 추이

(단위: 천 원)

부채	2012년	2013년	2014년	2015년	CAGR
차입금	444,369,766	497,218,490	579,954,529	690,010,161	16%
기타부채	68,510,004	98,303,205	98,495,528	116,335,187	19%
부채총계	512,879,770	595,521,695	678,450,057	806,345,348	16%
자본총계	169,347,449	190,205,490	208,743,280	227,412,789	10%
차입금/부채총계	87%	83%	85%	86%	
부채/자본	303%	313%	325%	355%	

연결재무상태표상 부채에서 차입금이 차지하는 비중이 85% 내외로 이루어져 있고, 수치는 계속 증가되고 있다. 차입금과 부채 총계의 연평균성장률 16%는 〈표8-1〉(266페이지)에서 봤던 4년간 영업수익 연평균성장률과

숫자가 일치한다. 결국 회사는 매출이 성장하는 속도로 차입금도 증가했고, 부채 비율은 계속 악화되고 있는 것으로 판단된다.

레드캡투어의 경우 〈표8-6〉처럼 영업활동현금흐름이 플러스(+)의 형태를 보이지만, 만약 영업활동현금흐름을 다른 렌탈 기업들처럼 렌탈자산의 증감을 투자활동이 아닌 영업활동에 분류하면 현금흐름은 〈표8-9〉처럼 바뀔 것이다.

〈표8-9〉 레드캡투어 2013년~2015년 영업활동현금흐름

(단위: 천 원)

	2015년	2014년	2013년
A. 영업활동현금흐름(공시)	117,777,738	122,365,851	115,132,585
B. 렌탈자산증감 반영	−163,569,373	−155,479,210	−116,236,195
A+B. 영업활동현금흐름(추정)	−45,791,635	−33,113,359	−1,103,610

〈표8-9〉에서 A. 영업활동현금흐름(공시)은 회사의 현금흐름표상 영업활동현금흐름을 그대로 붙인 값이다. B. 렌탈자산증감 반영은 회사에서 3년간 렌탈자산을 취득하면서 발생한 금액을 차감 표시한 것이다. 그리고 A+B는 두 값을 더한 값인데, 만약 레드캡투어가 다른 렌탈 기업처럼 현금흐름표를 작성한다면 영업활동현금흐름은 이렇게 바뀔 것이라는 추정치를 의미한다. B. 렌탈자산증감 반영은 유형자산 주석사항에서 렌탈자산 증가액을 그대로 썼기 때문에 정확한 현금흐름을 반영하지 못해서 추정치라는 표현을 썼다. 어찌되었든 레드캡투어도 다른 렌탈 기업들처럼 영업활동현금흐름이 마이너스(−)를 면치 못할 것이라는 추정이 가능하다.

그리고 레드캡투어 역시 AJ렌터카처럼 차입금이 계속 증가하는 추세이다. 레드캡투어의 부채, 자본 수치를 〈표8-8〉처럼 만들면 다음과 같다.

〈표8-10〉 레드캡투어 차입금, 부채 및 차입금 비율, 부채 비율 추이

(단위: 천 원)

부채	2012년	2013년	2014년	2015년	CAGR
차입금	79,073,568	94,151,068	142,664,013	206,971,629	38%
기타부채	42,142,799	46,072,255	50,116,136	40,178,463	-2%
부채총계	121,216,367	140,223,323	192,780,149	247,150,092	27%
자본총계	103,867,349	114,687,871	126,722,241	131,494,476	8%
차입금/부채총계	65%	67%	74%	84%	
부채/자본	117%	122%	152%	188%	

정도의 차이가 있지만 추이와 비중은 거의 비슷하다. 차입금, 차입금 비중, 부채 비율 모두 증가 추세이다. 특히 차입금 증가폭이 크다. AJ렌터카는 매출액 연평균증가율과 비슷하게 차입금도 늘어났는데, 레드캡투어는 4년 연평균 매출성장률이 10%로 계산되는데 차입금은 38%씩 늘었다. 손익계산서와 현금흐름표는 레드캡투어가 우월해 보였지만, AJ렌터카와 같은 기준으로 다시 들여다 보면 별 차이가 없다는 결론에 도달한다.

렌터카 기업들이 많이 생겨나면서 경쟁도 치열해졌고, 무엇보다도 중고차 판매마진이 작아지면서 어려움을 겪는 것으로 정리할 수 있을 것이다. 업계1위인 롯데렌탈의 사업보고서 자료를 이용하여 중고차판매이익률을 계산하여 〈표8-3〉의 AJ렌터카와 비교해보면 답은 명확해진다.

〈표8-11〉 롯데렌탈 및 AJ렌터카의 중고차판매이익률 비교

기업명	2012년	2013년	2014년	2015년
롯데렌탈	19%	18%	15%	11%
AJ렌터카	36%	23%	16%	11%

중고차 판매마진이 계속 악화되고 있으니 실적 개선이나 현금흐름을 좋게 하기 위해서는 결국 렌트요금을 올릴 수밖에는 없을 것이다. 그러나 쏘카, 그린카 등 새로운 형태의 카셰어링(Car sharing) 서비스까지 등장하는 치열한 경쟁 상황에서 요금을 올리는 정책을 채택하기는 쉽지 않아 보인다. 실적, 재무구조, 현금흐름 모두 악화되다 보니 상장사인 AJ렌터카와 레드캡투어 모두 주가가 내리막이다.

렌탈 산업은 시대의 조류에 맞는 산업임에는 분명하다. 그러나 투자자의 관점에서는 그런 트렌드도 중요하지만 결국 기업이 돈을 벌어낼 수 있는가에 초점을 맞춰야 한다. 이 산업에 속해 있는 기업들을 분석할 때는 손익계산서만 봐서는 안 되고 현금흐름표를 정밀하게 분석해야 하며, 특히 동일 조건으로 정리해서 봐야 한다는 소중한 깨우침을 주었다고 평할 수 있을 것이다.

PART 9
여행사 산업

여행사, 출국자수 증가와 치열한 광고戰

여행 산업은 분명 성장이 가능한 산업이다. 특히 유가가 싸지면서 항공요금도 많이 내려갔고 그에 따라 출국자수가 크게 증가했다. 먹고 살기 각박한 세상을 살고 있지만 삶의 힐링도 필요하고 자신을 돌아보는 시간도 중요하니 여행에 과감하게 투자하는 트렌드 또한 여행 산업을 성장시키는 계기가 되었을 것이다.

역시 투자자의 관점에서 이렇게 좋은 환경이 과연 회사의 실적까지도 성장시켰는지 확인해보자.

1. 출국자수 분석

출국자수에 대한 정보만 확인해도 여행사에 대한 분석의 반 이상은 한다고 봐도 될 것 같다. 그리고 다행스럽게도 여행사 사업보고서에는 총출국자수와 여행사를 통한 출국자수에 대한 정보가 친절하게 공시되어 있다.

〈그림9-1〉 **하나투어 2015년 사업보고서 II. 사업의 내용 중 출국자수 정보**

5. 의결권 현황
6. 배당에 관한 사항 등

II. 사업의 내용

III. 재무에 관한 사항
1. 요약재무정보
2. 연결재무제표
3. 연결재무제표 주석
4. 재무제표

〈인원수 기준 점유율〉

년도	2015년		2014년		2013년	
인원	총출국자수	하나투어 출국자수	총출국자수	하나투어 출국자수	총출국자수	하나투어 출국자수
	17,885,654	3,734,603	14,726,088	2,973,581	13,525,297	2,629,227
점유율	20.88%		20.19%		19.44%	

〈그림9-1〉의 출국자수 정보는 모두투어 및 다른 여행사의 사업보고서에도 공시가 되며 승무원을 제외한 숫자로 한국관광공사(KNTO)에서 매월 발표하는 자료를 인용하는 것으로 나와 있다.

　　인터파크의 종속기업인 인터파크투어가 온라인항공권 시장점유율 1위 기업으로 알려져 있지만, 인터파크 전체 매출액에서 차지하는 비중이 20% 정도에 불과하여 제외했고, 여행전문 상장기업 업계 1위, 2위인 하나투어와 모두투어만 다루기로 한다. 앞서 살펴본 레드캡투어는 여행사보다는 렌터카 비중이 80%로 높고, 상장 여행기업인 참좋은레져와 세중 또한 여행부문 매출액이 회사 전체에서 차지하는 비중이 각각 45%, 11%에 불과해 제외시켰다.

　　〈표9-1〉은 하나투어와 모두투어의 사업보고서에서 출국자수 정보를 찾아서 4년으로 범위를 넓히고 각각의 점유율과 증감률 등을 정리한 표이다.

〈표9-1〉 총출국자수 및 하나투어, 모두투어 출국자수 통계 (2012년~2015년)

(단위: 천 명)

	2012년	2013년	2014년	2015년	CAGR	14년대비
총출국자수	12,474	13,525	14,726	17,886	13%	22%
하나투어 출국자수	2,274	2,629	2,974	3,734	18%	26%
모두투어 출국자수	1,239	1,329	1,431	1,935	16%	35%
하나투어 점유율	18%	19%	20%	21%		
모두투어 점유율	10%	10%	10%	11%		

총출국자수를 보면 매년 증가 추세로 4년간 연평균성장률이 13%에 달한다. 특히 저유가 기조가 유지되었던 2015년에 급증하여 2014년 대비 22%나 증가했다. 한국관광공사의 〈관광시장동향〉 2016년 12월호에 따르면 2016년 11월까지 집계된 총출국자수는 벌써 1,896만 9,000명으로 이미 2015년 총출국자수를 넘어섰다. 연말효과를 반영하면 2016년의 총출국자수는 2,000만 명을 가뿐히 돌파했을 것으로 예상된다.

덕분에 하나투어와 모두투어를 이용한 고객수 증가도 컸다. 각각 연평균 18%, 16%씩 성장했는데, 2015년에 성장폭이 매우 컸음을 알 수 있다. 출국자수 10명 중 3명 이상은 2개 기업을 이용했고, 그외 출국자는 다른 여행사(인터파크, 세중, 레드캡투어 등)를 이용했을 것으로 추정된다.

매출액=P(가격)×Q(수량)에서 출국자수인 Q의 증가가 돋보이는 만큼 매출액 증가는 당연하다.

〈표9-2〉 **하나투어 및 모두투어 매출액 추이 (2012년~2015년)**

(단위: 억 원)

매출액	2012년	2013년	2014년	2015년	CAGR	14년대비
하나투어	3,079	3,527	3,855	4,594	14%	19%
모두투어	1,379	1,470	1,647	2,043	14%	24%

〈표9-2〉를 보면 출국자수(Q)가 증가하는 추세에 맞게 매출액도 증가했다. 단 매출액의 연평균성장률이 〈표9-1〉의 출국자수 연평균성장률보다 낮은 것은 출국자들의 여행상품 선택에 따라 P(가격)가 달라지기 때문일

것이다. 저유가로 인해 여행상품 가격(P)이 싸진 것도 이유일 것이고, 가격이 비싼 미주, 유럽, 성수기 상품보다는 가격이 싼 아시아, 남태평양, 비수기 상품이 많이 팔렸을 가능성도 있다. 사업보고서에 지역별, 상품별 매출 추이가 공시되지는 않으므로 추정으로 판단할 수밖에 없다.

2. 이익률 하락을 겪고 있는 여행사

하나투어, 모두투어 모두 매출이 성장하는 것과는 다르게 이익률은 오히려 하락하고 있다. 이 좋은 시기에 이익이 성장하지 않는다는 것은 회사 및 주주 입장에서도 좀 안타깝고 답답할 듯하다.

〈표9-3〉 하나투어 및 모두투어 2012년~2015년 요약 손익계산서

(단위: 억 원)

하나투어	2012년	2013년	2014년	2015년	CAGR
매출액	3,079	3,527	3,855	4,594	14%
영업이익	396	404	404	447	4%
영업이익률	13%	11%	10%	10%	

모두투어	2012년	2013년	2014년	2015년	CAGR
매출액	1,379	1,470	1,647	2,043	14%
영업이익	213	158	166	165	-8%
영업이익률	15%	11%	10%	8%	

〈표9-3〉을 보면 하나투어는 영업이익이 연평균 4% 성장했고, 2015년의 영업이익도 2014년에 비해 10% 가량 성장했는데, 모두투어는 영업이익이 감소 추세이고 2015년 영업이익도 2014년과 거의 똑같다. 이익률은 해가 지날수록 내려가고 있는 추세이다. 이유가 뭘까?

역시 영업비용 주석사항에서 큰 금액들 위주로 뽑아서 분석해보면 금방 답을 찾을 수 있다.

〈표9-4〉 하나투어 2012년~2015년 주요 영업비용 분석

(단위: 억 원)

주요 비용	2012년	2013년	2014년	2015년	CAGR
인건비	992	1,125	1,254	1,401	12%
상각비	64	52	72	92	13%
지급수수료	1,235	1,456	1,537	1,864	15%
광고선전비	124	169	200	258	28%
임차료	44	59	101	160	54%
매출액	3,079	3,527	3,855	4,594	14%

주요 비용	2012년	2013년	2014년	2015년
인건비/매출액	32%	32%	33%	30%
상각비/매출액	2%	1%	2%	2%
지급수수료/매출액	40%	41%	40%	41%
광고선전비/매출액	4%	5%	5%	6%
임차료/매출액	1%	2%	3%	3%

〈표 9-4〉는 하나투어의 2012년부터 2015년까지 사업보고서에서 영업비용 주석사항 중 금액이 큰 것 위주로 뽑아, 매출액과 비교하여 비중을 계산한 표이다. 이렇게 정리해보면 여행사에 대한 분석도 그렇게 어렵지 않음을 알 수 있다.

가장 큰 금액은 지급수수료 부분이다. 지급수수료는 여행비 지급수수료, 대리점 지급수수료, 대행사 지급수수료, 카드 지급수수료 등 여러 가지 부분이 있는데 여행비 지급수수료가 압도적으로 크다. 예를 들어 우리가 유럽여행 패키지 상품을 선택하고 여행사에 선입금을 한다. 이 선입금된 돈은 여행사 재무상태표에 '관광수탁금'이라는 계정과목의 부채로 표시된다. 여행사가 고객으로부터 돈만 미리 받았을 뿐 여행을 시켜줘야 하는 의무를 이행하지 않았기 때문에 부채인데, 이행되면 매출로 인식되므로 선수금과 비슷한 성격이다. 즉 갚을 의무가 있는 부채가 아니고 곧 매출로 옮겨갈 예정이므로 좋은 부채라고 이해하면 된다.

여행사는 이 관광수탁금으로 항공권도 구매하고, 여행지의 호텔과 식사, 입장료, 가이드 경비 등을 계산할 것이다. 또한 현지 여행사를 통해 업무를 위탁하고 수수료를 지불하기도 한다. 즉 여행사에서 고객들로부터 받은 돈의 많은 부분은 여행비 지급수수료로 빠져 나간다. 그 수수료는 매년 매출액의 40% 내외에서 크게 변동이 없다. 즉 지급수수료가 가장 큰 비용이지만 변동비 성격처럼 항상 매출액의 일정부분만큼 차지했기 때문에 영업이익이 줄어든 이유로 설명하기는 어렵다.

인건비 또한 금액이 큰 편인데, 오히려 2015년에 매출액 대비 비중이 줄어들어서 영업이익이 개선될 수 있는 기회가 될 수 있었다. 그런데 하나투어의 경우, 광고선전비와 임차료가 2015년에 크게 늘었다. 매출액에서 차지하는 비중이 큰 편은 아니지만 금액 증가가 큰 편이다. 만약 광고선전비와 임차료가 증가되지 않고 2014년 수준만큼 집행되었다면 회사의 영업이익은 120억 원 가까이 늘었을 것이고, 영업이익률도 12%대까지 가능했을 것이다. 이는 모두투어에서도 비슷한 모습을 보인다.

〈표9-5〉 모두투어 2012년~2015년 주요 영업비용 분석

(단위: 억 원)

주요 비용	2012년	2013년	2014년	2015년	CAGR
인건비	389	426	470	573	14%
상각비	13	12	20	29	30%
지급수수료	568	628	677	812	13%
광고선전비, 판매장려금	67	73	106	203	45%
매출액	1,379	1,470	1,647	2,043	14%

주요 비용	2012년	2013년	2014년	2015년
인건비/매출액	28%	29%	29%	28%
상각비/매출액	1%	1%	1%	1%
지급수수료/매출액	41%	43%	41%	40%
광고·판매장려금/매출액	5%	5%	6%	10%

〈표9-5〉를 보면 모두투어 역시 지급수수료가 가장 큰 부분을 차지한다. 그런데 매출액에서 차지하는 비중은 하나투어와 거의 동일하게 매출액의 40% 정도로 큰 변동이 없다. 인건비 역시 하나투어처럼 매출액 대비 소폭 감소하는 모습을 보인다. 하나투어처럼 거액의 임차료 증가 부분이 없어서 다행이기는 하지만 문제는 역시 광고선전비와 판매장려금이 큰 폭으로 증가하고 있다는 것이다. 만약 광고선전비와 판매장려금을 2014년 수준처럼 집행했다면 회사는 영업이익이 거의 100억 원 가량 증가했을 것이고, 영업이익률도 13%까지 가능했을 것이다.

이는 하나투어, 모두투어만의 특징이라고 할 수 있다. 노랑풍선, 롯데관광, 참좋은여행, 여행박사 등 중위권 여행 기업들은 광고선전비와 판매장려금 등의 지출이 급증하지 않았다. 왜 여행업계 1위, 2위를 차지하고 있는 기업에서만 이런 현상이 나타날까?

여행업 분석 뉴스 기사와 리서치전문기관의 조사 결과에 따르면 노랑풍선, 참좋은여행 등이 저렴한 여행패키지 가격, 알찬 일정과 코스로 특화시켜 선두기업들을 위협하고 있다고 한다. 여행시장이 커지면서 경쟁이 치열해지고 중위권에서 치고 올라오니 선두권 기업들이 큰 금액의 광고선전비와 판매장려금을 집행해서 현상 유지를 하려는 것으로 판단된다.

광고선전비, 판매장려금 등을 제외하고는 특별히 이상한 점이 없기 때문에 이 부분만 신경 써서 모니터링하면 좋지 않을까 생각한다.

모두투어는 2016년 3분기까지 2015년 3분기에 비해 매출액이 18% 증가하면서 계속 외형 성장세를 이어갔으나 영업이익은 11% 증가에 그쳤고, 영업이익률은 드디어 9%까지 내려왔다. 원인은 역시 광고선전비와 판매장려금이다. 광고선전비와 판매장려금이 2015년 3분기 대비 57억 원(42%)

증가했고, 이 금액들이 매출액에서 차지하는 비중은 11%에 다다른다. 2015년 3분기 정도로만 비용을 집행했다면 회사 영업이익률은 12%까지 가능했을 텐데 아쉬움이 남는 대목이다.

반면 하나투어는 처참하다 싶을 정도로 실적이 급격하게 악화되었다. 이 부분을 설명하려면 결국《박 회계사의 사업보고서 분석법》에서 다루었던 면세점 얘기를 다시 꺼내야 할 것 같다.

3. 면세점에 발목 잡힌 하나투어

　2015년 7월에 하나투어는 도심형 면세점사업자 허가를 받으면서 면세점업에 진출했다. 하나투어는 종속기업인 ㈜에스엠면세점에 출자를 했고, 지분율 82.54%로 최대주주이다. 즉 하나투어는 ㈜에스엠면세점과 합쳐서 연결재무제표를 만든다.

　에스엠면세점의 2016년 3분기보고서에서 회사의 연혁을 찾아보면 2015년 11월에 인천공항점이 오픈을 했고, 2016년 1월에 서울점을 오픈했다. 본격적으로 면세점사업을 시작한 것은 2016년부터라고 보는 게 맞을 것이다.

〈그림9-2〉 에스엠면세점 2016년 3분기 손익계산서

포 괄 손 익 계 산 서
제3기 3분기 2016년 1월 1일부터 2016년 9월 30일까지
제2기 3분기 2015년 1월 1일부터 2015년 9월 30일까지
(검토받지 아니한 재무제표)

주식회사 에스엠면세점 (단위:원)

과 목	제3기 3분기		제2기 3분기 (검토받지 아니한 재무제표)	
	3개월	누적	3개월	누적
I. 매출액	26,499,598,030	71,074,248,951	100,622,728	103,220,228
II. 매출원가	10,086,717,746	26,158,536,886	-	-
III. 매출총이익	16,412,880,284	44,915,712,065	100,622,728	103,220,228
IV. 판매비와관리비	23,040,046,333	65,724,555,949	1,590,309,247	2,115,578,086
V. 영업손실	(6,627,166,049)	(20,808,843,884)	(1,489,686,519)	(2,012,357,858)

〈그림9-2〉에서 에스엠면세점의 실적을 보면 9개월치 누적적자 208억 원을 기록했다. 매출은 711억 원이지만 이익 실현은 하지 못했다. 매출총이익이 449억 원이므로 상품 마진은 약 63%가 됨에도 불구하고 큰 판매비와관리비가 적자의 원인이었다.

판매비와관리비를 주석사항에서 찾아서 큰 비용을 검토하면 광고선전비 97억 원, 지급수수료 190억 원, 지급임차료 248억 원이다. 영업 초기인 관계로 광고선전비 집행도 많이 해야 하고, 면세점들이 너무 많이 생기다 보니 경쟁에서 살아남기 위해 손님도 모아야 하므로 많은 모객 수수료가 발생될 수밖에 없다. 지급임차료는 시내 면세점과 인천공항에 대한 것이다. 시내 면세점은 하나투어빌딩에 대한 것이므로 지배회사와 종속회사 간의 내부거래로 서로 제거가 된다. 즉 에스엠면세점의 재무제표에는 많

은 임차료가 발생되지만 하나투어의 연결재무제표에서는 〈표9-4〉처럼 2015년 기준 160억 원 정도 밖에 되지 않는다. 문제는 내부거래가 아닌 인천공항에 대한 지급임차료도 크다는 것이다.

이제 에스엠면세점의 손익계산서가 합쳐진 하나투어의 2016년 3분기 연결손익계산서를 보자.

〈표9-6〉 하나투어 2016년 및 2015년 3분기 요약 연결손익계산서

(단위: 원)

	2016년 3분기	2015년 3분기	증감	증감율
영업수익	448,664,216,688	334,511,482,290	114,152,734,398	34%
영업비용	431,520,577,509	298,883,467,093	132,637,110,416	44%
영업이익	17,143,639,179	35,628,015,197	−18,484,376,018	−52%
당기순이익	4,821,661,691	26,783,632,427	−21,961,970,736	−82%
영업이익률	4%	11%		
당기순이익률	1%	8%		

〈표9-6〉을 보면 여행 산업의 호황과 〈그림9-2〉와 같은 면세점 매출 711억 원 덕택에 매출액은 1,142억 원(+ 34%) 정도 증가하는 괄목할 만한 외형 성장을 했다. 그러나 영업이익은 전년도 같은 분기 대비 반토막 났고, 당기순이익은 무려 220억 원 가까이 증발했다. 이젠 하나투어의 영업이익률은 일반 제조업보다 못한 수준인 5% 미만까지 내려왔다. 이유는 〈표

〈표9-7〉 하나투어 2016년 및 2015년 3분기 주요 영업비용 분석

(단위: 억 원)

	2016년 3분기		2015년 3분기		증감	증감률
	금액	매출액 대비	금액	매출액 대비		
인건비	940	21%	793	24%	147	19%
지급수수료	1,716	38%	1,379	41%	337	24%
광고선전비	312	7%	181	5%	132	73%
임차료	349	8%	82	2%	267	325%
매출액	4,487		3,345		1,142	34%

9-4〉에서 살펴봤던 것과 거의 동일하며 숫자만 조금씩 바뀌었는데, 3분기 숫자로 분석해보면 〈표9-7〉과 같다.

면세점 매출액이 가산되면서 인건비와 지급수수료의 매출액 비중은 전년도보다 오히려 줄어든 것으로 보인다. 그러나 기존 여행사 광고선전비에 면세점 광고선전비가 더해져 금액이 크게 증가되었고, 무엇보다 임차료 급증이 큰 부담으로 다가왔다. 공항 면세점 임차료는 최소보장임차료와 판매금액에 따라 비율로 부과되는 방법 등 다양하다. (이 부분은 《박 회계사의 사업보고서 분석법》의 도·소매업 편에 언급되어 있다.)

임차료가 267억 원이 증가되면서, 회사의 직전3분기 영업이익이 356억 원에서 당3분기 171억 원으로 급격하게 줄어드는 데 크게 기여를 했다고 해도 과언이 아닐 것 같다. 그리고 그 임차료는 면세점에서 비롯되었다.

〈표9-1〉에서 살펴봤듯이 출국자수가 증가되면서 해외로 나가는 여행객이 늘어나고, 반대로 들어오는 여행객수도 많기 때문에 면세점에 대한 기대는 컸다. 그러나 불과 2년 사이에 신규 면세점이 많이 증가하면서 경쟁이 심화되었고, 소비 트렌드도 맹목적인 명품 선호보다는 가성비(가격 대비 성능비)를 중시하는 합리적인 소비가 더 각광 받으면서 어려움을 겪는 것으로 보인다.

이는 다른 면세점 기업도 마찬가지이다. 호텔신라는 2016년 3분기까지 계속 영업이익이 감소하면서 영업이익률이 불과 2.3%밖에 안 된다. 새롭게 면세점사업을 시작한 한화갤러리아타임월드는 매출액이 69%나 증가했지만, 113억 원 영업흑자가 1년 만에 113억 원 영업적자로 바뀌었고, 세계 최대 도심형 면세점을 지향하는 HDC신라면세점도 3분기까지 111억 원의 순손실을 기록 중이다.

2016년 3분기 기준으로 하나투어는 여행사의 매출 비중이 79%, 면세점 19%이지만, 여행사의 영업이익 347억 원이 면세점 영업손실 193억 원으로 인해 훼손되는 상황이므로 이 기업은 앞으로 면세점 쪽에 더 초점을 맞춰서 분석하는 게 맞을 것이다.

인터파크, 참좋은레져, 세중, 레드캡투어는 여행사보다 다른 사업 비중이 높기 때문에 여행사로 단정 짓기는 애매한 기업들이고, 모두투어만 유일한 여행사 기업으로 보는 게 맞다. 단 모두투어는 앞서 살펴본 대로 중위권 여행사들의 약진에 따른 부담으로 광고선전비와 판매장려금 집행이 계속 커지면서 이익률이 줄어드는 상황이다. Q의 증가 및 외형 성장은 가능한 상황이므로 광고선전비와 판매장려금 등 고객 유치와 관련된 비용이 하향 안정화되면서 다시 영업이익이 증가될 수 있는지에 초점을 맞춰서 모니터링하면 되는 산업으로 결론을 내릴 수 있다.

4. 아웃바운드 / 인바운드

사드(THAAD) 영향으로 인해 중국인 여행객 감소가 예견되면서 여행사도 타격을 입을 수 있다는 예상이 나오고 있다. 여행사 산업은 우리나라 국민이 해외로 여행을 나가는 아웃바운드(Out bound)와 외국인들이 우리나라로 들어와서 여행을 즐기는 인바운드(In bound)로 나뉜다. 즉 여행사가 아웃바운드 비중이 높다면 사드 같은 이슈에 영향이 없을 것이고, 반대로 인바운드 비중이 높다면 치명상을 입을 수 있을 것이다.

2016년부터 사드로 인해 중국과의 외교문제가 발생한 만큼 여행사에 투자하기에 앞서 이 부분을 반드시 살펴봐야 할 것이다.

〈그림9-3〉 모두투어 2015년 사업보고서 II. 사업의 내용 중 매출

```
6. 배당에 관한 사항 등              4. 매출
II. 사업의 내용                    (1) 판매 경로 및 판매방법
III. 재무에 관한 사항               가. 판매조직
  1. 요약재무정보                  지배회사인 (주)모두투어네트워크의 판매조직 중 홀세일 여행사의 특성상 타 직판여
  2. 연결재무제표                  행사와 차별화 되는 조직은 대리점영업본부입니다. 직판여행사에서 관리하고 있는
  3. 연결재무제표 주석             대리점은 대부분 독립채산제의 프랜차이즈 형태로 운영되고 있는 것에 반해, 홀세일
  4. 재무제표                     여행사인 당사는 서울을 비롯한 전국주요 도시에 직영 지점 및 영업소를 설치 운영하
  5. 재무제표 주석                 고 있습니다. 본 보고서 작성일 현재 전국에 30개의 직영 영업소와 지점, 그리고 런
  6. 기타 재무에 관한 사항          던, 파리, 동경, 북경 등지에 해외 지사가 운영되고 있습니다.
IV. 감사인의 감사의견 등            국내의 자회사 중 (주)모두투어인터내셔널, (주)크루즈인터내셔널, (주)모두투어에이
V. 이사의 경영진단 및 분석의견      치앤디는 각각 외국인의 국내여행, 크루즈, 내국인의 국내호텔예약대행 등을 주업으
VI. 이사회 등 회사의 기관에 관      로 하고 있으며, (주)서울호텔관광전문학교, (주)모두스테이는 각각 부동산 투자와 운
  1. 이사회에 관한 사항           용, 학원사업, 호텔위탁운영 등을 주업으로 하고 있습니다. (주)모두투어인터내셔주
  2. 감사제도에 관한 사항         은 외국인 관광객들을 상대로 하는 여행상품을 개발 및 판매하고 있으며, 중국을 중
  3. 주주의 의결권 행사에 관      심으로 일본과 동남아에 협력사를 두어 해당 지역 주요 여행사들에게 판매를 하고 있
VII. 주주에 관한 사항              습니다. (주)크루즈인터내셔널은 해외 크루즈 선사의 한국판매권을 가지고 있으며,
VIII. 임원 및 직원 등에 관한 사    이를 바탕으로, 크루즈 캐빈 및 기획상품을 내·외국인에게 판매하고 있습니다. 또한,
  1. 임원 및 직원의 현황
  2. 임원의 보수 등
IX. 계열회사 등에 관한 사항
X. 이해관계자와의 거래내용
XI. 그 밖에 투자자 보호를 위
```

〈그림9-3〉을 보면 모두투어는 ㈜모두투어인터내셔널이라는 자회사를 통해 외국인의 국내여행을 알선하는 것으로 공시했다. 즉 회사의 전체 매출액에서 ㈜모두투어인터내셔널의 매출액이 차지하는 비중이 어느 정도인지 확인해보면 사드 같은 이슈가 회사의 실적에 영향을 미칠 수 있는지에 대해 판단할 수 있을 것이다.

〈그림9-4〉 모두투어 2015년 사업보고서 Ⅱ. 사업의 내용 중 매출 현황

(2) 매출현황
(단위:천원)

사업부문	회사	제 27기 매출액	비율(%)	제 26기 매출액	비율(%)
여행알선 서비스	(주)모두투어네트워크 (주1	177,700,495	86.97%	152,752,421	92.75%
	(주)모두투어인터내셔널	2,142,148	1.05%	1,571,593	0.95%
	(주)크루즈인터내셔널	389,201	0.19%	399,006	0.24%
	(주)모두투어에이치앤디	343,228	0.17%	489,949	0.30%
	(주)자유투어	6,022,527	2.95%	-	-
호텔숙박서비스	(주)모두관광개발	2,436,576	1.19%	3,619,672	2.20%
부동산개발	㈜모두투어자기관리부동산투자회사	3,023,012	1.48%	903,753	0.55%
교육 서비스	(주)서울호텔관광전문학교	4,583,230	2.24%	2,089,399	1.27%
호텔위탁운영 및 대행업	(주)모두스테이	7,684,405	3.76%	2,861,761	1.74%
	계	204,324,822	100.00%	164,687,554	100.00%

〈그림9-4〉에서 보듯이 회사 전체 매출액에서 인바운드 부분을 담당하는 ㈜모두투어인터내셔널의 매출액은 모두투어 전체 매출액에서 차지하는 비중이 1% 내외로 아주 미미하다. 즉 회사의 매출액 대부분은 아웃바운드에서 발생되고 있기 때문에 사드 같은 문제로 인해 외국인 관광객 감소가 미치는 영향이 미미할 것으로 판단할 수 있다.

하나투어 역시 같은 방법으로 인바운드 매출액을 확인해보면 되는데, 결론부터 말하면 역시 인바운드 매출액 비중은 매우 미미하다. 하나투어 사업보고서에 의하면 외국인 관광객들을 상대로 하는 여행상품 개발 및 판매를 위해 주로 일본과 중국 관광객을 겨냥하여 해당 지역 주요 여행사들에게 판매하고 있는 자회사가 ㈜하나투어아이티씨라는 곳이다. 그리고 이 회사가 하나투어 전체 연결매출액에서 차지하는 비중은 약 1.4%에 불과할 정도로 매우 작다. 그렇기 때문에 하나투어도 이런 이슈에서 자유롭다고 판단할 수 있을 것이다. 그러나 하나투어는 아웃바운드와 인바운드

여행객 모두가 이용하는 면세점의 매출과 영업손실이 하나투어 연결손익계산서 미치는 영향이 매우 크기 때문에, 사드 같은 이슈는 기업 실적 악화에 심각한 영향을 줄 수 있다는 결론을 내리는 것이 맞겠다.

PART 10
지주회사
(Holding company)

지주회사와 사업회사 어디에 투자할 것인가?

최근에 크고 작은 기업들이 지주회사(Holding company)와 사업회사로 분할해 각각 상장하는 경우들을 많이 목격했다. 유명한 사례로는 밥솥회사로 잘 알려진 리홈쿠첸이 부방이라는 지주사와 쿠첸이라는 사업회사로 분할해 각각 상장했고, 휴온스도 휴온스글로벌과 휴온스, 샘표식품도 샘표와 샘표식품, 슈프리마도 슈프리마HQ와 슈프리마로 각각 쪼개졌다. 오리온, 매일유업, 크라운제과, 유비쿼스 등도 분할 후 지주회사 설립 절차를 진행 중에 있다.

회사분할결정 공시가 되면 기대감에 주가가 급등하기도 하는데 결국 시간이 지나고 나면 다시 제자리로 돌아오는 경우가 많다. 또한 회사가 분할된 후, 지주회사와 사업회사가 각각 상장을 하면 지주회사는 급락, 사업회사는 급등하면서 투자자의 정신을 혼미하게 만든다. 이 역시 시간이 지나고 나면 주가는 기업가치에 따라서 제 갈 길로 가는 모습을 많이 보여왔다.

하나의 회사가 두 개 이상으로 나누어지는 설자 및 개념을 보면 사실 많이 어려운 부분들이 있다. 그러나 관련 실무를 담당할 목적이 아닌 투자자의 목적으로 그동안의 사례들을 접근해보면 별로 어렵지 않을 것이다. 시가총액이 크지 않은 기업들도 지배구조 이슈 등의 이유로 인해 계속 분할하면서 지주사 설립이 쏟아지고 있다. 우리는 과거의 사례를 보고 앞으로 일어날 수 있는 일들에 대처하는 데에 초점을 맞추면 될 것이다.

1. 지주회사(持株會社, Holding company)

지주회사는 다른 회사의 주식을 소유하는 방식으로 그 회사를 지배하는 목적으로 설립된 회사를 의미한다. 회사들은 대부분 다른 기업들의 주식을 많이 보유하고 있다. 삼성물산만 하더라도 삼성그룹주를 많이 보유하고 있는데, 그렇다면 삼성물산은 지주회사에 해당할까? 회사의 주식을 소유했다고 모두 그렇게 되지는 않고, 지주회사의 요건은 엄격하게 규정되어 있다.

지주회사의 요건
- 공정거래법상 자산총액이 1,000억 원 이상으로서 지배 목적으로 보유한 다른 회사의 지분합계가 당해 회사 자산총액의 50% 이상인 회사
- 비상장 자회사 주식 40% 이상 보유. 상장 자회사는 20% 이상 지분 보유(전환 후 2년 내 충족해야 함)
- 부채 비율 200% 이내 유지(전환 후 2년 내 충족해야 함)
- 지주회사와 자회사 간의 채무보증 금지. 자회사 간 채무보증 금지
- 지주회사와 계열회사 간 채무보증 금지

이 요건에 충족하는 회사들만 지주회사라고 정의할 수 있다. 요즘은 지주회사로 전환하는 기업들도 많아졌고, 정부에서도 각종 세제 혜택 등을 제공하며 지주회사 전환을 장려하는 상황이어서 이 '지주회사의 요건'에 나와 있는 것과 같이 설립 당시에는 요건이 충족되지 않아도 2년 내에만 충족하면 된다는 식의 유예기간을 주고 있다. 즉 먼저 지주회사 모양을 갖춰 놓고, 자회사 주식 40% 보유, 상장 자회사 주식 20% 이상 보유, 부채비율 200% 이내 유지 등의 요건은 지주회사로 전환한 후 2년 이내에 충족하도록 한 것이다.

지주회사의 재무구조와 자산구조를 그림으로 풀어보면 〈그림10-1〉과 같다.

〈그림10-1〉 **지주회사의 지배구조와 자산구조**

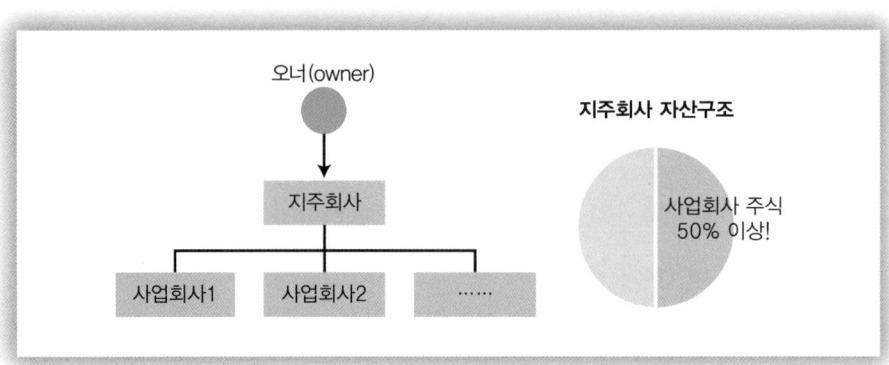

회사의 최대주주인 오너가 지주회사를 지배하고, 지주회사는 여러 사업회사나 계열회사를 지배하는 형태를 갖는다. 지주회사가 주식으로 지배하고 있는 대상회사를 사업회사 또는 자회사라고 한다. 지주회사의 국내 계열회사이면서 지주회사가 최다출자자인 경우 사업회사라는 지위를 얻는다. 만약 이런 요건을 충족하지 못하는 경우에는 그냥 계열회사라고 부른다. 예를 들어 최다출자자가 지주회사가 아닌 지주회사의 오너인 개인 또는 그의 특수관계자인 경우, 대상회사를 사업회사가 아닌 계열회사로 부른다는 의미이다.

그리고 지주회사는 이런 여러 사업회사들의 주식들로 전체 자산의 50% 이상을 채워야 한다. 자산의 반 이상이 주식이므로 지주회사의 재무제표는 매우 단순할 수밖에 없다.

LG그룹의 여러 계열사 지분을 소유한 지주회사인 ㈜LG의 별도재무제표를 보면 쉽게 이해가 가능하다.

연결재무제표가 기업의 주재무제표임에도 불구하고 별도재무제표를 언급한 이유는 〈그림10-2〉와 같이 지주회사 자산구조의 극단적인 모습을 보여주기 위함이다. ㈜LG의 재무제표를 보면 관계기업 및 공동기업투자주식이 73%, 종속기업투자주식이 14%로 전체 자산의 87%가 LG그룹 주식

〈그림10-2〉 ㈜LG의 2015년 별도재무제표 자산구조

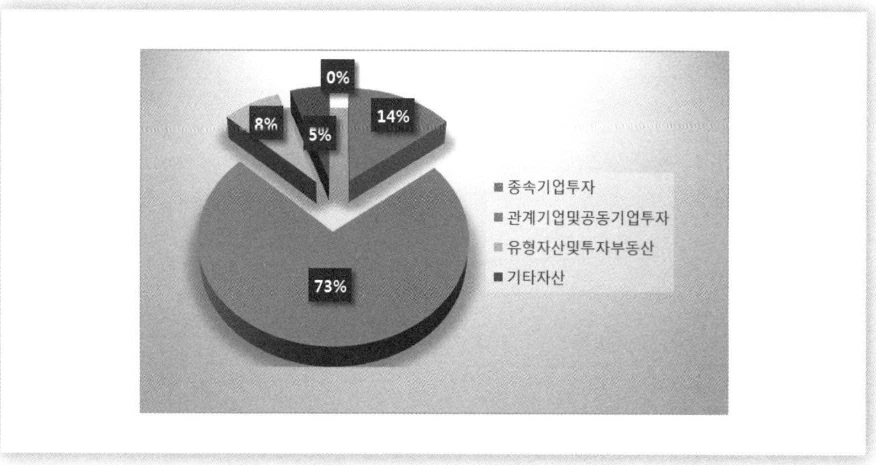

이다. 그리고 나머지 13%가 ㈜LG 소유의 부동산자산과 현금성자산 및 기타자산으로 되어 있다.

㈜LG가 지분율 50%를 초과해서 주식을 보유하거나 혹여 50%가 안 되어도 실질적인 지배력을 행사한다면 종속기업으로 분류한다.

지배력은 경제활동에서 효익을 얻기 위해 재무정책과 영업정책을 결정할 수 있는 능력으로 정의된다. 즉 〈그림10-3〉에서 보듯 ㈜LG가 ㈜엘지실트론의 지분율 50%를 초과해서 보유하고 있으므로 재무정책과 영업정책을 결정할 수 있는 지배력을 갖췄다고 볼 수 있을 것이다. 최대주주의 지위이므로 이사회 및 주주총회에서 결정권을 행사할 수 있다.

한편 ㈜LG가 지분율 20% 초과, 50% 이하로 주식을 보유하거나 20%

〈그림10-3〉 ㈜LG의 별도재무제표 주석 중 종속기업투자 현황

(1) 당기말과 전기말 현재 당사의 종속기업투자 현황은 다음과 같습니다.

(단위: 백만원)

법인명	국가	주요영업활동	결산일	2015.12.31			2014.12.31		
				소유 지분율	보통주 지분율	장부가액	소유 지분율	보통주 지분율	장부가액
㈜엘지실트론	대한민국	실리콘 웨이퍼 제조 및 판매	12월 31일	51.00%	51.00%	239,575	51.00%	51.00%	239,575
㈜엘지씨엔에스	대한민국	IT 시스템 통합관리, 컨설팅 서비스	12월 31일	84.97%	84.97%	330,533	84.97%	84.97%	330,533
㈜서브원	대한민국	부동산 임대업 등	12월 31일	100.00%	100.00%	250,054	100.00%	100.00%	223,424
㈜루쎔	대한민국	기타전자부품제조업	12월 31일	64.81%	64.81%	29,375	64.81%	64.81%	29,375
㈜엘지스포츠	대한민국	스포츠 전문서비스업	12월 31일	100.00%	100.00%	106,097	100.00%	100.00%	106,097
㈜엘지경영개발원	대한민국	경영자문, 교육연수, 통신판매업, 전자상거래업	12월 31일	100.00%	100.00%	17,203	100.00%	100.00%	17,203
㈜엘지솔라에너지(*1)	대한민국	태양광 발전업	12월 31일	-	-	-	100.00%	100.00%	26,630
LG Holdings Japan Co., Ltd.(*2)	일본	부동산 임대업 등	12월 31일	100.00%	100.00%	191,080	100.00%	100.00%	122,157
합계						1,163,917			1,094,994

(*1) 당기 중 (주)서브원에 피합병되었습니다.
(*2) 당기 중 유상증자에 참여하였습니다.

가 안 되어도 유의적인 영향력을 행사한다면 관계기업으로 분류한다. 지분율 50%를 ㈜LG와 다른 기업이 정확히 반반 보유했다면 아무도 지배력을 행사하지 못하는 상황이므로 이때는 공동기업으로 분류한다.

유의적인 영향력은 피투자자의 재무정책과 영업정책에 관한 의사결정에 참여할 수 있는 능력을 의미한다. 〈그림10-4〉에서 (*2)의 설명을 보면, "지분율이 20%에 미달하나 이사선임권한 등 유의적인 영향력이 있는 것으로 판단하여 관계기업으로 분류했다."는 아주 자세한 설명이 달려 있다. 이렇게 LG Fuel Cell Systems Inc. 같은 기업도 지분율 20%에 미달해도 관계기업으로 분류가 된다.

〈그림10-4〉 ㈜LG의 별도재무제표 주석 중 관계기업 및 공동기업투자 현황

(2) 당기말과 전기말 및 현재 당사의 관계기업 및 공동기업투자 현황은 다음과 같습니다.

(단위: 백만원)

법인명	국가	주요영업활동	결산일	2015.12.31 소유지분율	2015.12.31 보통주지분율	2015.12.31 장부가액	2014.12.31 소유지분율	2014.12.31 보통주지분율	2014.12.31 장부가액
엘지전자(주)	대한민국	전자부품, 컴퓨터, 영상, 음향 및 통신장비 제조업 등	12월 31일	30.47%	33.67%	2,804,603	30.47%	33.67%	2,804,603
(주)엘지화학	대한민국	석유화학계 기초화학물질 제조업 등	12월 31일	30.07%	33.53%	1,277,994	30.07%	33.53%	1,277,994
(주)엘지하우시스	대한민국	건축용 플라스틱제품제조업	12월 31일	30.07%	33.53%	183,828	30.07%	33.53%	183,828
(주)엘지생활건강	대한민국	치약, 비누 및 기타 세제 제조업 등	12월 31일	30.00%	34.03%	141,608	30.00%	34.03%	141,608
(주)엘지생명과학	대한민국	생물학적 제제 제조업	12월 31일	30.00%	30.43%	83,295	30.00%	30.43%	83,295
(주)엘지유플러스	대한민국	무선통신업	12월 31일	36.05%	36.05%	1,162,048	36.05%	36.05%	1,162,048
(주)지투알	대한민국	지주회사업 등	12월 31일	35.00%	35.00%	39,496	35.00%	35.00%	39,496
엘지히다찌(주)	대한민국	컴퓨터시스템 통합 자문 및 구축 서비스업	12월 31일	49.00%	49.00%	14,023	49.00%	49.00%	14,023
엘지엠엠에이(주)(*1)	대한민국	기타 기초유기화학물질 제조	12월 31일	50.00%	50.00%	115,350	50.00%	50.00%	115,350
LG Fuel Cell Systems Inc.(*2)	미국	발전용 연료전지 연구개발업	12월 31일	13.65%	13.65%	20,486	13.65%	13.65%	20,486
(주)실리콘웍스(*3)	대한민국	반도체 설계 및 제조	12월 31일	33.08%	33.08%	145,003	28.22%	28.22%	115,605
합계						5,987,734			5,958,336

(*1) 공동기업에 해당합니다.
(*2) 지분율이 20%에 미달하나 이사선임권한 등 유의적인 영향력이 있는 것으로 판단하여 관계기업으로 분류하였습니다.
(*3) 당기 중 지분의 추가 취득으로 인해 지분율이 증가하였습니다.

그리고 〈그림10-4〉에서 (*1)의 설명을 보면 공동기업에 해당한다고 나와 있다. 엘지엠엠에이의 지분율을 보면 ㈜LG가 50%를 가지고 있다. 50%나 되는 지분을 ㈜LG가 갖고 있다고 해도 이사회나 주주총회 등에서 ㈜LG의 판단대로 의사결정을 내릴 수는 없을 것이다. 나머지 50% 지분을 갖고 있는 주주가 ㈜LG의 의사결정에 반대하면 방법이 없기 때문이다. 따라서 이런 기업의 경우에는 종속기업이 아닌 공동기업이라고 분류한다.

㈜LG는 이렇게 많은 종속기업, 공동기업 및 관계기업의 주식을 갖고 있다. ㈜LG의 연결재무제표에서는 종속기업과 재무제표를 합쳐서 작성을 한다. 경제적 관점에서 ㈜LG와 〈그림10-3〉의 종속기업들은 실질적으로 한몸이라고 보기 때문에 합쳐서 연결재무제표를 만들어야 한다는 것이 한국채택국제회계기준의 입장이다. 증권사 보고서, 기업실적 발표, 언론 보도자료 등 모두 이 연결재무제표를 기준으로 작성을 한다. 또한 공동기업과 관계기업에 대해서는 그 기업의 손익에 ㈜LG의 지분율만큼 곱해서 회사가 지분법이익(손실) 또는 관계기업투자이익(손실)로 인식을 한다. 영향력을 행사할 수 있는 기업의 손익에 내가 보유한 지분율만큼은 내 것이라는 개념이다.

연결재무제표는 이렇게 작성되는 데 반해 별도재무제표는 종속기업, 공동기업 및 관계기업에 대해 아무런 회계 처리를 하지 않는다. 별도재무제표는 오로지 ㈜LG만의 재무제표로 만들어지기 때문에 종속기업, 공동기업 및 관계기업의 실적을 반영하지 않는다. 이런 이유로 지주사의 별도재무제표를 보면 이 회사가 계열사들의 주식을 얼마나 많이 가지고 있고, 자산 전체에서 차지하는 비중이 얼마나 높은지 좀 더 직관적으로 알 수 있다.

2. 지주회사의 설립취지

　삼성그룹, 현대차그룹 등 글로벌 대기업들이 항상 문제가 되었던 것 중의 하나가 바로 순환출자다. 즉 그룹 계열사들끼리 적은 돈으로 주식을 돌려가며 보유하다 보면 적은 지분으로 그룹 전체를 장악할 수 있는 방식이다. 순환출자를 잘 설계하면 오너 일가가 5%도 채 되지 않는 지분으로 그룹 전체를 지배할 수 있다.
　이런 문제를 개선하기 위해 정부에서 세제 혜택까지 주며 기업들에게 독려한 것이 바로 지주회사 제도이다. 순환출자 같은 복잡한 소유관계를 단순히 오너가 지주회사를 지배하고 그 지주회사는 여러 사업회사를 지배하는 구조로 바꾸면 투명성이 확보가 된다. 또한 오너 입장에서도 소규모의 자본으로 지주회사만 지배하면 지주회사가 사업회사들을 다 지배하는 형태가 되므로 나쁠 것이 없다. 문제는 삼성그룹이나 현대차그룹처럼 너무 커버린 재벌들이 이제와서 지주회사 체제로 바꾸려니 지분 정리 과정에서 많은 자금이 필요하기 때문에 쉽지가 않다는 점이다. 그러나 작은 중견기업들은 대기업들보다는 상황이 낫기 때문에 최근에 많은 기업들이 지주회사 체제로 전환하고 있다.

구조가 단순해지고 투명해진다는 점에서 지주회사가 좋아 보이는데 단점도 무시할 수는 없다. 오너가 지주사를 통해 모든 사업회사를 지배하는 구조이므로 그룹 총수의 경영에 대한 전횡이 심해질 수 있고, 전문경영인 체제의 정착이 어려울 수 있다는 것이다. 그리고 사업회사 입장에서 지주회사에게 관리비, 상표권 관련 수수료를 지급해야 하므로 손익에 영향을 받는다. 이는 지주회사의 주요 수입원이라 지주회사의 주주 입장에서는 중요하겠지만, 사업회사 주주 입장에서는 기분 좋은 일이 아니다.

〈그림10-5〉를 보면 ㈜LG는 지주회사답게 종속기업, 관계기업 및 공동기업으로부터 큰 금액의 배당금을 수령하고 이를 매출로 인식한다. 그런

〈그림10-5〉 ㈜LG의 2015년 별도손익계산서

(단위 : 백만원)

	제 54 기	제 53 기	제 52 기
매출및지분법손익	574,117	575,744	568,046
배당금수익	214,434	209,394	200,290
상표권사용수익	256,839	264,859	269,085
임대수익	102,844	101,491	98,671
영업비용	179,295	158,698	158,559
인건비	32,059	26,102	26,243
감가상각비	16,580	16,323	16,347
기타영업비용	130,656	116,273	115,969
영업이익(손실)	394,822	417,046	409,487

데 매출 구성내역을 보면 배당금수익보다 상표권사용수익이 더 크다는 것을 알 수 있다. LG의 브랜드를 사용하는 대가 등인데, LG전자, LG화학 등 계열사로부터 2,568억 원을 거두어들였다. LG전자의 연결재무제표 특수관계자거래 주석사항에서 ㈜LG에 대한 비용지출이 1,485억 원이다. 2016년 영업손실을 기록한 LG전자 입장에서는 한 푼이라도 아쉽겠지만, 매년 큰 금액을 브랜드 사용대가 등으로 지불해야 하는 것이다.

한편 ㈜LG가 종속기업과 재무제표를 합치고, 관계기업 및 공동기업의 손익에 지분율만큼 이익으로 반영하여 연결재무제표를 만들면 그 결과는 〈그림10-6〉과 같다.

〈그림10-5〉의 별도손익계산서와는 숫자단위도 다를뿐더러 매출의 구성도 다르다. 제품 및 상품매출, 용역매출, 건설형계약매출이 거의 대부분을

〈그림10-6〉 ㈜LG의 2015년 연결손익계산서

(단위: 백만원)

	제 54 기	제 53 기	제 52 기
매출및지분법손익	9,968,190	9,865,402	9,799,213
제품 및 상품매출	5,250,038	5,458,392	5,452,982
용역매출	2,150,503	1,982,884	1,872,605
건설형계약매출	1,440,815	1,447,442	1,419,587
지분법손익	719,866	574,095	661,285
기타매출	406,968	402,589	392,754
매출원가	8,340,966	8,361,929	8,184,718
매출총이익	1,627,224	1,503,473	1,614,495
판매비와일반관리비	489,238	459,365	460,573
영업이익(손실)	1,137,986	1,044,108	1,153,922

차지하는데, '지주회사가 이런 게 왜 있나?' 하는 생각을 할 수 있겠다. 〈그림10-6〉은 계열사로부터 배당수익과 상표권사용수익을 받고 임대업을 하는 ㈜LG의 손익계산서에 〈그림10-3〉의 종속기업들 손익계산서를 합친 결과이다.

㈜LG와 종속기업들을 합쳐서 하나의 회사로 보겠다는 것이 연결재무제표 작성 취지이므로 연결손익계산서 매출액에는 엘지실트론, 엘지씨엔에스 등의 종속기업 매출액까지 다 포함된 것이다. 그리고 엘지실트론과 엘지씨엔에스 등으로부터 받은 배당금과 상표권사용수익은 ㈜LG와 내부거래이므로 ㈜LG의 매출액에서 지우고, 종속기업들의 비용에서도 지워서 표시를 한다. 그 다음 〈그림10-4〉의 관계기업 및 공동기업의 실적에 지분율만큼 곱한 이익은 지분법손익에 7,198억 6,600만 원이 표시되어 있다. 일반기업들의 손익계산서에서 지분법손익(관계기업투자손익)은 영업이익과 당기순이익 사이에 들어가는데, 지주회사는 이렇게 매출액에 표시한다. 지주회사의 주된 영업활동이 이렇게 관계기업 및 공동기업 등에 대한 주식을 보유하는 것이라고 이해하면 될 것이다.

3. 사례를 통한 지주회사 설립과 분할

　이제 본격적으로 중견기업들의 지주회사 설립 과정을 살펴보자. 쿠쿠전자와 함께 한때 중국 유커들의 필수 구매품이었던 전기밥솥 제조사인 리홈쿠첸 사례가 워낙 간단하기 때문에 한번 살펴보면 어렵지 않을 것이다.
　리홈쿠첸은 이대희 및 특수관계자가 최대주주이고, 회사 안에 3개의 사업부문(리빙, 유통, 전자부품)을 갖고 있는 단순한 구조의 회사였다. 이 회사는 2015년 상반기에 3개 회사로 분할되었고 지주회사 체제로 변모하였다.
　하나의 리홈쿠첸회사가 3개의 회사로 분할되었다. 기존 리빙사업부문은 쿠첸이란 회사가 맡고, 유통과 전자부품은 부방유통이 맡는 식이며, 이 두 개의 회사는 부방이라는 지주회사가 지배하는 구조이다. 즉 하나의 회사에서 사업부문이었던 것이 독립된 회사가 되었다고 보면 된다. 그리고 이 부방 지주회사의 최대주주는 기존과 변함이 없다.

<그림10-7> 리홈쿠첸의 분할

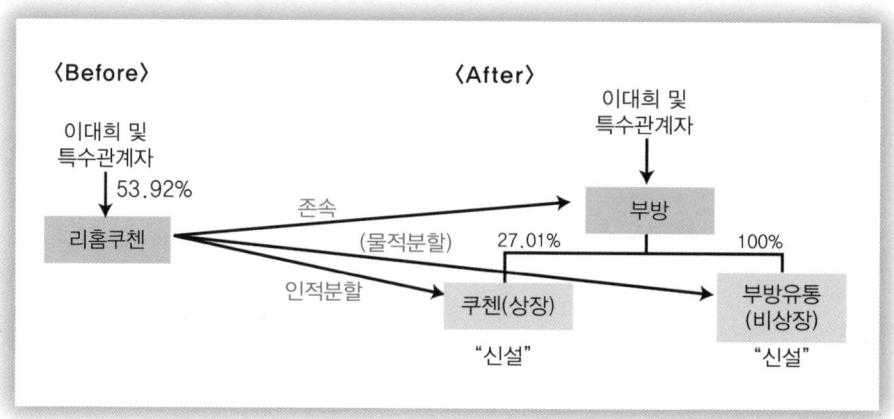

문제는 <그림10-7>과 같은 지주회사 설립 과정이 오래 걸리고 그 사이에 많은 일들이 벌어진다는 것이다. 지주회사가 이미 다 된 후에 부방(지주회사)이나 쿠첸(사업회사)에 투자하는 투자자도 있겠지만, 그 전에 리홈쿠첸 주식에 투자하여 주식을 보유하고 있는 상황에서 회사가 갑자기 분할하고 지주회사로 변하는 과정을 겪으면 당황하게 된다. 왜냐하면 분할 및 지주회사가 설립되는 몇 달간의 기간 동안 주식거래가 중단되고 상장 후에는 졸지에 2개 회사의 주주가 되기 때문에 어떻게 대응해야 맞는지에 대한 판단이 어렵다. 이런 경우는 앞으로도 계속 생길 것이므로 이번 기회에 분할과 지주사 설립 과정을 하나씩 따라가보면서 판단 근거를 갖추기 바란다.

인적분할과 물적분할

<그림10-7>을 보면 부방유통은 물적분할, 쿠첸은 인적분할, 부방은 존속되었다고 나와 있다. 리홈쿠첸의 적통은 분할 후에 지주회사인 부방이 물려받았고, 2개의 회사는 새롭게 생겨났다. 그런데 하나는 인적분할, 하

나는 물적분할이다.

  인적분할은 분할되는 회사인 부방의 주주가 분할신설회사인 쿠첸의 주식을 지분율에 비례하여 소유하는 형태를 말한다. 결국 리홈쿠첸의 주주는 지분율에 비례하여 분할 후에 존속회사인 부방과 신설회사인 쿠첸의 주식을 각각 받게 된다. 이렇게 해야 회사가 쪼개지기 전에 투자했던 리홈쿠첸 주주의 재산권이 보호될 수 있을 것이다.

  반면 물적분할은 쉽게 설명해서 지주회사가 분할신설회사의 주식을 100% 보유하는 형태로 신설한 완전자회사라고 이해하면 된다. 신설된 기업이고 지주회사가 100% 보유하는 형태이므로 부방 주식가치에 물적분할회사의 가치도 포함되어 있으니 주주 입장에서 역시 재산권이 훼손될 리 없다. 따라서 투자자 입장에서 물적분할은 별로 신경을 쓰지 않아도 된다.

  A회사에서 a사업부문으로 가지고 있다가 별도의 a회사를 만든다고 해도 A회사 입장에서는 가치가 달라질 게 없다. 그냥 사업부문을 떼어내서 100% 보유하는 회사로 만들었을 뿐이다. 따라서 〈그림10-7〉에서 신설된 물적분할회사인 부방유통을 빼고, 분할 전과 분할 후의 모습만 차근차근 따라가보자.

  〈그림10-8〉을 보면 자산 2,637억 원짜리 회사가 1,691억 원짜리 부방과 946억 원짜리 쿠첸으로 정확히 두 개로 나누어졌다. 신설된 물적회사인

〈그림10-8〉 **리홈쿠첸의 분할 전과 분할 후의 요약 재무상태표**

(단위: 억 원)

리홈쿠첸(분할 전)		
자산 2,637	부채	719
	자본	1,918

부방(분할존속)		
자산 1,691	부채	362
	자본	1,329

쿠첸(분할신설)		
자산 946	부채	357
	자본	589

부방유통은 1,691억 원짜리 부방에서 다시 분할되어 생긴 회사인데 1,691억 원 안에 포함되어 있다고 이해하면 된다. 자본 또한 1,918억 원에서 1,329억 원과 589억 원으로 나뉘었다. 이번에는 주식수를 살펴보자.

〈그림10-9〉 리홈쿠첸의 분할 전과 분할 후의 주식수 변화

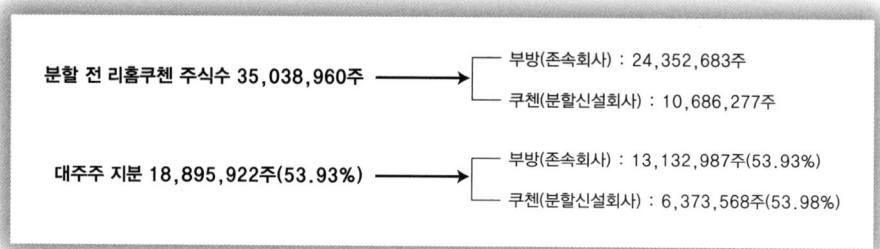

〈그림10-9〉를 보면 분할 전 리홈쿠첸의 발행 주식수는 35,038,960주였다. 분할 후에 부방의 발행주식수는 24,352,683주, 쿠첸의 발행주식수는 10,686,277주로 분할 전 리홈쿠첸의 발행주식수와 정확히 일치한다. 주식수를 기준으로 나누어보면, 부방은 69.5%(24,352,683주/35,038,960주)이고 쿠첸은 30.5%가 된다. 내가 만약 분할 전 리홈쿠첸의 주식 100주를 가지고 있었다면, 부방 70주, 쿠첸 30주 정도의 주식을 받았을 것이다. 총발행주식수의 53.93%를 가지고 있었던 대주주 역시 분할 후에 부방과 쿠첸의 주식을 총발행주식수 대비 같은 비율인 53.93%씩 받게 된다.

분할 전 18,895,922주인데, 분할 후에 부방주식과 쿠첸주식의 합이 19,506,555주(13,132,987주+6,373,568주)로 차이가 나는 것은 자기주식을 대주주가 인수했기 때문이다. 이로 인해 대주주의 쿠첸에 대한 정확한 지분율은 53.98%가 되었는데 중요한 사항은 아니므로 무시해도 좋다. 중요

한 것은 분할 후에 지주회사와 신설된 사업회사의 주식을 지분율대로 그대로 가지게 된다는 것이다. 분할 후에 자본총액이 둘로 나누어졌고, 주식도 지분율대로 나누어졌기 때문에 이론적으로 리홈쿠첸의 주주는 분할 전과 분할 후에 재산권 침해가 없다.

주식시장에서 분할 전에 리홈쿠첸의 최종 종가는 16,750원이었다. 분할 후 회사의 규모(자본)와 발행주식수를 고려했을 때 회사의 기준주가는 〈그림10-10〉과 같다.

〈그림10-10〉 리홈쿠첸의 분할 전 종가 및 분할 후 지주회사와 사업회사의 기준가격

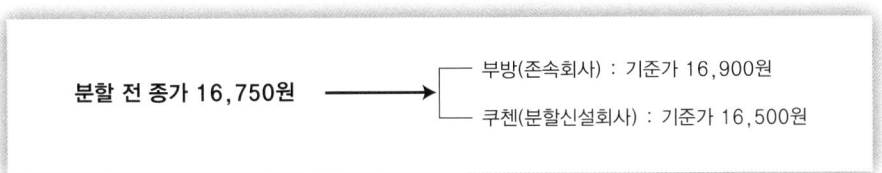

분할 전 리홈쿠첸의 시가총액은 약 5,869억 원(16,750원×35,038,960주)이었다. 자본시장에서도 분할 후에 두 개 회사의 주식을 나누어 받지만 시가총액은 변동되어서는 안 될 것이다. 그래야 주주의 재산권이 완벽하게 보호될 수 있기 때문이다.

〈그림10-9〉의 부방과 쿠첸의 발행주식수와 〈그림10-10〉의 쿠첸의 기준가를 각각 곱해보면 시가총액은 〈표10-1〉과 같이 계산된다.

〈표10-1〉 **부방과 쿠첸의 시가총액**

(단위: 원)

구분	발행주식수	기준주가	시가총액
부방(존속회사)	24,352,683	16,900	411,560,342,700
쿠첸(분할신설회사)	10,688,277	16,500	176,356,570,500
합계	35,040,960		587,916,913,200

분할 후의 2개 회사 시가총액이 5,879억 원으로 분할 전의 시가총액 5,869억 원보다 약 10억 원 정도 더 많은 것으로 계산된다. 10억 원을 35,040,960주로 나누면 1주당 약 29원으로 계산되는데, 분할된 2개 회사의 주가를 원단위로 할 수 없기 때문에 한국거래소에서 기준주가를 위와 같이 산정한 것이다. 주식시장에서 호가단위는 50원이므로 어쩔 수 없이 발생하는 단수 차이라고 이해하면 되고, 중요한 것은 계속 강조하듯이 분할 전과 분할 후의 주주의 재산은 변동이 없다는 것이다.

법률적, 회계적으로 분할 절차가 마무리되면 지주회사와 사업회사는 다시 재상장을 한다. 시간은 분할 전에 거래가 정지되어서 분할 후 거래가 다시 재개되기까지는 기업들의 분할 스케줄에 따라 일정하지는 않지만 통상 5주에서 7주 정도 걸린다고 보면 되고, 이에 대한 일정은 회사분할결정공시를 참고하면 된다.

〈그림10-11〉 리홈쿠첸 회사분할결정 공시 (2015.03.20)

5. 분할 후 존속회사의 내용	회사명	주식회사 부방(Bubang Co., Ltd.)
	자본금(원)	12,176,341,500
	주요사업	자회사 관리, 임대 및 신규투자
	분할후 상장유지 여부	예
6. 분할설립 회사	회사명	주식회사 쿠첸(Cuchen Co.,Ltd.) : 인적분할신설회사
	자본금(원)	5,343,138,500
	주요사업	리빙사업부문
	재상장신청 여부	예
7. 감자에 관한 사항	감자비율(%)	30.4982711
	구주권제출기간 시작일	2015-07-01
	구주권제출기간 종료일	2015-07-31
	매매거래정지 예정기간 시작일	2015-07-30
	매매거래정지 예정기간 종료일	2015-09-03
	신주권교부예정일	2015-09-03
	신주의 상장예정일	2015-09-04

〈그림10-11〉은 리홈쿠첸이 2015년 3월 20일 전자공시시스템(DART)에 공시한 회사분할결정 관련 주요 보고서이다. 보고서를 보면 분할 방법과 분할 목적, 일정 등 여러 중요한 정보가 공시되어 있다. 〈그림10-11〉에는 안 나오지만 이 회사분할결정 보고서에서 분할 목적을 자세히 살펴보면, "투자사업부문, 리빙사업부문, 유통 및 전자부품사업부문을 분리하고 향후 투자사업부문을 지주회사로 전환함으로써 기업 지배구조의 투명성과 경영안정성을 증대시키고자 합니다."라고 되어 있다. 즉 기존의 1개 회사(리홈쿠첸)를 지주회사와 사업회사로 분할하여 지배구조를 지주회사 체제로 바꾼다는 것이다.

주주 입장에서는 아무래도 언제 거래가 정지되고 분할된 회사들이 언제 다시 거래가 재개되는지가 가장 궁금한데, 이 부분은 〈그림10-11〉처럼 감자에 관한 사항 표를 참고하면 된다. 감자(減資)라는 표현이 들어가서 주주 입장에서 대단히 기분 나쁠 수 있지만, 회사를 둘로 나누는데 〈그림10-9〉처럼 분할 전 총발행주식수와 분할 후 두 개 회사의 총발행주식수 간에 변동이 없다. 그런데 분할 후에는 리홈쿠첸이 적통을 물려받는 지주회사(부방)가 될 것이므로 당연히 분할 전보다 주식수가 감소하게 되어 불가피하게 감자라는 표현을 쓴 것이다.

분할 전 리홈쿠첸의 총발행주식수가 〈그림10-9〉에서 본 것처럼 35,038,960주인데 감자비율이 30.4982711%이므로 이 비율을 곱하면 결국 10,686,277주를 감자한다는 얘기이다. 그런데 이 10,688,277주가 그냥 사라지는 것이 아니라 〈그림10-9〉에서 보는 것처럼 쿠첸의 총발행주식수와 같다. 즉 여기서 감자의 의미는 분할되는 회사의 발행주식수가 된다는 것이지, 우리가 통상 뉴스를 통해 접하는 무상감자 같은 무시무시한 일은 절대 아니므로 걱정하지 않아도 될 것이다.

분할 후 재상장

두 개 회사로 분할된 뒤에는 재상장을 할 때 〈그림10-10〉의 기준가 정보를 확인해야 한다. 뉴스나 증권사이트 등에서도 찾아볼 수 있겠지만, 관련 공시는 한국거래소 기업공시채널인 KIND(kind.krx.co.kr)에서 확인 가능하다.

DART는 금융감독원에서 운영하는 전자공시 홈페이지로서 자본시장과 금융투자업에 관한 법률 등에 의하여 상장법인의 정기보고서(분기, 반기 및 사업보고서), 회사의 증자 및 사채발행 관련 보고서 및 투자설명서, 대주주 및 5% 이상 취득한 주요 주주의 주식 취득 및 처분 관련 보고서, 수주공시, 풍문 또는 뉴스 보도에 대한 해명, 신규 시설투자 등 관련 여러 보고서들이 수시로 공시된다. 이렇게 DART에서 공시되는 사항들은 자동적으로 한국거래소가 운영하는 KIND에도 제출되므로 같은 내용이 확인 가능하다.

여기에 추가적으로 공정공시, 거래소 고유 수시공시, 자율공시 등 한국거래소만의 고유 공시사항은 KIND에만 올라오기 때문에 KIND도 자주 들여다보는 것이 좋다. 가장 대표적인 사례가 이번에 설명하는 분할 후 재상장할 때 기준가격에 대한 공시가 올라온다는 것이다. 주식가격에 대한 공시이므로 DART에는 올라오지 않고 KIND에서만 확인 가능하다.

찾아보는 방식은 DART와 똑같이 검색창에 회사이름이나 종목코드를 입력하면 된다.

〈그림10-11〉에서 신주권 상장예정일이 2015년 9월 4일로 되어 있기 때문에 한국거래소에서 그 하루 전날인 9월 3일날 재상장하는 부방과 쿠첸의 주가가 각각 16,900원과 16,500원을 기준가격으로 하여 상장할 것이라는 내용을 다음 페이지의 〈그림10-12〉와 같이 공시했다. 이 공시내용은 〈그림10-10〉에서 살펴봤던 가격과 일치한다. 분할 전부터 주식을 보유하고 있던 투자자라면 반드시 회사분할결정 공시내용을 읽어보고 스케줄을 확인하기 바라며, 재상장 하루 전에 KIND에서 주식의 기준가격을 체크하기 바란다.

기준가격은 그러한데, 주식시장에 상장하는 날은 〈그림10-12〉의 기준가격 결정에 나와 있는 대로 호가를 접수하여 단일가격에 의한 매매방식으

〈그림10-12〉 부방 및 쿠첸의 2015년 9월 3일 기준가 산정 등에 관한 안내 공시(KIND)

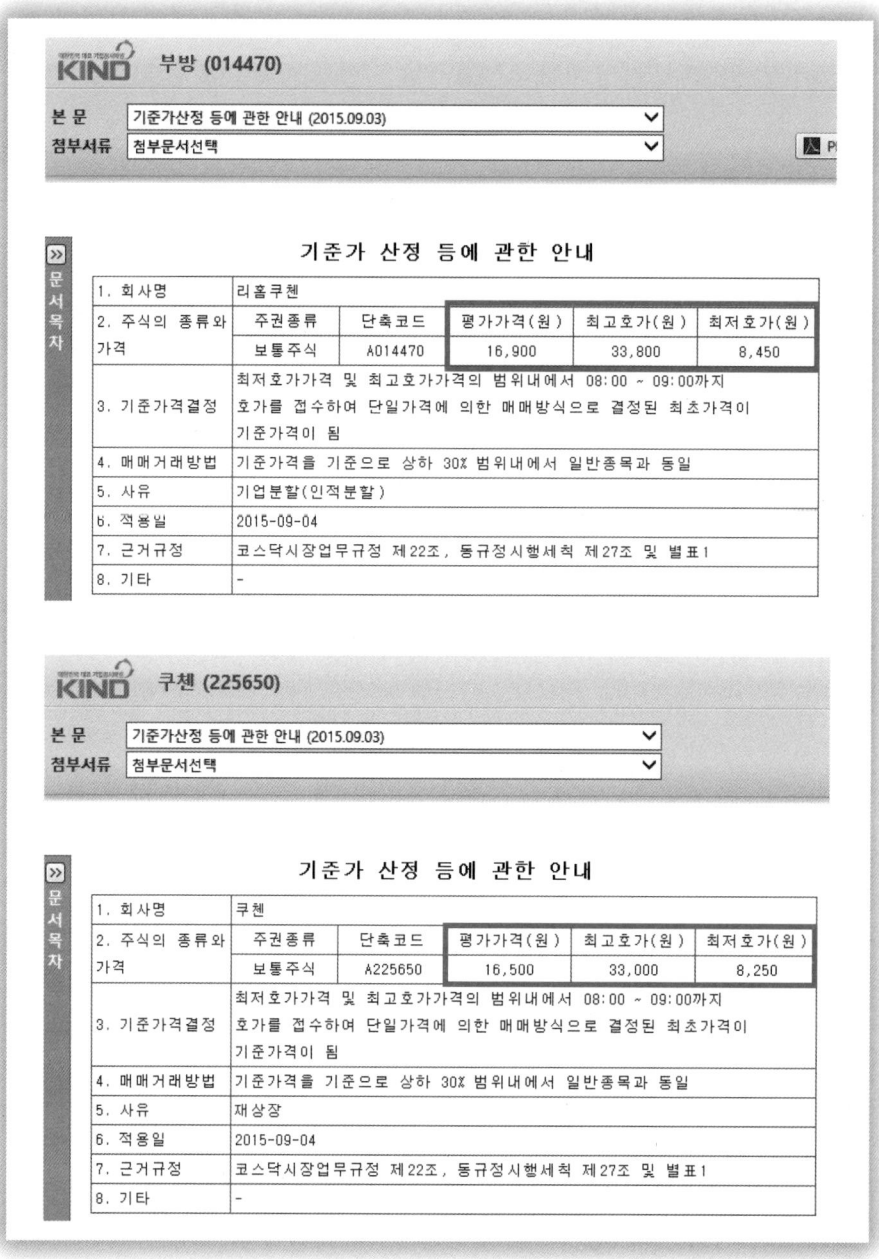

로 결정된 최초가격이 기준가격이 된다고 되어 있으며, 최고호가는 평가가격의 2배, 최저호가는 평가가격의 딱 절반이다. 즉 50%와 200% 사이에서 호가를 접수하여 9시 정각에 이루어지는 시초가를 기준으로 그날 주가가 –30%에서 +30%까지 움직일 수 있다는 의미이다.

쿠첸의 경우, 16,500원의 2배인 33,000원부터 시초가가 형성되어 상한가인 42,900원(33,000원×130%)까지 오를 수 있고, 16,500원의 50%인 8,250원에 시작해서 하한가인 5,800원(8,250원×70%)까지 내려갈 수 있다는 얘기이다.

그럼 상장 당일 실제 주가는 어떻게 되었을까? 오묘하게도 지주회사인 부방은 최저호가(50%)인 8,450원이 시초가로 결정되었고, 사업회사인 쿠첸은 최고호가(200%)인 33,000원에 기준가격이 결정되었다. 두 회사의 시초가격에 발행주식수를 곱한 총시가총액을 계산하면 〈표10-2〉와 같다.

〈표10-2〉 **부방과 쿠첸의 재상장일 총시가총액**

(단위: 원)

구분	발행주식수	시초가	시가총액
부방(존속회사)	24,352,683	8,450	205,780,171,350
쿠첸(분할신설회사)	10,688,277	33,000	352,713,141,000
합계	35,040,960		558,493,312,350

분할 전 리홈쿠첸의 시가총액인 5,869억 원보다 4.8% 낮은 5,585억 원에 시가총액이 형성되어 결국 주주들은 시초가 기준으로 약 4.8% 정도의 손실을 봤다. 한편 부방의 주가는 상장 당일 더 하락했고, 쿠첸의 주가는

〈그림10-13〉 부방 및 쿠첸의 분할 전과 분할 후의 주가흐름

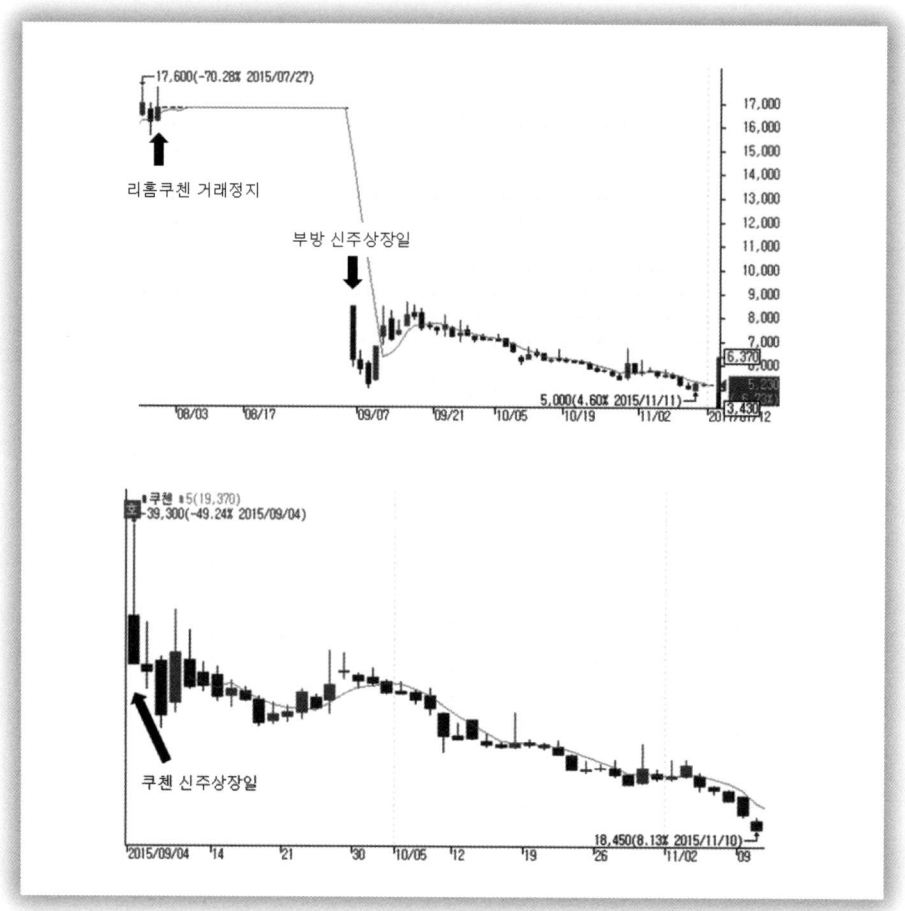

상승 후 하락했기 때문에, 결론적으로 분할 후 지주사 설립이 리홈쿠첸 보유 주주들에게는 달가운 결과가 아니었다.

모든 분할된 주식의 주가흐름이 부방과 쿠첸 같지는 않다. 기업의 가치에 따라 오르는 종목도 있고, 내려가는 종목도 있기 때문에 결국은 기업가치에 집중하는 게 맞을 것이다. 그렇지 않다면 분할 및 지주회사 설립은 기업의 악재 중의 악재가 될 테니 〈그림10-11〉과 같은 회사분할결정 공시

가 나올 때 주가가 급락하는 게 맞을 것이다. 그러나 그렇게 되지 않았다는 것은 결국 회사 분할 및 지주회사 설립이 악재는 아니라는 것이다.

한편 2016년에 분할하여 지주회사 체제로 변모한 휴온스와 슈프리마의 기준가와 시초가의 차이를 정리해보면 〈그림10-14〉와 같다.

〈그림10-14〉 **휴온스와 슈프리마의 분할 후 시초가 수익률**

분할전 기업명	분할비율 A	분할후 기업명	구분	기준가격 B	시초가 C	시초가손익 C-B	시초가수익률 (C-B)/B×A
휴온스	48.27%	휴온스글로벌	지주회사	97,600	65,200	-32,400	-16%
	51.73%	휴온스	사업회사	65,400	119,300	53,900	43%
소계	100.00%			80,943	93,186	12,243	15%
분할전 기업명	분할비율 A	분할후 기업명	구분	기준가격 B	시초가 C	시초가손익 C-B	시초가수익률 (C-B)/B×A
슈프리마	51.90%	슈프리마에이치큐	지주회사	16,550	10,000	-6,550	-21%
	48.10%	슈프리마	사업회사	16,050	29,950	13,900	42%
소계	100.00%			16,310	19,596	3,286	20%

〈그림10-14〉는 휴온스와 슈프리마가 분할하여 지주회사와 사업회사로 분할하여 상장한 후의 가치 변화를 정리한 것이다. 휴온스가 분할하기 전에 주식 100주를 갖고 있었다면, 분할 후에는 분할비율에 따라 휴온스글로벌 48주, 휴온스 52주를 보유하게 될 것이다. 휴온스의 거래정지 전 마지막 종가는 80,900원이었으므로 100주를 보유한 투자자의 잔고는 8,090,000원이 될 것이다. 분할 후 두 개 회사의 기준가격과 분할 후 주식수를 곱해보면 잔고는 다음의 표처럼 거의 비슷한 수치가 나온다.

	주식수	기준가격	금액
휴온스글로벌	48	97,600	4,684,800
휴온스	52	65,400	3,400,800
합계	100		8,085,600

재상장 후 휴온스글로벌과 휴온스의 시초가가 각각 65,200원과 119,300원이므로 이를 주식수 48주, 52주와 곱하면 잔고는 9,333,200원이 되므로, 시초가 기준 평가이익은 1,243,200원(9,333,200 - 8,090,000)이고 수익률은 약 15% (1,243,200/8,090,000)가 된다.

같은 방식으로 계산해보면 슈프리마는 시초가 기준 약 20%의 수익률이 계산된다. 즉 앞서 살펴본 부방과 쿠첸은 손실이었지만, 두 회사는 이익을 기록했다. 따라서 분할 후 지주회사 설립이 '무조건 악재다' 혹은 '호재다'라는 식으로 나누기는 어렵다.

분할 후의 공통점은 지주회사는 주가가 급락해서 시작하고, 사업회사는 급등해서 시작한다는 점이다. 기준가격은 이론적으로 계산된 가격이지만, 시초가부터는 자본시장에서 시장참여자가 매기는 가격이다. 수익모델 없이 사업회사의 주식을 보유한 회사보다는 수익모델을 갖춘 사업회사의 주가가 더 매력적이라는 해석을 할 수 있을 것이다. 분할 후에는 상장주식수가 적기 때문에 수급에 따라 주가가 급등락을 보이기도 하는데 장기적으로는 역시 기업가치와 실적에 수렴하게 된다.

지주회사의 주식 공개매수

하나의 기업이 지주회사와 사업회사 둘로 분할된다고 해서 지주회사 구조가 다 끝난 것은 아니다.

다시 부방, 쿠첸 사례를 살펴보자. 〈그림10-9〉에서 회사가 두 개로 쪼개지면서 주주 한 명이 두 개의 주식을 나눠 갖게 되었다. 이는 대주주도 예외 없다. 그런데 대주주 입장에서는 지주사 모양을 만들어야 하는데 굳이 사업회사의 주식을 갖고 있을 필요가 없다. 대주주는 지주회사 주식만 가지면 되고, 지주회사는 사업회사의 주식만 가지면 지주회사 모양이 만들어진다. 이를 그림으로 표현하면 다음과 같다.

〈그림10-15〉 **분할 후 대주주의 주식 보유 현황**

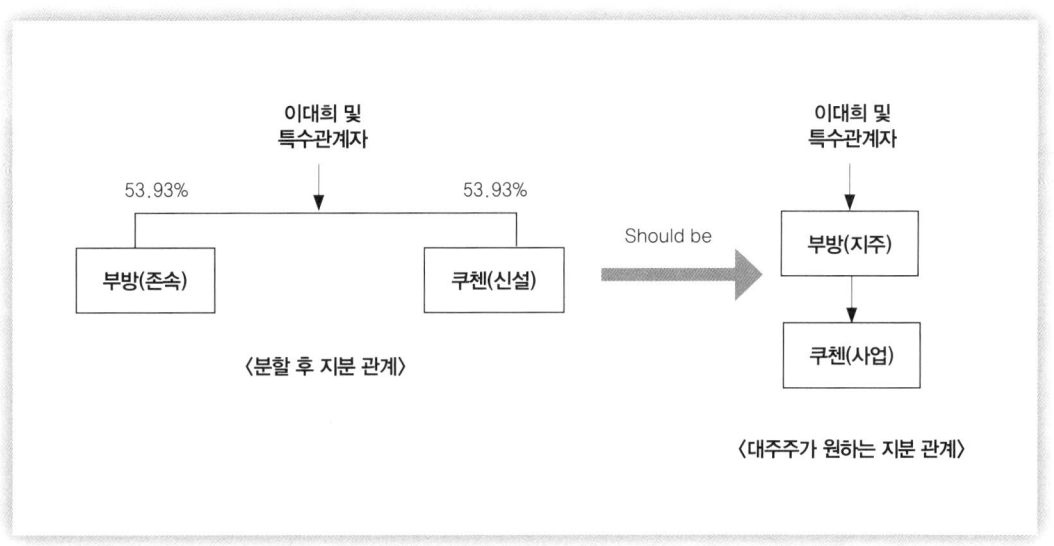

회사가 분할이 되면서 최대주주는 졸지에 지주회사인 부방과 사업회사인 쿠첸, 두 기업의 주식을 각각 53.93%씩 보유하게 되었다. 그러나 이것은 지주회사 모양도 아닐뿐더러 대주주가 원하는 그림도 아니다. 대주주는 〈그림10-15〉의 오른쪽과 같은 모습을 원했다.

즉 지주회사인 부방의 주식만 있으면 되고, 사업회사인 쿠첸의 주식을 직접 갖고 있을 필요가 없다. 최대주주가 지주회사의 주식만 보유하고, 지주회사가 사업회사의 주식을 지배하면 자연스럽게 최대주주가 사업회사까지 지배하는 모양이 되기 때문이다.

따라서 대주주가 원하는 지분관계의 모습으로 가기 위한 작업을 한 번 더 한다. 이를 가리켜 지주회사의 '주식 공개매수'라고 한다. 각자의 이해관계를 정리해보자.

> 이대희 및 특수관계자(최대주주): 부방(지주회사) 주식만 있으면 됨. 쿠첸(사업회사) 주식 불필요
> 부방(지주회사): 쿠첸(사업회사) 주식 필요

둘 사이의 이해관계가 맞아떨어진다. 부방은 쿠첸주식이 많이 필요하므로 이를 위해 〈그림10-16〉과 같이 쿠첸 주주들에게 제안을 한다.

"우리(부방)가 주주들께서 갖고 계신 주식을 공개매수하겠으니, 우리한테 파세요. 그러면 그 가격에 맞게끔 우리(부방) 주식을 드리겠습니다."

〈그림10-16〉 **쿠첸 공개매수신고서(2015.11.18)**

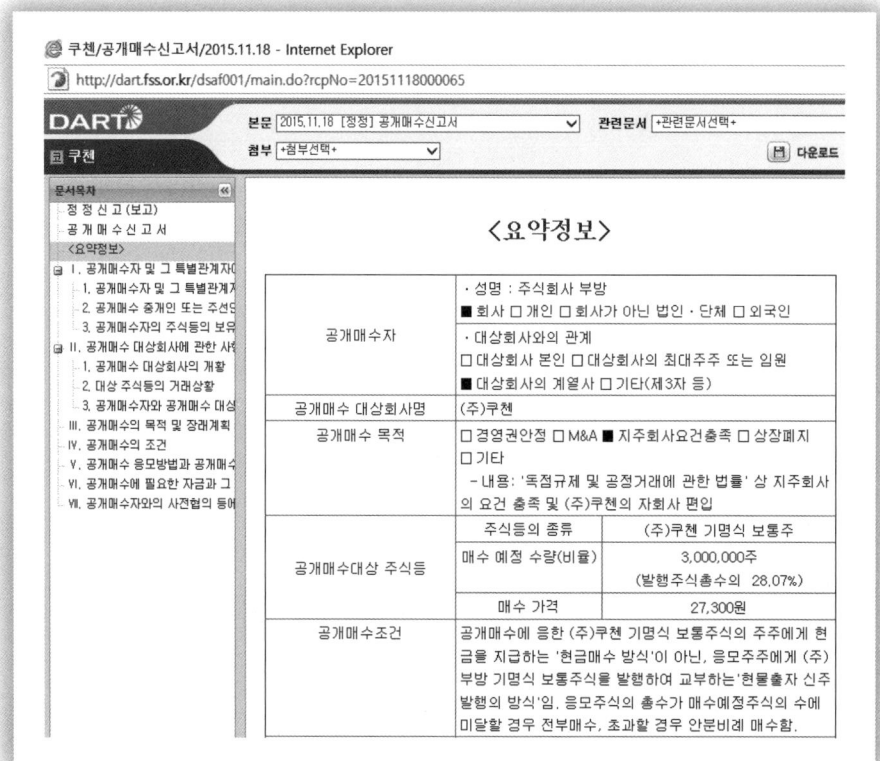

〈그림10-16〉을 보면 공개매수자는 지주회사인 부방이지만, 공개매수 대상회사가 쿠첸이고 쿠첸주식이 대상이므로 쿠첸의 이름으로 전자공시가 올라온다. 부방은 쿠첸주식 3,000,000주(28.07%)를 한 주당 27,300원에 매수하겠다는 공시를 띄웠다. 돈으로 매수하는 것이 아니고 부방의 신주를 발행해서 주겠다는 것이고, 지분율 28.07%는 앞서 지주회사 설립요건에서 설명한 '상장 자회사는 20% 이상 지분 보유'를 충족시킨다.

그런데 이런 〈그림10-16〉과 같은 공개매수 공시가 나와도 쿠첸 주식을 갖고 있는 기관투자자나 개인투자자는 대체로 반응이 뜨뜻미지근하다. 수익모델을 갖춘 사업회사 주식이 더 매력적이고, 지주회사 주식은 매력이 덜하다고 대부분 생각하기 때문에 공개매수에 잘 응하지 않는 편이다. 그러나 이 공개매수 제안에 덜컥 응하는 이가 있으니, 바로 이해관계가 정확하게 맞아떨어지는 최대주주(이대희 및 특수관계자)다. 굳이 쿠첸의 주식을 많이 갖고 있을 필요가 없다.

공개매수기간이 끝난 후 공시된 공개매수결과보고서를 보면 3,000,000주 중에 2,275,370주가 공개매수에 응한 것으로 집계되었다. 그리고 이 중 최대주주 및 특수관계자들이 응한 주식수만 1,787,218주로 전체 공개매수 주식의 79%에 해당된다.

다른 사례들을 조사해보면, 휴온스는 공개매수에 응한 주식의 82%, 슈프리마는 99.9%가 최대주주 및 특수관계자들의 물량이었다. 그 외 기관투자자나 개인투자자는 소극적이었다.

공개매수로 인한 주식의 흐름을 놓고 보면 이런 생각을 해볼 수 있을 것이다. '어차피 최대주주는 지주회사 설립요건을 위해 사업회사 주식을 내놓고 지주회사 주식을 가져갈 것이다. 지주회사 주식을 싸게 많이 가져가고, 사업회사 주식은 비싸게 조금씩 내놓는 것이 최대주주에게는 이득이 될 수 있다. 따라서 사업회사 주식은 주가가 오를 것이고, 지주회사 주가는 내려갈 것이다.' 라는 계산이 선다.

그러나 지주회사 입장에서는 주식을 싸게 공개매수해야 기존 주주들에게 피해가 덜 갈 것이고 회사 입장에서도 싸게 매수해야 좋다. 즉 싸게 사야 한다는 것과 비싸게 팔아야 한다는 기본 맥락은 어디서나 같다. 그런데 최대주주 및 특수관계자가 사업회사 주식을 비싸게 내놓는 것은 큰 의미는 없다. 어차피 최대주주 및 특수관계자가 지배해야 하는 지주회사가 그 주식을 비싸게 사는 꼴이 되기 때문이다. 따라서 '공개매수로 인해서 주가가 올라갈 것이다.' 라고 기대하는 것도 논리적으로는 맞지 않는다.

또한 공개매수가격은 상법 시행령 14조에 따라 다음 중 낮은 가격으로 정하게 되어 있으므로 임의로 조정하기도 어렵다.

> 1. 법 제416조에 따른 이사회 또는 주주총회의 결의가 있은 날(이하 이 조에서 "결의일"이라 한다)부터 소급하여 1개월간의 거래소에서의 평균종가, 결의일부터 소급하여 1주일간의 거래소에서의 평균종가 및 결의일 직전 거래일의 거래소에서의 종가를 산술평균하여 산정한 금액
> 2. 결의일 직전 거래일의 거래소에서의 종가

지주회사 설립을 위해 인적분할을 하는 기업들은 재상장 후 곧 공개매수가 있을 것이므로 사업회사의 주가는 올라갈 것이라고 막연한 기대를 하기보다는 사업회사의 기업 본질에 초점을 맞출 것을 당부 드린다. 재상장 후 사업회사의 주가흐름을 보면 〈그림10-17〉과 같이 예상 자체가 불가능하다는 것을 알 수 있다.

〈그림10-17〉은 최근에 분할 후 신설된 사업회사의 주가흐름이다. 4개

〈그림10-17〉 쿠첸, 슈프리마, 휴온스, 샘표식품 공개매수 공고 및 공개매수 기간 중 주가흐름

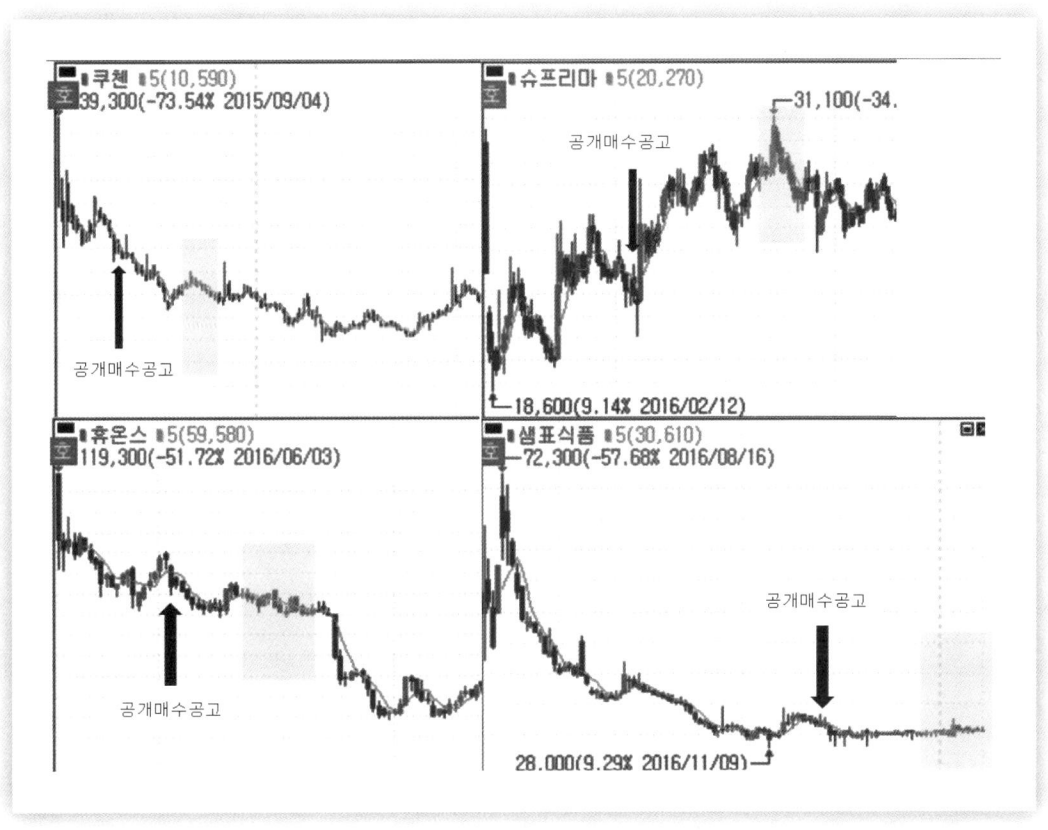

회사 모두 똑같이 지주회사 구조를 위해 공개매수 공고를 했고, 공고 후 공개매수(진하게 표시한 부분) 기간을 거쳤다. 슈프리마만 주가의 변동폭이 심한 상태에서 방향성은 계속 위를 향했지만, 나머지 3개 회사는 공개매수 공고 전부터 주가가 아래 방향으로 향하고, 공개매수 공고나 공개매수 기간 중에 특별히 주가가 우상향 하지도 않았다. 즉 대주주가 보유한 사업회사의 주식이 매수 대상이니 주가가 오를 것이라는 막연한 기대감에 주식을 매수하는 것은 무모하다고 해도 과언이 아니다.

4. 지주회사의 가치는?

지주회사는 순수지주회사와 사업지주회사 2개로 나뉜다. 순수지주회사는 ㈜LG처럼 자회사를 지배하고 관리하는 업무만 하는 회사를 말한다. 사업지주회사는 자회사를 지배하고 관리하는 업무 외에 독자적인 사업도 영위하는 회사를 말하며 ㈜SK가 대표적인 사업지주회사의 형태이다.

순수지주회사는 고유의 수익모델이 없다. 오로지 주식을 보유한 자회사들로부터 배당금, 상표권사용수익 등을 받는 게 전부다. 이에 반해 ㈜SK 같은 사업지주회사는 순수지주회사처럼 자회사들로부터 받는 배당금과 상표권사용수익 외에 본연의 영업활동인 IT서비스, 중고차유통 등에서도 수익을 창출한다.

〈그림10-18〉 ㈜SK 2016년 3분기보고서 별도재무제표 주석사항 중 영업수익

19. 영업수익

(1) 당누적3분기 및 전누적3분기 중 영업수익의 상세내역은 다음과 같습니다.

(단위: 백만원)

구 분	당3분기		전3분기	
	3개월	누적	3개월	누적
IT서비스 (주1)	367,686	1,026,697	320,960	924,724
중고차유통	209,695	625,050	171,352	495,591
배당금수익	21,996	596,622	772	772
상표권사용수익	50,845	152,783	39,549	39,549
임대수익	11,573	34,862	5,850	5,850
합 계	661,795	2,436,014	538,483	1,466,486

(주1) 당누적3분기 중 건설형계약에서 수익으로 인식한 계약수익금액 285,707백만원
(전누적3분기: 233,991백만원)이 포함되어 있습니다.

〈그림10-18〉을 보면 ㈜LG처럼 배당금수익, 상표권사용수익, 임대수익이 있는데, 이보다 더 큰 금액의 IT서비스와 중고차유통 매출액이 있다. 즉 사업도 하면서 자회사 주식도 보유하고 있는 사업지주회사이다.

정리를 해보면 ㈜LG는 수익모델이 없는 순수지주회사, ㈜SK는 수익모델을 갖춘 사업지주회사이다. 우리가 기업의 가치를 계산할 때 자산가치와 수익가치로 나누어 계산하고, 이를 적절히 평균하여 내재가치를 산정한다. 예를 들어 기업 M&A 과정에서 매수할 기업의 가치를 산정할 때 자산가치에 40%, 수익가치에 60%의 가중치를 주어서 계산한다.

〈그림10-19〉 카카오 주요사항보고서(합병결정) (2014.07.30)

[합병, 분할합병의 합병가액·비율]
(단위 : 원)

구분	합병법인 (주식회사 다음커뮤니케이션)	피합병법인 (주식회사 카카오)
기준주가	72,910	-
- 할인 또는 할증률	-	-
자산가치·수익가치 평균	-	113,412
- 자산가치	35,147	6,472
- 수익가치	-	184,706
합병가액(1주당)	72,910	113,412
합병비율	1	1.5555137
상대가치	-	-

주) 합병법인과 피합병법인 모두 액면가액은 500원입니다.

(단위: 원)

구분	금액	비고
A. 본질가치	113,412	[a + (b×1.5)] ÷2.5
a. 자산가치	6,472	1주당 순자산가액
b. 수익가치	184,706	
B. 상대가치	해당사항없음	유사회사 3사 미만이므로 산정하지 아니함
C. 합병가액 (주1)	113,412	

〈그림10-19〉는 2014년에 다음커뮤니케이션과 카카오가 합병할 때 비상장기업이었던 카카오의 주식가치를 산정했던 보고서의 일부 내용이다. 상장기업인 다음커뮤니케이션의 가치는 주식시장에서 형성되므로 그 가격을 쓰면 되는데, 비상장기업이었던 카카오는 주식가치가 없기 때문에 외부 평가기관으로부터 평가를 받았다.

〈그림10-19〉에서 보는 것처럼 외부 평가기관은 카카오의 자산가치에 40%, 수익가치에 60%의 가중치를 부여했다(6,472×1/2.5+184,706×1.5/2.5=113,412). 자산가치는 카카오의 재무상태표에서 자산과 부채의 공

정가치 등을 고려하여 산정하는데 순자산(자산 - 부채)을 의미하고, 수익가치는 미래추정손익계산서를 사용한다. 주식시장에서 주가는 미래실적기대치가 반영되어 형성된다는 PER의 논리와 같은 것이다. 이렇게 미래추정손익을 사용하는 것과 자산가치 40%, 수익가치 60%를 부여하는 것은 자본시장법상 따라야 하는 룰(Rule)로 이해하면 된다.

이렇게 기업의 본질가치는 자산가치와 수익가치로 형성되어 있다고 본다. 우리가 상장되어 있는 기업의 주식가치를 잘 분석하려면, 자산가치와 수익가치가 어느 정도인지를 분석해야 한다. 그런데 ㈜LG같은 기업은 수익가치가 없는 자산가치만 있는 기업이고, ㈜SK는 수익가치와 자산가치 모두 있는 기업이다. 즉 같은 지주회사로 분류되지만 가치 산정은 다르게 해야 하고, 자산가치와 수익가치에도 가중치를 다르게 주는 것이 맞을 것이다. 그리고 그것은 투자자마다 어떻게 산정하느냐에 따라 다르므로 주식시장에서 주가 역시 위, 아래로 계속 바뀌는 것이고 자본시장 참여자도

〈그림10-20〉 NH투자증권의 ㈜LG 분석 리포트(2017.01.12. Analyst 김동양, RA 김수연) 발췌

NAV 계산

구분	내역	
투자자산가치 (A, 십억원)	자사주 및 상장/비상장 자회사와 투자유가증권의 합계	19,336.4
-LG전자	33.7%, 시장가 적용	2,898.0
-LG화학	33.3%, 시장가 적용	6,260.1
-LG유플러스	36.0%, 시장가 적용	1,794.1
-LG생활건강	34.0%, 시장가 적용	4,518.2
-LG CNS	85.0%, OTC가격 적용	1,581.5
-서브원	100%, 2017F EBITDA에 EV/EBITDA 6.0배 적용	1,171.1
-LG실트론	51.0%, 장부가 적용	239.6
-기타	상장사는 시장가, 비상장사는 50% 초과지분은 EV/EBITDA 6배 적용, 50%이하 지분은 장부가 적용	873.9
유형자산가치 (B, 십억원)	임대수입에 대한 DCF(WACC11.5%, 영구성장률3.5%)	1,228.9
무형자산가치 (C, 십억원)	브랜드로열티 수입에 대한 DCF(WACC11.5%, 영구성장률3.5%)	2,053.0
기업가치 (D=A+B+C, 십억원)		**22,618.3**
순차입금 (E, 십억원)	이자성부채-현금자산 (3Q16말, IFRS별도기준)	114.9
NAV (F=D-E, 십억원)		**22,503.5**
주식수 (G, 백만주)	보통주와 우선주 합계	175.9
주당 NAV (H=F/G, 원)		**127,954**
현재주가(원)		60,200
할인율(%)		53.0
목표주가 (원)	주당 NAV에 45%의 할인율 적용	**70,000**

주: 투자유가증권의 가치는 1월 6일 종가 기준임.
자료: NH투자증권 리서치센터 추정

서로 정한 가치에 따라 주식을 사고 팔 것이다.

〈그림10-20〉처럼 지주회사의 증권사 리포트를 보면 목표주가 산정 방식이 일반기업들의 것과는 많이 다르다. NAV라는 것을 계산해서 목표주가를 산정하는데, 논리는 매우 간단하다.

㈜LG가 갖고 있는 자산의 가치에서 차입금을 뺀 순자산(NAV, Net Asset Value)을 산정한다. 이 부분이 ㈜LG의 주주 몫이 되는 것이다. 수익가치에 대한 이야기는 배제되었고, 순자산가치만 분석한다.

자산가치를 보면 ㈜LG가 보유하고 있는 주식의 가치와 부동산가치 등이 계산되어 있다. 그리고 채권자 몫인 순차입금 1조 1,490억 원을 뺀 NAV가 계산되어 있다. 이 NAV를 한 주당 순자산가치로 계산하면 127,954원이 나온다고 되어 있는데, 이 증권사는 목표주가를 70,000원으로 제시했다. 즉 한 주당 순자산가치에서 약 45%를 할인해서 산정했다. 자산가치 55%만 있는 기업이라고 해석할 수 있을 것 같다. 이 할인율은 정해진 것이 없다. 제도권 증권사들이 목표주가를 산정할 때 판단하는 요소이므로 왈가왈부할 사항은 아니다. 보수적인 투자자라면 60% 이상 할인할 수도 있고, 공격적인 투자자라면 할인을 안 해도 된다. ㈜LG가 계열사 대부분의 주식을 가지고 있으므로 오히려 경영권 프리미엄을 붙여서 할증시켜도 된다. 시장참여자들에 의해 만들어지는 주식가치라는 것에 정답은 없을 것이다.

중요한 것은 우리는 이처럼 회사의 본질을 파악하고 제대로 된 기업가치를 분석해야 한다는 것이다. 그리고 좀 더 많은 투자수익을 거두기 위해서는 할인율을 높게 잡아서 싸게 사야 할 것이다. 싸게 사서 적정가격에 팔아야 한다는 투자의 기본원리는 변하지 않을 테니까 말이다.

맺음말

《박 회계사의 재무제표 분석법》을 쓰고 이를 바탕으로 강의를 하면서 많은 투자자들에게 공통적으로 받았던 피드백을 아직도 기억한다.

"수많은 재무제표 책을 봤는데 막상 기업 사업보고서를 펼치면 어디서 어떻게 봐야할지 막막하다. 실전 투자에 바로 접근할 수 있게 업종별 사례 위주로 써주었으면 좋겠다."

과업을 부여 받았다고 생각한 나는 그날 이후로 바로 기획에 들어갔다. 약 15년간 여러 기업들에 대한 회계감사와 경영자문을 했던 경험과 투자를 하며 분석했던 사업보고서 자료를 바탕으로 약 1년 반 정도 책 쓰기를 진행했고, 드디어 업종별 재무제표 분석과 관련한 집필을 마치게 되었다. 많은 금융기관과 교육기관에서 관련 자료를 가지고 교안을 만들어 강의를 하였고, 수 회 강의가 반복되면서 책의 품질은 더 좋아졌다는 느낌이 든다. 즉 저자로서 치열하게 분석했고 강의하면서 후회 없이 글을 썼다고 말하고 싶다.

단 아쉬운 점은 지면 관계상 더 많은 업종을 담을 수 없었다는 것이다. 예를 들어 은행, 보험 등 금융업도 다루고 싶었으나 미국 금리인상 및 IFRS17이라는 새로운 금융 관련 회계정책이 도입될 예정이라 시기적으로 쓰기가 부담스러운 면이 있었다. 그런 이유로 금융업은 책에서 제외시켰고, 이 부분은 추후에 나의 개인 블로그(http://blog.naver.com/donghm)에서 내용을 다룰 것임을 약속한다.

책을 쓰는 동안 개인적으로 신상에 많은 변화가 있었다. 갑자기 허리디스크에 문제가 생겨 길거리에서 쓰러져 생전 처음으로 구급차를 타고 응급실에 실려가 병원에 입원하는 일이 있었다. 하드웨어는 튼튼하다고 평소에 자신 있어 했지만 세월 앞에 그게 아니었다. 약 한 달간 아무것도 안 하고 입원과 요양을 했더니 다행히 완쾌가 되었고, 이제는 하루 8시간 증권사 강의도 거뜬히 소화하고 있으며 재발 방지를 위해 꾸준히 운동도 하고 있다. 또한 40세가 넘은 나이에도 양쪽 시력 1.5가 나올 정도로 좋은 눈을 갖고 태어났지만, 갑자기 노안 초기가 왔다. 초등학교 1학년 딸아이에게 받아쓰기 문제를 불러주고 쓰는 연습을 시켜줬는데, 아이가 아빠 때문에 학교 받아쓰기 시험에서 틀렸다고 얘기를 하는 바람에 충격을 받은 적이 있다. 즉 문제지의 글씨가 초점이 안 맞아 잘못 불러준 것이었고, 그것을 그대로 연습한 아이가 답을 잘못 쓴 것이었다. 책 쓰기에 몰두하고 많은 강의 일정을 소화하다 보니 어느덧 건강에 적신호가 들어왔다.

투자도 좋고 일도 좋지만, 반드시 건강과 행복을 챙기시기를 독자분들께 꼭 말씀드리고 싶다. 간혹 책의 앞 장에 사인을 요청하시는 분들께 나는 항상 "행복하세요", "건강하세요" 같은 문구를 잘 집어넣는 편이다.

투자가 잘 될 때도 있고 잘 안 될 때도 있는데, 결과야 어떻든 우리 인생은 항상 건강하고 행복해야 진정한 의미가 있을 것이다. 건강을 잃어봐야 건강의 소중함을 안다고 하듯이 그런 경험을 하고 나니 삶을 다시 돌아보는 계기가 되었다. 건강과 행복을 잃고 성공투자를 하는 것은 아무런 의미가 없을 것이다. 건강과 행복을 잃지 않는 투자를 하려면 조급증부터 버려야 한다고 생각한다. 오늘 당장 큰돈을 벌어야 한다는 조급함에 위험과 불확실성을 감수하며 투자했다가 잘못된 결과에 도달한다면 돈, 건강, 행복 모두를 잃을 것이다. 반대로 느긋한 마음을 갖고 위험을 회피하고 확실한 곳에만 투자를 한다면, 실패 확률은 줄어들 것이고 성공 확률은 높아질 것이다. 이런 투자습관을 갖는다면 돈, 건강, 행복 모두를 지킬 수 있을 것이다.

투자에 앞서 기업이 얼마나 많은 자산가치를 가지고 있는지 확인하고 1년에 어느 정도의 이익을 창출하고 돈을 벌어들이는지 반드시 살펴보기 바란다. 즉 개인투자자로서 산업의 전망이나 성장에 대한 예상은 매우 어려운 영역이지만, 기업의 기초체력인 펀더멘탈(fundamental)에 대한 체크는 사업보고서만으로 충분히 확인 가능하다. 자산가치가 있고 돈을 벌어들일 줄 아는 기업이 결국은 성장도 할 수 있을 것이다. 돈도 없고 돈 버는 능력도 없는 기업에게 막연히 성장할 것을 기대하여 투자하는 것은 어쩌면 투기일지도 모른다.

사업보고서를 통해 반드시 기업의 자산가치와 현금창출 능력을 확인하고 손익구조를 파악하기 바란다. 그리고 책에서 여러 기업들에 대한 사례를 통해 살펴봤듯이 눈에 보이는 확실한 성장가능성이 있고 실적이 잘 나오고 있음에도 불구하고 그 가치에도 못 미치는 가격에 거래될 때가 바로 기업에 투자하는 시점이 될 것이다.

백세시대에 건강하고 행복한 삶을 살기 위해 현대인들에게 재테크는 반드시 필요한 일이 되었다. 한순간에 모아 놓은 재산이 잘못된 투기로 허망하게 사라질 수도 있고, 기가 막히게 운이 좋은 사람은 투기로 한 순간에 부자가 되기도 한다. 고도성장기에는 한 순간에 부자가 된 전설들이 많이 나왔지만 저성장 침체기에는 찾아보기 힘든 그야말로 전설이 되어버렸다. 그렇다고 기회가 없는 것은 아니다. 큰 욕심 부리지 않고 열심히 공부해서 좋은 기업이 저평가될 때까지 인내하고 기다렸다가 기회가 왔을 때 투자를 하고 다시 또 적정가치에 도달할 때까지 기다렸다가 매도하는 투자 습관을 유지하면 부(富)는 분명히 안정적으로 창출할 수 있을 것이다. 이런 좋은 투자 습관을 갖추는 데 이 책이 작은 도움이 되기를 바라며 독자들로부터 부여 받은 과업을 여기서 마무리지으려 한다.